鸣沙

006

帝 国 潜 流

清代前期的天主教、底层秩序与生活世界

张先清 著

社会科学文献出版社
SOCIAL SCIENCES ACADEMIC PRESS(CHINA)

目　录

导　论
帝国、边缘性与历史现场

一　纠纷：尤氏叔侄的不平事

乾隆十二年（1747）的冬天，江南的天气像往常一样湿冷。农历十一月初十日早晨，雾气还没有完全散去，停泊在苏州府常熟县城十五里外罟里村附近一条小河汊里的一艘船上，传来了一阵急促的吵闹声。一位年轻人跳上船，要拿走船上的物品，而船夫及船上的一干乘客则加以阻拦，双方争执不下，纠缠指责。围观的人越来越多，不时发出各种起哄声。随着争闹声越来越大，不一会儿，当地乡保人员曹成九也被惊动了，他急忙赶到现场，询问之下，人们逐渐明白了双方争执的原因。

原来那位年轻人是常熟当地一个大族尤氏的子弟，与他发生争执的另一方则是这艘传教船上的成员，该船的雇主是耶稣会士王安多尼①，船上一干人员都是天主教徒。王安多尼虽然是葡萄牙人，但已在当地传教许久，这次他是前来看望住在附近何公祠的另一位本会传教士谈方济各，随后到罟里村刘氏家族教徒家中过夜。那么，尤姓年轻人究竟与王安多尼有什么过节，以至于他不顾众人的阻止，执意要拿走这位西洋传教士留在船上的行李呢？从后来官府的审问档案中，

---

① 为方便阅读，本书所涉外文人名统一见文末"中西人名对照表"，特殊情况除外。

我们了解到一些事情的起因。尤氏的一位叔叔信了天主教，有次因为与族人争夺田产纠缠不清，遭到王安多尼的阻挠，他认为自己吃了亏，因此心怀不满，不停地与当地教会理论，要求教会赔偿他一部分田价，并威胁说，如果不答应他的要求，就要赴公堂告发王安多尼等人违禁传教。当地教会领袖汪钦一却不理会他，而且警告如果一味纠缠，就要将他拿究送官，并声称，有钱也不会给你，宁愿和你打官司。尤氏咽不下这口气，就向北京耶稣会省会长陈善策写信控告王安多尼。陈善策收到尤氏的信后，派遣传教士马德昭来江南调查。马德昭经过一番明察暗访，并且召集了一次由当地三十位教徒参加的调查会，证明王安多尼并没有过错，尤氏信中所告不是事实，之后就返回北京向陈善策报告。尤氏见没有效果，就再次向江南主教和另一位传教士谈方济各控告王安多尼，但两位江南传教士都没有理睬。无奈之下，尤氏就向常熟县衙投告，但官府也不受理。四处碰壁的尤氏愤愤不平，常在家中抱怨教会对他不公。这一天，王安多尼所乘的传教船恰好经过这里，被尤氏的侄子看到，他为了替叔叔报仇，于是就上演了上文争执的一幕。

曹成九了解了事情的经过后，心里暗暗叫苦，因为他意识到自己无意中卷入了一场惹不起的是非。此时期正值乾隆十一年大教案爆发不久，朝廷刚刚颁布了禁令，严厉禁止天主教传播。而就在这个时候，西洋传教士却仍然在自己的辖境内出现，作为"地方"，职责提醒他必须马上报告县衙，以便将一干人锁拿到案。但他知道，这样一来自己也脱不了干系，至少落个纠察不严的罪责。何况在他心里，王安多尼这样的传教士是"有道的人"[1]，大家又都是乡里乡亲，他也不愿得罪乡邻。最好的办法是息事宁人，因此曹成九决定出面调解，

---

① 吴旻、韩琦编校《欧洲所藏雍正乾隆朝天主教文献汇编》，上海人民出版社，2008，第208页。

他让船上的教徒拿出六十千的铜钱，交给尤氏侄子，以期平息事端。尤氏侄子内心却仍然不平，他扣留了王安多尼的船及行李，执意要去告官。也许是知道其叔此前向县衙控告被打了回来，他就直接奔向臬台衙门，向按察使翁藻控告有西洋传教士在当地传教。

翁藻接到呈控后大为震惊。他对朝廷禁教令历来是严格执行的，此前他已将康熙年间籍入官产的著名上海耶稣会士潘国光的寓所改为申江书院，借此向社会表明其崇正黜邪的决心。如今辖境内发现西洋传教士，他的神经立马就紧张起来，马上派出差役前去查拿。差役到现场一看，并没有神父，原来王安多尼已趁混乱在教徒的掩护下逃走了。差役就把原告尤氏及船上一干人等都锁拿到衙门问讯。在翁藻严刑拷打之下，一位名叫徐鲁直的秀才教徒供出西洋神父的住处，差役们就押着他前去捉拿。他们一行来到当地教徒钱尚公家。传教士谈方济各和相公①汪钦一就住在这户人家。徐鲁直直趋叩门，并询问汪钦一是否在家。听到是熟悉的教会中人的声音，钱家婢女没有防备，答复说汪钦一出门在外，但神父在家中。衙役一听"神父"二字，就鼓噪起来，推门拥入，当场抓获了正在做弥撒的谈方济各。他们押着谈方济各及"祭批、圣爵、书籍、衣服及一切物件"回到臬台衙门。不久后，汪钦一也被拿获归案。随后，谈方济各和常熟当地一部分天主教徒被带往苏州监押候审。署理江苏巡抚安宁在接到翁藻的禀告后，下令辖境内各地官员缉拿王安多尼及天主教徒。原本常熟一次偶然的民事纠纷，就这样波及江南其他地区，并由此引发了乾隆十二年、十三年江南一次规模较大的查禁天主教事件。

得知谈方济各被捕后，王安多尼计划潜藏到浙江嘉兴暂避风头。由于不放心囚禁在苏州牢中的谈方济各，他就和中国籍神父沈东行偷

---

① 明末清初天主教会的本土传教人员，多充当西方传教士的助手。

偷来到苏州，住在一位名叫丁若瑟的教徒家中。在打点了狱吏，要求其善待谈方济各后，王安多尼就和澳门人谈文多拉一起乘坐教徒沈天如的商船前往嘉兴。此时，前述罟里村刘氏家族教徒刘观扬在严刑拷打之下，吐露了王安多尼的行踪。差役急忙驾船追赶，1747年12月21日，在苏州葑门外黄天荡捕获了王安多尼。王安多尼随即被带至苏州城中，与谈方济各一起监禁。而在此前后，苏州官府根据所查获的当地教会洗礼簿中的记录，陆续抓捕了包括唐德光、徐鲁直、沈陶氏等教会骨干在内的一百余位江南天主教徒。此外，在王安多尼、谈方济各从澳门到苏州路上起到重要作用的江西人谢文山，也在其家乡江西南安府大庾县被抓获。

　　1748年1月12日，巡抚安宁向乾隆帝奏报查获谈方济各、王安多尼传教一事，并谈到目前他正督促臬司和各级衙门严加审讯，同时开列涉及本案失察之罪的各级官员名单请求处分。① 常熟、苏州县、府两级衙门审讯后，拟将王安多尼和谈方济各以违禁传教罪驱逐到澳门，而唐德光等教徒则给予杖责、枷号处罚。按察使翁藻复审后，也下令将神父驱至澳门，教徒交保释放。地方官府这样做的依据是乾隆帝在处理乾隆十一年传习天主教及西洋传教士案件时曾发布谕旨："如有以天主教引诱男妇聚众诵经者，立即查拿，分别首从，按法惩治。其西洋人俱递解广东，勒限搭船回国，毋得容留滋事。"② 但县、府及翁藻的意见没有被安宁采纳，他下令要求严惩。此后，王安多尼、谈方济各按照"左道异端煽惑人民为首律"，拟绞监候。唐德光、沈寡妇即沈陶氏等人也按照左道惑人为从律，发边外为民。汪钦

---

　　① 中国第一历史档案馆编《清中前期西洋天主教在华活动档案史料》第1册，中华书局，2003，第153~154页；吴旻、韩琦编校《欧洲所藏雍正乾隆朝天主教文献汇编》，第178~235页。
　　② 《清中前期西洋天主教在华活动档案史料》第1册，第149页。

一、尤元长、徐鲁直等教会骨干"均合依违制律，各杖一百，再请枷号两个月"。其他教徒则分别拟枷号、杖责。1748年7月，奏折传送到京师，乾隆帝批准了安宁所奏，9月10日谕旨抵达苏州。在等待秋决期间，北京城中的耶稣会士为挽救王安多尼和谈方济各性命曾积极营救，他们希望通过接近天主教的朝廷重臣向乾隆帝说情，改变处理意见，但最终无效。1748年9月12日，随着王安多尼和谈方济各这两名天主教神父在狱中被秘密处死，乾隆时期江南最为严厉的一次查禁天主教案件落下了帷幕。

二　逃犯：地方社会与世界体系

然而，事情却没有结束。因为这次查禁天主教案件牵出了不少案中案，其中之一是官府在审问被抓获的宝山县教徒杨印观时，从后者口中得到一个重要的信息：乾隆十一年八月初三日，嘉定一位八十多岁、名叫沈若望的西洋神父，因为朝廷禁教，再加上年老体弱，计划取道澳门返回欧洲。受当地教会委托，杨印观伙同嘉定县人、教徒杨路爵一起护送沈若望离开其房东、嘉定人杨维松的家，经江西梅岭到广东佛山镇彩阳街一位名叫倪维智的教徒家中。倪维智接到沈若望后，就将其带到省城广州十三行处一家写有"自远行"的商行，而按照杨印观的供词，这个自远行是接送西洋人的据点。

由于此次江南天主教案件中供出的人数众多，尤其是其中有从嘉定经广州跑回澳门的沈若望等西方传教士，安宁认为应该分咨广州府继续追查未抓获的案犯，弄个水落石出。种种线索表明，住在佛山的倪维智是这个案中案的关键人物，江南教会骨干唐德光就供称是倪维智多次委托他和弟弟唐兴周从澳门带银两给西洋传教士王安多尼。在收到安宁的咨文后，广州地方官府当即派差役前往佛山抓捕倪维智，随着倪维智被拿获，一个将清代中国的个人生活与世界体系关联在一起的网络也逐步被揭开。

图 0 – 1　广东十三行（1806）

说明：威廉·丹尼尔（William Daniell）绘。

依据倪维智的招供，他的原名叫倪文井，原籍福建省福州闽县。康熙四十三年（1704），他二十三岁，被父亲倪孙兴带到广东佛山做生意。他娶了潘氏，生了一个儿子叫倪廷爵。此外，侄儿倪廷元也和他一起生活。倪维智平日以行医为生，早在故乡福州时，就跟随南门宫巷天主堂一位西洋传教士穆德我受洗，信了天主教，穆德我给他取了个教名若亚敬，所以同教中人也称他倪若亚敬。

倪维智在入教后，他的生活显然就与天主教紧密联系在一起了。他平日里在佛山行医，经常跑到澳门去采购外国药材，顺带也倒卖些洋货牟利。乾隆二年七月的一天，他和往常一样到澳门，在大三巴若瑟堂中见到了一位名叫法方济各的西洋人。这位法方济各在康熙年间曾经到北京传教，与倪维智在路途中结识。法方济各告诉倪维智，今年有一位"道友"即传教士王安多尼随洋船到澳门，带有鼻烟一桶、冰片十斤，要求倪维智替王安多尼将货物带到省城广州售卖,倪维智由此也认识了王安多尼。倪维智卖完货物后,将卖货所得 175 两白银在当年十一月带到澳门,由于此时王安多尼已经去苏州了,所以他将货款交给了法方济各。

对于倪维智而言,王安多尼要去苏州传教并不奇怪,因为江南一带有不少人和他一样信了主,其中,他和前述江南天主教案件中的一位关键人物、布商唐德光很早就认识。雍正十年(1732),唐德光经常贩运江南一带的棉布等货物来广州交易,住在澳门若瑟堂中,由此和倪维智相识。乾隆六年十一月,倪维智去澳门买豆蔻、苏合油、洋青等物品,计划卖到苏州,若瑟堂的神父法方济各因为他认识王安多尼和唐德光,就委托他在次年四月带银两、书信到苏州常熟县南门内大街的唐德光胞弟唐兴周的染料房,由此也认识了唐兴周。此后,倪维智多次往返苏州与澳门之间,并帮助澳门天主堂传递钱物、书信给在苏州传教的王安多尼等人。由于倪维智常年往返澳门、广州、苏州,因此协助年老的江南传教士沈若望返回澳门,自然少不了他的帮忙。据他交代,乾隆十一年十月间,他在佛山家中收到了一封唐德光寄来的信,谈到杨印观、杨路爵护送沈若望回澳门的事,拜托倪维智协助。后来,沈若望等人乘船从水路抵达佛山,倪维智就上了他们的船,带领他们到省城广州十三行,来到自远行,看到商行的后屋住着三四个戴三角帽的"番人"。由于常年跑澳门,倪维智知道这些戴三角帽的"番人"都是奉教的同道,就和杨印观等人将沈若望交给他们带回澳门。

从倪维智口中得到这些关键信息后,乾隆十三年十月到乾隆十四年二月间,广州地方官府多次饬令负责管理澳门事务的葡萄牙理事官"唛嘌哆"①查实沈若望回澳后的下落。后者一开始百般推诿,答复

---

① 葡萄牙语"vereador"的音译,指明清时期负责澳门事务的葡萄牙人理事,在中国官方文献中一般称"署理濠境澳大西洋理事官"。

说沈若望等人早就搭船离开澳门了，而且澳门每年"番人"往来人数众多，难以细查具体情况。但香山县特别强调说并没有看到澳门出洋船只报告上有沈若望回国的记录，坚持要葡萄牙理事官据实禀告沈若望等人的下落。葡萄牙人看到此事无法搪塞，因此在乾隆十四年二月初五日这一天报告说沈若望在乾隆十一年十月十八日回到澳门后，已在乾隆十二年病故，葬在三巴堂。此后，倪维智被带到南海县继续受审，并由官差押着到广州十三行街去指认现场，经过仔细辨认，倪维智找到了当日交接沈若望的商行——"自远行"，很快，行主张禄、寄住的戴三角帽的"番人"哆嗦都被官差带走审问。张禄供称自己从事的是金丝行生意，并没有和外国人串通，他平常将商行后进房屋租给了澳门西洋人哆嗦居住经商，不知道当日沈若望在这里交接的事。只是这次经倪维智指认后，他再三询问哆嗦才知道乾隆十一年十月十五日沈若望由哆嗦安置在这里住了一晚，第二天就去澳门了，再加上沈若望穿着"天朝衣服"，所以不晓得他是外国人。哆嗦则供称自己是澳门夷商，租赁张禄"自远行"商号后屋居住经商，当日倪维智接引沈若望来这里，因为自己和沈若望是"同教"，就留他住下，歇了一晚，第二天就回澳门了。沈若望因为穿着"唐人衣服"，所以没有引起别人的注意。在抓获一干人等，并经过一番严审后，广州地方官府对涉案人员进行了宣判，倪维智照违制律杖责一百，又因为屡次给王安多尼等江南传教士带钱物，再加戴枷两个月。十三行"自远行"行主张禄私自将商行后屋租给"入教夷人"，依照不应轻律，责打十五大板。"三角帽番人"哆嗦则被驱逐回国，不允许继续在广州居住。乾隆十四年秋，广州府将审问结果奏报朝廷，这个案中案至此办结。[1]

---

① 此次追踪沈若望的案中案文本，见吴旻、韩琦编校《欧洲所藏雍正乾隆朝天主教文献汇编》，第235~254页。

在这个案件中，倪维智的角色很有戏剧性。他的真实身份也许并非就像他自己招供的是一位医生和顺带倒腾洋货的生意人，而很可能是天主教会雇用协助处理传教事务的管事人。他多次往返澳门、广州和苏州，以行医、经商为掩护，其真实目的是和常熟唐德光、唐兴周兄弟一起，负责澳门天主教会与江南教会的联系工作，包括接送传教士、运送经费和传递信息。为了保护教会，他多次做伪供，起先含混交代交接沈若望的商行是十三行街上的"远来行"，导致位于同一条街、经营洋货的"远来行"行主陈朝枢被传唤问讯。即使最后不得不说出交接沈若望的真实商行，他仍然凭借自己的机智掩盖了自己的教会身份，只坚认自己是位自幼奉教的普通教徒，从而逃过了更加严厉的惩罚。

从倪维智这样的人物身上，我们看到了当时华南、江南地区经由天主教网络而与早期全球化所建立的无所不在的联系。这次江南教案及沈若望案中案，实际上向我们展开的是清代中期帝国内外场景的真实画卷。随着案件的进展，画卷也逐渐铺开，卷入其中的形形色色人物逐一出场。在江南案件中，有对家族田产纠纷愤愤不平的尤氏叔侄，有自恃身份、强势的常熟当地教会权威汪钦一，也有虔诚奉教、利用深宅大院藏匿西洋传教士的唐德光，怯懦不得志的奉教书生徐鲁直，以摇船为生的教徒邹汉三、邹汉四兄弟，守寡多年、将精神完全寄托在虔诚念经上的沈陶氏，以及患病多年、甘愿守贞的王大姑、王二姑、王三姑姐妹。此外，也有从葡萄牙里斯本、意大利威尼斯漂洋过海来华的西洋传教士王安多尼和谈方济各，协助传教士在江南传教的澳门人谈文多拉……而在沈若望案中案中，有在江南传教多年、年老返乡却最终病亡澳门的西洋传教士沈若望，有自幼奉教、利用华人身份在澳门、广州、苏州之间穿梭往来，充当天主教会中介者的福建人倪维智。此外还有以经商为掩护，实际上却是负责天主教会广州联络点的戴三角帽的"番人"咖嘛，督理澳门事务的葡萄牙理事官唛嚜哆，将商行后屋租赁给西洋人的广州十三行行商张禄，在同一条街上开商行、差点被诬陷下狱的洋货商人陈朝枢，以及夫死改嫁的谈文多拉妻子吴氏和让她牵肠挂肚、"浪荡无踪"的十五岁儿子亚有……而作为帝国官僚系统代表的一方，则有对天主教在当地活动睁一只眼闭一只眼的常熟乡保人员——"地方"曹成九，读书入仕、一心想要立功的按察使翁藻，善于揣度上意的江苏巡抚安宁，还有威慑力无处不在的乾隆帝……这些人身份各异，阶层不同，各自有自己的生活轨迹，彼此之间本来毫不相干，却都因为一次天主教事件而走到一起，共同成为这部 18 世纪江南舞台剧的一个角色。

而上述先后出场的人物，上至皇帝，下至贩夫走卒，无一不与当时随着西方大航海扩张而迅速成长的全球贸易网络扯上了联系。每个人似乎都受惠于这个贸易网络：随着采银业在美洲新大陆变得越来越重要，葡萄牙、西班牙等天主教国家从美洲殖民地攫取的白银，由美洲大帆船载着，源源不断地流入大清帝国，成为澳门与广州一带日常交易中频繁使用的"番银"；陈朝枢、张禄这些在广州十三行街开商行的商人，靠着经营内地的瓷器、茶叶、丝绸及各类洋货发家致富，同时要"奉公办饷"，为此时期的乾隆帝和清帝国平定大小金川等地提供必要的军费；天主教会也充分利用这个全球贸易网络，在传教过程中不忘贩卖各种洋货，从中取利，类似王安多尼这样的葡萄牙籍传教士，在来华途中随带一桶鼻烟、十斤冰片，就可以卖个好价钱，获得不菲的收入，从而维持他和江南天主教会的日常开支。由于在华传教日久，传教士对江南与华南的银价差距了如指掌，一块美洲银元在广东可以作九四色，可是到了江南就只能作九二色，所以倪维智的一个工作就是负责将耶稣会澳门司库法方济各交给他的银元带到省城银店换成更适合江南地区流通的"九七色银锭"。

至于来自江南的人们，更是很早就利用当地浓厚的经商传统，娴熟地加入与澳门、东南亚及西方商人打交道的行列，参与共建这个活跃的全球贸易网络，并从中牟利，同时为天主教会创造了一个输送人员、物力的可靠渠道。依靠类似唐德光、唐兴周、倪维智这样往返两地贩货的中间人，澳门天主教会得以向江南天主教会不间断地传递传教经费和接送传教士。与此同时，由于消费西洋物品的热情逐渐高涨，清代江南甚至出现了一个售卖西洋画的艺术品交易网络，皈依了天主教的长洲人丁亮先和管信德，成了最早的一批开洋画店、从事西洋艺术品买卖的掮客。种种迹象表明，一个通往世界体系的大门正以前所未有的速度向清帝国及其民众打开。

三 文本：细节与现场

可是，如果没有一批 17、18 世纪与天主教在华活动有关的特殊文本留下来，我们很难描绘出上面这幅生动的帝国时代生活图景。正如多萝茜·史密斯（Dorothy Smith）所说，书写与文本是呈现日常社会生活的介质，我们生活在一个以文本为中介的世界中，透过文本，我们可以理解社会如何运作以及个体如何组织他们的生活并表述生活的意义。[①] 16 世纪天主教进入中国后，就与中国社会发生了广泛而密切的联系，由此也形成了一批有别于之前的天主教文本。这些文本的生产虽然离不开天主教活动，其内容却远远超出宗教信仰范畴，可说是无所不包。更因其所记述林林总总个体的边缘性，往往能为我们提供更多涉及帝国内部公众和个人生活世界的细节。

---

① Dorothy Smith, *Writing the Social: Critique, Theory, and Investigations*, Toronto: University of Toronto Press, 1999.

对于习惯了帝王纪事的中国大历史而言，上述王安多尼这样的西方传教士，唐德光、倪维智此类下层教徒以及曹成九这类地方保甲，还有在社会底层苦苦挣扎的沈陶氏、王大姑等，基本上属于社会的边缘群体。正如卡罗·金斯伯格（Carlo Ginzburg）所说，下层民众难以发出自己的声音。确实，上文这些普通人的生活，要想进入"历史"是一件不容易的事。然而，皈依天主教信仰却给了他们一个进入"历史"的机会。信仰天主教本来只是个人修行的部分，在清代社会，这类普通大众的精神活动一般不会受到关注。然而，由于从康熙后期起，清帝国与天主教会的关系日趋紧张，天主教会成为帝国控制的一个对象，不仅在朝野多次发生有关帝国文化传统与西方宗教信仰的争论，而且类似常熟这样的案件，也因朝廷严禁天主教而此起彼伏。伴随着国家权力的介入，地方官府在穷追案件时，也会将天主教会信仰者的活动轨迹记录下来，由此形成了大量的天主教档案文本。而普通人的生活，也因这些案件而被拉入国家历史。

可以说，这些与天主教有关的各类文本，不仅可以帮助我们更好地理解清代社会结构的某些特点，同时可以让我们借此体会到历史的复杂性。然而，这些文本本身也身处时空之中，它们由不同的人和不同的地方生产，又出于历史的原因，往往会被分散储存在不同档案机构中。以此次江南天主教案件为例，文本生产者包括清帝国朝廷，追踪案件时所涉及的从江南到广东的各级地方官府，事件另一方罗马天主教会。尽管涉及这次事件的一些文本逃过被毁的命运保留了下来，然而它们就好似一幅拼图的组件，被分散保存在北京、巴黎、罗马、广州、澳门等不同的地方。这些碎片化的档案文本只有在经历过重组之后，才能将江南天主教区的生命史鲜活地展现出来。本书的用意即在于阐明，通过搜寻分散在不同地方的各类文本，原本区隔的社会事实可以因此被重新组合起来，并引导我们重返 17~18 世纪清帝国的历史现场。

第一章

1692 年容教诏令：一份康熙谕旨及其历史记忆

　　康熙三十一年二月初五日（1692 年 3 月 22 日）是入华天主教会值得纪念的重要日子。这一天，在京中耶稣会士徐日昇、安多、张诚等人的努力下，康熙帝终于批准了礼部所题允准天主教会在华传教的部本。此即为中西关系史上著名的康熙容教诏令（Edict of Toleration）①。该诏令的颁布，反映了自明后期利玛窦入华以来百余年间朝廷首次也是唯一正式以旨令的形式准许天主教在华传习，此后作为一种象征屡屡在天主教会中被提及。然而，对于这个重大事件，迄今为止尚未见有中西史家撰写专文对诏令颁布全过程进行比较深入细致的研究。② 本章拟利用清初亲历该事件在华西教士笔录，结合相

---

① 又译宽容敕令、宽容谕旨。

② 涉及此事件的相关研究主要有：中国学者方面，林金水所著《试论南怀仁对康熙天主教政策的影响》（魏若望编《南怀仁（1623—1688）鲁汶国际学术研讨会论文集》，社会科学文献出版社，2001，第 403～438 页）一文对清初耶稣会士南怀仁等人与容教诏令颁布之间的关系进行了一定的分析。吴伯娅在其所著《康雍乾三帝与西学东渐》（宗教文化出版社，2002）一书第三章"宽容与严禁：康雍乾三帝对天主教的认知与对策"之第二节"耶稣会的适应策略与康熙的宽容令"中也简要探讨了容教诏令的颁布与康熙前期宽容天主教的情况（见该书第 131～136 页）。以上两文是目前国内学界中涉及此专题篇幅较多者，但限于主题及史料，都未对容教诏令颁布的具体经过及影响进行更为深入的探讨。此外，万明在所著《中国融入世界的步履：明与清前期海外政策比较研究》（社会科学文献出版社，2000）一书中也概要介绍了康熙朝解除禁教的情况（见该书第 442～445 页）。西方学者方面，傅乐淑（Fo-Shu Fu）摘录、翻译了有关

关中文史料，考察该诏令颁布的历史背景、具体经过、颁布原因及颁布之后对清初中西关系产生的重要影响，并在此基础上分析中西方围绕容教诏令的历史记忆建构。

一　康熙前期的政教关系

康熙三十一年容教诏令的最终出台，与清初朝廷天主教政策的演进密切关联，特别是以解除康熙八年禁教谕令为必要前提。

清初朝廷的天主教政策曾经呈现出一种错综复杂的态势。清人定鼎北京时，由于政权初立，急需"授时定历"的人才。留在北京，原本是为前明制炮修历的德籍耶稣会士汤若望，转而为新政权服务，为清廷修订了《大清时宪历》，对清政权颇有贡献，为顺治帝所赏识，备受恩宠。如顺治八年（1651）受封通议大夫，加太常寺卿，

容教诏令的几份主要文件，见 Fo-Shu Fu, *A Documentary Chronicle of Sino-Western Relations* (*1644 - 1820*), Tucson: The University of Arizona Press, 1966, pp. 105 - 106. 魏若望（John D. Witek）简要叙述了容教诏令颁布的经过，并分析了张诚等法籍耶稣会士对推动诏令颁布所起的作用，见 John D. Witek, "Understanding the Chinese: A Comparison of Matteo Ricci and the French Jesuit Mathematicians Stent by Louis XIV," in Charles E. Ronan S. J. and Bonnie B. C. OH, eds., *East Meets West: the Jesuits in China*, *1582 - 1773*, Chicago: Loyola University Press, 1988, pp. 89 - 93. 孟德卫（D. E. Mungello）也简要描述了容教诏令颁布的经过，见 D. E. Mungello, *The Forgotten Christians of Hangzhou*, Honolulu: University of Hawaii Press, 1994, pp. 62 - 64. 钟鸣旦（Nicolas Standaert）扼要评论了容教诏令对在华天主教会发展的影响，见 Nicolas Standaert, ed., *Handbook of Christianity in China*, *Volume one: 635 - 1800*, Leiden: Brill, 2001, pp. 516 - 517. 此外，柏永年（Joseph Sebes）、史景迁（Jonathan Spence）也都曾在所撰论著中简略提及容教诏令，见 Joseph Sebes, *The Jesuits and The Sino-Russian Treaty of Nerchinsk* (*1689*): *The Diary of Thomas Pereia*, *S. J.*, Rome: Institutum Historicum S. I., 1961. 中译本为约瑟夫·塞比斯《耶稣会士徐日昇关于中俄尼布楚谈判的日记》，王立人译，商务印书馆，1973，第 135 页。Jonathan Spence, *To Change China: Western Advisers in China*, *1620 - 1960*, New York: Little, Brown and Company, 1969, p. 31.

管钦天监监正事；顺治十年更被赐予"通玄教师"① 称号，被称为佐佑定历的"天生贤人"。② 顺治帝对汤若望个人的这种恩宠还荫及在华天主教会。顺治七年，顺治帝就曾赐地建堂，并赐"钦崇天道"匾额，"钦褒圣教，从来未有"。③ 顺治十四年，顺治帝经过宣武门内天主堂，又亲赐"通玄佳境"匾额，并赐《御制天主堂碑记》，借以褒奖汤氏"测天治历""敬业奉神"的功绩。④ 顺治帝赐号、赐堂、赐碑一连串"钦褒圣教"的举动，亦象征着天主教在汤若望时代所受恩遇达到顶峰。⑤

然而随着顺治帝驾崩，情况发生了变化。康熙以冲龄践祚，政出鳌拜等四位辅政大臣。清廷内反对天主教势力逐渐抬头。康熙三年，安徽歙县人杨光先以"职官谋叛本国，造传妖书惑众，邪教布党京省，邀结天下人心"疏告汤若望，汤氏被捕下狱，京城内外传教士、奉教官员如利类思、李祖白等也被牵连，次第遭拿问罪。康熙四年三月，刑、吏二部会议拟处汤若望死刑，其余西教士俱杖充。辅政大臣正依议批行，恰逢京师地震，辅政大臣以清狱为戒，利类思等获赦留京，各省所拘二十余位西教士则被解送广州监禁。汤若望因孝庄太后下令释放。⑥ 同月间杨光先又呈上所著《摘谬论》《选择议》二篇，疏告汤若望新法十谬，以及在选择荣亲王葬期时误用洪范五行，挑起历法之争，希望借此扳倒汤若望及钦天监内的天主教势力，进而彻底

---

① 后世史书为避康熙帝讳，改"玄"字为"微"字。
② 赵尔巽等：《清史稿》卷 272《汤若望传》，中华书局，1977，第 10020 页。
③ 樊国樑：《燕京开教略》，北京救世堂刊本，1905，"中篇"，第 21 页。
④ 祝平一：《金石盟——〈御制天主堂碑记〉与清初的天主教》，《中央研究院历史语言研究所集刊》第 75 本第 2 分，2004 年，第 389～421 页。
⑤ 关于汤若望在华所获恩荣，见黄一农《耶稣会士汤若望在华恩荣考》，《历史与宗教：纪念汤若望四百周年诞辰暨天主教传华史学国际研讨会论文集》，辅仁大学出版社，1992，第 42～60 页。
⑥ 黄伯禄：《正教奉褒》，上海慈母堂重印本，1894，第 44～79 页。

摧毁在华天主教。汤若望、南怀仁等与杨光先当庭对质，各执己见。因"四辅臣执政，颇右光先"，[1] 最后廷议"将汤若望等及所属各员罢黜治罪"，"废西洋新法，用大统旧法"。李祖白等五位奉教钦天监官员被斩首，而许之渐、许缵曾、佟国器等官员则因亲天主教而遭罢黜。汤若望随即病故，在华天主教遭到沉重打击，而杨光先得以升任钦天监监正。[2]

康熙帝在康熙六年亲政后，发现旧法多有疏漏，遂于七年底令杨光先、吴明煊与南怀仁同测天文，经多次测验，证明"南怀仁逐款符合，吴明煊逐款皆错"。[3] 康熙八年三月清廷"复用西洋新法"，南怀仁得授钦天监监副，杨光先遭革职问罪。南怀仁等传教士重掌钦天监后，利用这个时机，于康熙八年五月五日（1669 年 6 月 3 日）通过礼部上疏请求为历狱案中遭难的汤若望诸人平反，并恢复天主教的名誉。康熙帝命"议政王贝勒大臣、九卿科道会同详议具奏"。但礼部最初仍对天主教持强硬态度，认为信奉天主教，"祖宗亡故者，不烧纸，乃是不行孝道"，"又无明显解赦有益之处，且系三教以外之教。天主教非为正教，不便举行"。所被革去的汤若望"通微教师"名号"非为表扬天主教赐也"，不宜给还。"又西洋人二十余名留此处，恐复行邪教，具题遵旨押送广东。又有佟国器、许缵曾、许之渐等，或因助银修堂，或因入教，或因作《天学传概》书序，俱治罪

① 赵尔巽等：《清史稿》卷 272《杨光先传》，第 10020 页。
② 有关康熙朝历狱案详细经过，可见黄一农《择日之争与康熙历狱》，《清华学报》新 21 卷第 2 期，1991 年，第 247~280 页。
③ 蒋良骐：《东华录》，中华书局 1980 年点校本，第 149 页。相关研究可见黄一农《清初天主教与回教天文家间的争斗》，《九州学刊》第 5 卷第 3 期，1993 年；黄一农《吴明炫与吴明煊：清初与西法相抗争的一对回回天文家兄弟？》，《大陆杂志》第 84 卷第 4 期，1992 年。

革职，无庸再议。"① 礼部的意见被转到内廷议政处诸王贝勒大臣公同会议。经过康熙帝的直接干预，最后康熙八年七月二十日（1669年8月16日）和硕康亲王杰书等将议复结果上奏："恶人杨光先捏词控告天主教系邪教，已经议复禁止。今看得供奉天主教并无为恶乱行之处，相应将天主教仍令伊等照旧供奉。其汤若望'通微教师'之名复行给还，照伊原品赐恤，其许缵曾等，应令该部查明原职给还。其伊等阜城门外堂及房屋，工部具题变卖，经所买之人拆毁，其所卖原价，工部取给，并将空地还给南怀仁等。因天主教缘由，解送广东之西洋人栗安当等二十五人，行令该督抚，差人驿送来京。俟到日，该部请旨。"② 而因历狱案被杀的李祖白等奉教官员也"照原官恩恤"。杨光先拟"即行处斩，妻子流徙宁古塔"。③ 按照这个议复结果，除汤若望等人得以平反、杨光先得到惩处外，最重要的是天主教摆脱了邪教指控，而且传教士可以"照旧供奉"，这显然是比较符合利类思、南怀仁等传教士的愿望的。但是，清廷内反天主教势力通过康熙帝的一个近臣，说服康熙帝不仅饶恕杨光先，而且"应以江山社稷为重，不要给天主教信仰自由"。④ 在此情况下，康熙帝下旨："杨光先本当依议处死，但念其年已老，姑从宽免，妻子亦免流徙。栗安当等二十五人，不必取来京城。其天主教，除南怀仁等照常自行

---

① 关于康熙八年礼部议奏结果，似已不见于清代档案，但在清初耶稣会士何大化所著书中有该文件抄件，见 Antonio de Gouvea, *Innocentia Victrix*, Canton, 1671, pp. 10–14. 重印本为 Antonio de Gouvea, *Innocentia Victrix*, Lisboa: Instituto Portugues do Oriente, 1999. 此处转引自莱布尼兹编《中国近事——为了照亮我们这个时代的历史》，梅谦立等译，大象出版社，2005，第 8~9 页。下凡引自该书，简称《中国近事》。

② 黄伯禄：《正教奉褒》，第 58 页。

③ 黄伯禄：《正教奉褒》，第 59 页。

④ 莱布尼兹编《中国近事》，第 11~12 页。

外，恐直隶各省或复立堂入教，仍着严行晓谕禁止。余依议。钦此。"① 此即为著名的康熙八年禁教谕令。

图 1-1 康熙帝

说明：卡斯珀·卢伊肯（Caspar Luyken）绘。
资料来源：荷兰国立博物馆。

康熙八年谕令只是允许在京城中的南怀仁等传教士"自行其教，余凡直隶各省开堂设教者禁",② 并没有对杨光先反西教时期朝廷将天主教定性为邪教加以禁止的规定做出传教士所希望的实质性修正，反而再次强调了清廷的禁教态度。而且也没有处理广州羁留传教士问

---

① 黄伯禄：《正教奉褒》，第 59 页。又见李刚己《教务纪略》卷首《恭录谕旨》，上海书店 1986 年影印本，第 1 页。

② 乾隆官修《清朝文献通考》卷 298《四裔六·意达里亚》，浙江古籍出版社，2000，第 7468 页。

题。对于这样的结果，利类思、安文思、南怀仁等传教士不免大失所望。而清廷内的反天主教势力则再次获得了禁止传习天主教的皇命，"他们尽力使此最新之上谕流行全国，令其本国人奉行无误"。① 因此，利类思等传教士处心积虑地思谋让康熙帝"撤销或改变此谕令"，甚至不惜以退为进，冒着被全部遣返欧洲的危险委婉地向康熙帝陈辞，如果天主教仍然受到严格的禁止，"西洋人不能继续居留中国，更不能留在天主教受到如此羞辱的皇宫里"，请求康熙帝"容许他们返回欧洲"。② 康熙帝此时正对西方科技极感兴趣，对利类思、南怀仁等传教士也甚有好感，再加上"京师地震有声"，③ 康熙帝召南怀仁询问关于地震之事，南怀仁的回答深得帝心，因此康熙帝传旨给利类思等人，表示愿意重新考虑处理天主教问题，前提是利类思等应先呈递"一封新的请愿书"。利类思、南怀仁等传教士求助大臣索额图，于康熙九年十一月二十日（1670 年 12 月 31 日）这一天呈递奏本，云"栗安当等二十余人，久羁东粤。切念安当等半系七十、八十不等之年，其中十余人有通晓历法，于顺治十六年奉旨入国，礼部题请在案。至臣等自幼弃家学道，生虽西洋，殁则中国，自明迄今，已将百年。世祖皇帝深知天主教无弊，故赐堂赐匾，御制碑文，屡次圣驾临堂，容臣等各居本堂焚修。伏乞皇上垂浩大之恩，念安当等无辜之苦，赐仍依世祖皇帝时，得生归本堂，老归本墓"。④ 利类思等传教士在奏文中虽然没有明确写出请求康熙帝给予传教士传行天

---

① 莱布尼兹编《中国近事》，第 12 页。

② 莱布尼兹编《中国近事》，第 12 页。

③ 蒋良骥：《东华录》，第 154 页。按《东华录》的记载，此次地震时间是康熙八年九月甲午寅时，即 1669 年 9 月 28 日，而根据在华传教士苏霖的记载，此次地震时间是 1670 年 9 月 27 日。莱布尼兹编《中国近事》，第 13 页。

④ 《远臣利类思等奏疏》，钟鸣旦、杜鼎克主编《耶稣会罗马档案馆明清天主教文献》第 12 册，利氏学社，2001，第 348～349 页。亦见黄伯禄《正教奉褒》，第 63 页。文字略有不同。

主教自由的字眼，但在提出希望能够让羁留广州的传教士返回各自本堂的同时，又巧妙地引证顺治帝对天主教的恩遇，字里行间已经显露出希望康熙帝能够一仍顺治帝的做法，给予天主教传教自由。该奏文发回礼部议复后，礼部做出两点决定。其一，康熙八年的禁教谕令不能解除；其二，允许羁留广州的传教士回到北京，与南怀仁等住居一处。这样的决定对利类思等传教士来说意义不大，特别是所有传教士都居住北京并不利在中国各地进行传教活动。因此，他们又去求助索额图，希望他能说服康熙帝，至少"不要把所有的传教士都召回北京，而应准许他们各归本省本堂"。① 按照西方教会的记载，康熙帝本人甚愿给予传教士传播天主教的自由，但是在一些反天主教大臣的劝谏下，他采取了一个折中的做法，在康熙九年十二月下旨："据利类思等奏，栗安当等半系七十、八十之年，无辜久羁东粤等语。此内有通晓历法的，着取来京与南怀仁等同居。其不晓历法的，准其各归本堂，除伊教焚修外，其直隶各省一应人等不许入教，仍着遵前旨禁止。"② 这样，除恩理格、闵明我二人因为通晓历法送京外，其余"不晓历法之汪汝望等十九名送各本堂"，康熙帝甚至还允准因私行传教被逮押送广东的多明我会士万济国随耶稣会士何大化到福建居住，使万济国又得以返回多明我会在华的老根据地闽东。③

　　康熙九年的谕旨实现了利类思等人的第一个目的，即让羁留广州的传教士回返各自本堂，这也间接地为传教士在地方上私行传教提供了有利条件。诚如学者所言："西士既得各归本堂，何能阻其劝人入

---

① 莱布尼兹编《中国近事》，第 14 页。
② Antonio de Gouvea, *Innocentia Victrix*, p. 40. 引自莱布尼兹编《中国近事》，第 15 页。
③ 《熙朝定案》，利玛窦等：《天主教东传文献》，台湾学生书局，1982，第 143 ～ 145 页。

教?"① 对于传教士与各地教徒来说，此举无疑大有益于传教事业的发展。此后，随着南怀仁等传教士在朝廷的影响渐增，各地天主教会在宫廷传教士的保护下得以陆续恢复发展。但是，康熙九年的谕旨没有满足利类思等传教士的第二个也是更为重要的目标，即彻底解除教禁。相反，它又再次强调了康熙八年禁教谕令，不允许传教士传教，民人习教。也就是说，天主教仍处于被禁止状态，随时可能被各地官府扣上邪教帽子加以查禁。因此，在利类思、安文思死后，南怀仁以及陆续进京当差的闵明我、徐日昇、安多等传教士在京城继续努力，积极寻求宽解教禁的各种时机。在此期间，南怀仁在影响康熙帝天主教政策上发挥了重要的作用。② 特别是康熙二十六年二月十六日（1687 年 3 月 28 日），康熙帝颁旨严禁邪教，"僧道邪教，素悖礼法，其惑世诬民尤甚……俱应严行禁止"。③ 一些省份的官员在发布禁约时也将天主教视同邪教，一概禁止。在此情况下，行将辞世的南怀仁为弛禁天主教做最后一搏，他利用为清廷制炮颇受康熙帝褒奖的时机，于是年三月二十三日以工部右侍郎身份上疏请求宽免教禁，"臣等所奉天主教，祈照康熙初年未经诬告之前任随其便，不阻其门，以断绝妄指之毁谤"。④ 但是，工部和礼部会议的结果是维持康熙八年禁教谕旨，"仍行禁止"。四月十一日两部将意见具题，十四日奉旨："依议。今地方官间有禁止条约内将天主教同于白莲教谋叛字样，着删去。"⑤

---

① 张维华：《明清之际中西关系简史》，齐鲁书社，1987，第 136 页。

② 参见林金水《试论南怀仁对康熙天主教政策的影响》，魏若望编《南怀仁（1623—1688）鲁汶国际学术研讨会论文集》，第 403～438 页。

③ 《康熙起居注》第 2 册，中华书局，1984，第 1595 页。

④ 黄伯禄：《正教奉褒》，第 110 页。

⑤ 《熙朝定案》，《天主教东传文献续编》第 3 册，第 1723 页；黄伯禄：《正教奉褒》，第 110 页。西文教会史料见莱布尼兹编《中国近事》，第 18 页。按照教会史料，南怀仁此次以工部官身份上疏乃出自康熙帝的授意，希望能够获得工部的支持，改变以往礼部独断的不利结果。

康熙二十六年谕旨再次确认了康熙八年禁教谕令，尽管对于南怀仁来说，康熙帝明确将天主教剔除出邪教行列，也给了这位为清廷"效力年久……秉心质朴，始终不渝"[①] 的远臣在辞别人世前的些许安慰，然而，"天主教如以前一样仍受到限制"。[②]

总之，细究康熙三十一年容教诏令颁布之前的这些历史背景，可以清楚地看出，在经过顺治朝的一段短暂宽容时期后，康熙前期，清廷在对待天主教的总方针上基本秉持禁止态度。在此期间，利类思、南怀仁等京师传教士经过不懈努力获得了一些积极成果，如康熙八年为汤若望历狱案平反，南怀仁等传教士可以在北京"自行其教"，康熙九年羁留广州的传教士被准予各归本堂，康熙二十六年更明确将天主教从邪教行列中剔除。而且值得注意的是，从西方教会史料透露出的信息来看，康熙帝在亲政后也多次表露出要宽免教禁的迹象，特别是康熙九年允许羁留广州的传教士各归本堂。康熙二十六年法国耶稣会士洪若翰一行五人在浙江宁波登陆，[③] 有朝议加以驱逐，但康熙帝下旨："洪若〔翰〕等五人，内有通历法者，亦未可定，着起送来京候用。其不用者，听其随便居住。"[④] 这两次谕旨，给了在华传教士很大的自由活动空间，使得他们可以在地方上私行传教，由此极大地松动了康熙八年禁教令。但是，受清廷内反天主教势力的影响，康熙八年禁教谕旨中"其直隶各省一应人等不许入教"的规定不仅一直没有得到更改，相反还多次获得确认。如此一来，天主教在中国仍然

---

① 《熙朝定案》，钟鸣旦、杜鼎克主编《耶稣会罗马档案馆明清天主教文献》第12册，第381页。

② 莱布尼兹编《中国近事》，第18页。

③ 关于洪若翰等人登陆浙江宁波事件，见洪若翰1703年2月发自舟山的书信，杜赫德编《耶稣会士中国书简集：中国回忆录》（1），郑德弟等译，大象出版社，2001，第260~265页。下凡引自该书，简称为《书简集》。

④ 黄伯禄：《正教奉褒》，第86页。

处于被禁止状态。各级地方官员仍可利用上述禁令来处理辖区内的习教活动。康熙三十年浙江巡抚张鹏翮就是以康熙八年禁令为依据在浙省掀起大规模反教事件的。在这样的背景下，当时在华的传教士十分清楚，他们需要清廷颁布一道新的诏令，从而正式解除康熙八年禁教令规定，向举国上下表明天主教会在华传教的合法性。而康熙三十年浙江巡抚张鹏翮的反西教举动，正好间接地为传教士实现上述愿望创造了一个机会。

二 杭州教案与容教诏令的出台

康熙三十年，浙江巡抚张鹏翮在杭州发布禁令，禁止在辖区内传习天主教。这是康熙中期比较少见的一次规模较大的反西教举动。尽管康熙二十九年曾有耶稣会士汪儒望在山东茌平县因购房一事引发反教纠纷，但该事件规模较小，并且很快平息，没有扩大化。① 而此次浙省的反西教举动，因省级大员在全省范围内发布禁教命令，其涉及面较广，打击面也较大，直接对康熙三十一年容教诏令的出台起到了催化剂的作用。②

尽管张鹏翮此次反教矛头指向的是耶稣会在浙省的长上殷铎泽，但该案最初的导火索却是多明我会而非耶稣会，其起因可以追溯到多明我会在浙江兰溪县一带的传教活动。据耶稣会士李明的记载："阿尔卡拉神父是西班牙多明我会的修士和在中国最热情的传教士之一，他在浙江省的一个小城兰溪买了一栋房子，便在那里定居，明确地违

---

① 关于此次反教事件，见康熙二十九年三月初四日、初八日山东巡抚佛伦奏折。中国第一历史档案馆编《康熙朝满文朱批奏折全译》，中国社会科学出版社，1996，第 12 页。

② 耶稣会士白晋曾明确指出："正是这次迫害引发了著名的有利于基督教的宽容敕令。"见白晋 1699 年 11 月发自北京书信，《书简集》（1），第 149 页。

反了 1669 年的敕令。虽然如此，当地官员并没有反对，但随后由于这位神父的仆人泄漏的几句不谨慎的话使官员为之震惊，决定不再故作不知，并采用法律手段对付他。"① 李明上文提到的阿尔卡拉神父即为许伯多禄，这位西班牙多明我会传教士曾在菲律宾马尼拉甲米地（Cavite）华人居住区传教，康熙十六年抵达福建福安，在当地学习官话。随后到浙江金华、兰溪一带传教。② 对于耶稣会士李明的上述叙述，多明我会的史料也有类似的记载，在具体的情节上则更为详细。按照多明我会的史料，鉴于教务颇为发达，康熙二十九年，许伯多禄用马尼拉捐助者的钱在当地购买了一座房屋改作教堂。由于事先耶稣会士徐日昇从北京写了一封信给该城官员疏通关系，再加上许氏颇谙当地人情世故，在买屋之前给各位地方官员都备了一份礼物，因此，一开始他在当地买屋建堂的举动并没有遭到官府的干涉。然而，由于其中一位官员不满许氏送给他的礼物微薄，就酝酿报复。③ 而此前一位许氏的朋友，来自该城最主要家族的一位绅士，因为许氏没有购买他有意出让的房屋而心怀怨恨，也向那位官员投诉。因此，该官员开始着手调查许氏何时进入中国，是否获得允许在当地建堂传教。某日适逢许氏不在兰溪，该官员前往许氏住所查访，许的仆役答复该官员，许氏是曾被押解广州的众多西方传教士中的一位，根据康熙九年的谕旨有权居留当地。该官员看到无法以此理由将许氏驱赶出城，就向巡抚告发许伯多禄在当地非法建堂。④

---

① 李明：《中国近事报道（1687~1692）》，郭强等译，大象出版社，2004，第 340 页。

② Jose Maria Gonzalez, *Historia de Las Missiones Domincanas de China, 1632 - 1700*, Tomo Ⅰ, Madrid, 1962, pp. 489, 492, 551.

③ 多明我会史料记载此官官名为 "Asesor"，西班牙语意为 "咨询、顾问"，或指州县属官。Jose Maria Gonzalez, *Historia de Las Missiones Domincanas de China, 1632 -1700*, p. 551.

④ Jose Maria Gonzalez, *Historia de Las Missiones Domincanas de China, 1632 - 1700*, p. 552.

继兰溪的上述反教风波之后，临安县也发生了反教举动。据李明记载："几个月之后，另一位官员在兰溪官员煽动下，或至少受到他的榜样的激励，决定终止我们神圣信仰的进展。他在一些地方张贴命令禁止在他的管辖范围内信奉我们的宗教。宗教受到了如此不公正的待遇，因此我们修会的殷铎泽神父认为不暴露他在教会担任圣职的身份就无法消除这个侮辱。"① 根据郭弼恩《中国皇帝宽容基督教诏令史》一书记载，这位临安县官员名叫 Tchin-Kien-Kij，广西人。② 此处考为时任临安知县陈谦吉。陈谦吉，广西举人，③ 康熙二十九年任。④ 他曾辨清邑内张、郑二姓谋杀积案，并且体恤贫民，因此颇有宦声。⑤ 他之反教，除李明所说的来自兰溪官员的影响之外，还与其本人对传教士心怀私怨有关。据多明我会的史料记载，当陈谦吉到任后，他以为当地的西教士必会前来拜访道贺，然而却没有人来。为了报复这个侮辱，他在衙门前张贴了一道禁止邪教的告示，将天主教也列入。当地的天主教徒将事情通知了浙省耶稣会住院院长殷铎泽，引起了殷铎泽的愤慨，他认为陈谦吉将天主教列为邪教的行为违背了康熙帝最近的旨意，⑥ 因此写了一封"措辞极为强硬的信"给浙江巡抚张鹏翮，控告陈谦吉的做法，希望张出面干涉下属的反教举动，"迫使这位下级官员推翻前言，并让人撕掉这个不公正的告示"。殷铎泽甚至希望该官员能够在以前张贴告示的地方贴上更有利于天主教传播

---

① 李明：《中国近事报道（1687～1692）》，第 341 页。

② Charles Le Gobien, *Histoire de l'édit de l'empereur de la Chine en faveur de la religion chrétienne avec un éclaircissement sur les honneurs que les chinois rendent à Confucius et aux morts*, P. Jean Anisson, 1698, p. 18.

③ 宣统《临安县志》卷 5《职官志·国朝知县》，第 5 页。

④ 光绪《杭州府志》卷 105《职官·国朝知县》，第 15 页。

⑤ 宣统《临安县志》卷 5《职官志二·宦绩》，第 3 页。

⑥ Jose Maria Gonzalez, *Historia de Las Missiones Dominicanas de China, 1632 - 1700*, p. 552.

的告示。① 为了防止陈谦吉矢口否认，住在杭州城的天主教徒还连夜赶到临安县城，将衙门口的布告揭下来交给殷铎泽，作为公堂控诉的证据。②

殷铎泽此时敢于直接向巡抚张鹏翮控告陈谦吉的反教行为是有原因的。一方面，陈谦吉的做法确实违背了前述康熙二十六年谕旨不可将天主教与其他邪教混同的规定；另一方面，他也担心陈谦吉等人的反教行为会扩散开来，破坏浙江地方天主教会的良好发展势头，因此必须借惩戒这些反教官员来消弭潜在的危险。此外，他可能认为此时正逢极有利时机，康熙帝近期对天主教士颇为优待，并曾训诫臣属，对西洋传教士要"不犯不辱"。各地省府大员不可能不受这种气氛的影响。一个近在眼前的典型例子是康熙二十九年刚刚发生在山东茌平县的针对耶稣会士汪儒望买地建堂的反教案。在这个案件中，山东巡抚佛伦接到康熙帝手谕后，马上雷厉风行地惩处了控告族人"加入邪教，跟随西洋人汪儒望聚众欺惑"的茌平县民王中莲，并且在奏折中明确表示会体察康熙帝的意思保护西洋传教士："臣看得，西洋人学问真实，断不为不义之事。臣亦知之。故于西洋人汪儒望所买之地，请准建庙居住，严禁地方棍徒侵扰。王中莲诬告可恶，俟鞫审毕，照诬告拟流刑。嗣后，不犯不辱西洋人之处，臣将谨遵训旨而行。"③ 同样是巡抚，张鹏翮应当也会像佛伦一样体察圣意，给予传教士支持，压制下属的反教行为。但殷铎泽没有料到张鹏翮对待传教士及天主教的态度与佛伦大不相同。

---

① 李明：《中国近事报道（1687～1692）》，第341页。
② Jose Maria Gonzalez, *Historia de Las Missiones Domincanas de China, 1632 – 1700*, p. 552.
③ 《康熙朝满文朱批奏折全译》，第12页。

张鹏翮，字运青，号宽宇，四川遂宁人。康熙九年进士，选庶吉士，历任刑部主事、礼部郎中、苏州和兖州知府、河东盐运史、通政司参议、大理寺少卿、浙江巡抚、刑部尚书等。康熙三十九年任河道总督，以治河功加太子太保，旋削。康熙四十七年奉诏还京，先后任刑部、户部、吏部尚书。雍正元年授武英殿大学士。雍正三年卒，加少保，谥文端。雍正八年，诏祀贤良祠。① 张鹏翮在京为官时可能即与耶稣会士有过直接接触。如康熙二十七年，张鹏翮在兵部督捕副理事官任上奉命随同内大臣索额图、佟国纲、马喇和汉臣陈治安等往塞外与俄国会议两国边疆，耶稣会士徐日昇、张诚亦赐官服，授三品衔，充作译员随行。② 关于这次谈判之行，张鹏翮"以道途所涉历，逐日札记，用以纪皇华盛事"，写下了比较详细的日记，此即著名的《奉使俄罗斯行程录》。③ 作为起居饮食相随数月的同行主要人物，毫无疑问，张鹏翮与耶稣会士徐日昇、张诚必定有过直接交往。然而有意思的是，他的这份日记对于谈判队伍中其他重要的人物都有记载，唯独对徐日昇、张诚二人没有片言只语提到，仿佛没有这两个人存在一样。这或可验证西文教会史料披露的张鹏翮"对基督教无比反感"④ 的情况。那么，张鹏翮为什么不喜传教士及天主教呢？有一种说法云张鹏翮曾是杨光先的密友，故而憎恶西士、西教。此说较早出于法国耶稣会汉学家费赖之，在其所著《明清间在华耶稣会士列传（1552～1773）》一书中，他提到张鹏翮的反教事件时曾有这样的话："当时浙江巡抚和一些地方官向来仇视天主教，尤其是巡抚张鹏翮，因为他原是杨光先的故友。

---

① 赵尔巽等：《清史稿》卷 279《张鹏翮传》；王锺翰点校《清史列传》卷 11《张鹏翮》，第 3 册，中华书局，1987，第 771～785 页。

② 黄伯禄：《正教奉褒》，第 90 页。

③ 张鹏翮纂《奉使俄罗斯行程录》，丛书集成初编第 3230 本，中华书局，1991。

④ 李明：《中国近事报道（1687～1692）》，第 342 页。

当两名当事人把案件呈诉衙门时，就把殷神父也牵连进去。"① 费氏并未注出此处史料来源，此说可能出自费氏臆测。原因很简单，当康熙九年年仅 21 岁的四川人张鹏翮得中进士入朝为官时，72 岁的杨光先已经在一年前死于返回安徽故乡的路上了。二者年龄、籍贯差距如此之大，不知如何成为至交密友？张鹏翮之不喜天主教，似乎与其重儒学、黜异端的正统儒士情怀有关。张鹏翮一直以朱子理学为基准，"自称道学先生"，② 内心敌视其他"异端"学说，因此自然也憎恶西洋传教士及其所奉持的天主教。例如，在张氏所著《信阳子卓录》一书中，他曾极诋佛、老二氏，推崇儒学。③ 张鹏翮的这种理学卫道情结，可能是他对传教士及其所宣扬的天主教反感并且在浙江巡抚任上发起这次反西教举动的一个原因。

张鹏翮不仅没有如殷铎泽所期待的马上制止下属的反教行为，相反他把殷铎泽的信转给了陈谦吉。④ 得知殷铎泽向上司告状，陈谦吉更加恼怒，于是与兰溪官员合谋联手摧毁天主教。他们首先试图从兰溪的多明我会神父那里找到突破口，质问许伯多禄为何在兰溪居住。但许伯多禄显然有所防备，他表明自己居留该地是因为康熙帝允许新近来华的五位法国传教士随便居住，而他则受委托为他们当中的一位在兰溪购买住房，等候他到来。此外，康熙帝也曾有旨允许他本人和其他曾被羁留在广州的传教士"回归本堂"。基于这些，他认为自己

① Le P. Louis Pfister, S. J., *Notices biographiques et bibliographiques sur les Jesuites de l'ancienne mission de Chine*, *1552 - 1773*, Changhai: Imprimerie de la Mission Catholique, 1932, p. 324. 中译本见费赖之《明清间在华耶稣会士列传 (1552 ~ 1773)》，梅乘骐、梅乘骏译，天主教上海教区光启出版社，1997，第 368 页。

② 按汪景祺记载，张鹏翮貌美若女子，且博粉弄姿，为同年讥笑，并曾遭康熙帝讥讽。此后张乃刻意修饰，以道学先生自居。汪景祺：《读书堂西征随笔·遂宁人品》，上海书店，1984，第 41 页。

③ 张鹏翮：《信阳子卓录》卷 7《闲道》，北京大学图书馆藏康熙刻本，《续修四库全书》，子部儒家类，第 949 册。

④ 李明：《中国近事报道 (1687 ~ 1692)》，第 341 页。

有正当的理由在兰溪居住。① 由于许伯多禄的回答无懈可击，而且他也提供了相应的证据，陈谦吉等人不能从许伯多禄那里得到满意的结果，就把怒气集中到殷铎泽身上。但是与许伯多禄相比，殷铎泽无疑是个更有名望的耶稣会士，他曾经在康熙二十八年皇帝南巡时蒙圣驾接见。② 而且殷本人也不住在临安和兰溪，而是住在杭州府城。因此，要对付殷铎泽，进而铲除浙省天主教，势必首先取得巡抚的支持。他们就积极将本来对西士、西教没有好感的巡抚张鹏翮拉入反教行列，希望借助张的地位与权势在全省范围内展开一场查禁天主教的运动。于是，陈谦吉就向浙江巡抚张鹏翮控告那些天主教徒胆敢揭去官府的告示，严重地损害了他的尊严，使他难以继续行使知县职权。③ 陈谦吉的控告无疑给了张鹏翮一个正当的理由来处置辖区内的天主教问题。本来他就对殷铎泽控告陈谦吉极为不满，从陈谦吉那里得知天主教徒还胆敢随意揭撕官府的告示后更加恼怒。因此，张鹏翮就命令陈谦吉返回任所，以违禁起建新堂、传播天主教罪名查处当地天主教活动。④ 他自己也采取了行动，在康熙三十年七月十六日向全省发布了一道禁教告示："严格禁止任何西洋人向中国人介绍和讲解关于他们天主教节日的日历，以免引起他们归信天主教之心。因为，这些行为违背皇上的诏令。"在告示中，他点名批评了殷铎泽未经许可在浙省居住，刻印天主教书籍，张挂天主教画像，吸引民人入教守斋，"违抗圣旨，给一千多人授洗"，他要"开除所有在我控制之下的传教士，严格惩罚那些不听我们的劝告而归信天主教的人。……下

---

① 李明：《中国近事报道（1687~1692）》，第340~342页。

② 黄伯禄：《正教奉褒》，第92~94页。

③ Jose Maria Gonzalez, *Historia de Las Missiones Domincanas de China, 1632 - 1700*, p. 553.

④ Jose Maria Gonzalez, *Historia de Las Missiones Domincanas de China, 1632 - 1700*, p. 553.

令检查所有的地方，马上提醒他们。……控告殷铎泽违背皇室的诏令，他吸引人民归信一个邪教。他应该受到严厉的惩罚。任何帮助违背这个法令的人，或视而不报，要受到与殷铎泽同样的惩罚"。①

随着巡抚张鹏翮发布禁教告示，康熙三十年浙江反教事件就这样由兰溪、临安的县级区域案件，演化为一场全省范围内的查禁天主教的事件。中文史料鲜有记载这次反教的具体情况，然而西方教会史料则留下了比较详细的记录。反教案发生时住在北京的耶稣会士苏霖记载："浙江巡抚与其手下把诬蔑天主教为邪教的通告公布于浙江全省。巡抚本人与其地方官开始迫害天主教。这些基督徒，有的被关押，有的被抢掠，他们以其传教士教给他们的真正信仰的克己忍耐来面对迫害。就连传教士也常常受到威胁，甚至被遣返，或把他们的教堂强行变为崇拜偶像的地方，或把教堂没收移交给国库。很多圣像与天主教的书籍被焚毁，……我们还担心其他各省的官吏会效法浙江省的巡抚与其地方官，而造成普遍的迫害，如日本一样。"② 耶稣会士李明也描写了此次反教事件："总督（实应为巡抚——引者）认为有权利根据上述禁令操纵一切，就命人在我们房子的大门上、在省府的所有公共场所，而后在他辖区的七十多个城市里张贴了一个新的法令，禁止信仰基督教，违者将处以重刑；命令那些已经信奉基督教的人放弃信仰。"③ 由上可见，张鹏翮及浙省各地官员进行了各种反教行动，天主教被严格禁止，教堂被没收充作公用，或者更改为寺庙，如杭州的老天主堂就被更改为观音庙。④ 一部分天主教徒被捕入狱。

---

① 莱布尼兹编《中国近事》，第 22~24 页。
② 莱布尼兹编《中国近事》，第 24 页。
③ 李明：《中国近事报道（1687~1692）》，第 342~343 页。
④ 费赖之：《明清间在华耶稣会士列传（1552~1773）》，第 368 页；D. E. Mungello, *The Forgotten Christians of Hangzhou*, p. 61.

殷铎泽本人也被传唤到有司审问，面临着被驱逐的命运。[1] 教会书籍及刻版被烧毁。其情形就如殷铎泽写信给京中同会会士所说的，"毁教堂，破书板，目为邪教，逐出境外"，[2] 浙江耶稣会传教区遭受了比较严重的打击。[3] 更让殷铎泽等传教士担心的是，这次浙江反教风潮还可能扩散到全国，进而酿成毁坏整个中国西教会的大灾难。因此，如何扭转不利境地，防止反教事件进一步蔓延，并迅速浇灭这次反教之火，成为摆在殷铎泽等传教士面前的急务。意识到问题的严重性，殷铎泽急忙派人送信给京城耶稣会士，以最快的速度告知发生在浙江的反教事件，请他们设法补救。

当时耶稣会士张诚正扈从康熙帝狩猎关外，京中耶稣会士将浙江反教事告知他，请他恳求康熙帝直接干预。但是张诚认为不宜惊动康熙帝，最好的办法是通过与自己私交甚好的大臣索额图，请他出面转圜，写一封信给张鹏翮，让张停止反教行动。张诚在康熙二十八年索额图率使团与俄罗斯人成功签订中俄《尼布楚条约》中起到过至关重要的作用，因此索额图对张诚等耶稣会士一直心怀好感，并许诺将来如有用得着他的地方，他会尽力相助。[4] 在张诚的请求下，索额图很快就给张鹏翮写了一封信，指责其反教行为，并规劝他停止查禁天主教。[5]

张鹏翮曾投在索额图门下，个人仕途上颇受索氏提携。"补兖州

---

[1] 李明：《中国近事报道（1687～1692）》，第344页。

[2] 黄伯禄：《正教奉褒》，第109页。

[3] 有意思的是，与耶稣会相比，此次反教事件中多明我会在浙江的传教区遭到的破坏似乎小得多。Jose Maria Gonzalez, *Historia de Las Missiones Domincanas de China, 1632–1700*, p. 553.

[4] 洪若翰1703年2月书信，杜赫德编《书简集》（1），第279页；费赖之：《明清间在华耶稣会士列传（1552～1773）》，第519页。

[5] 李明：《中国近事报道（1687～1692）》，第344～345页。

府，升河东运使，旋内擢至兵部督捕右理事官，皆椒房之力也。"[1]
后来，张鹏翮因在索额图与明珠权力集团争斗中党附索额图，为明珠所忌恨，"以遂宁（指张鹏翮，张为四川遂宁人——引者）私秽阿椒房事上闻。奉张某永远停其升转之旨"。[2] 但因索额图暗助，仍得以在仕途上一路直上，为此张鹏翮对索额图感恩戴德。后索额图事发下狱，籍其家时搜出张鹏翮所书字扇，内有"沐恩门下小子张某奉恩主老夫子命百拜敬书"字样，由此可见张鹏翮与索额图之间的亲密关系。[3] 从索额图与张鹏翮的这些深刻渊源看，按说索额图的劝说应该是很有效的。[4] 然而，张鹏翮可能对传教士企图搬出索额图来干预其行事的做法恼羞成怒，因此不仅对索的劝告置之不理，而且发布了第二道更为严厉的命令，抓捕、惩罚那些天主教徒。[5] 在此情况下，索额图又派人送给张鹏翮两封信，一封给张鹏翮本人，另一封则请张鹏翮转给耶稣会士殷铎泽。在给张鹏翮的信中，索额图强烈地谴责了张鹏翮我行我素的做法，并敦促他"不要再骚扰传教士和基督徒"，告诫他如果一意孤行的话，将面临严重的后果。[6] 张鹏翮此时已经是欲罢不能了，但是慑于索额图的威望，他派遣了一位下属前往京城求见索额图，为自己的反教行为辩解。与此同时，殷铎泽也派人通知徐日昇等在京耶稣会士，索额图的第二次来信并不能阻止张鹏翮反教。徐日昇、张诚等人在征得索额图的同意后，决定利用康熙帝已经返回

---

① 汪景祺：《读书堂西征随笔·遂宁人品》，第41页。
② 汪景祺：《读书堂西征随笔·遂宁人品》，第41页。
③ 清人汪景祺曾对索额图与张鹏翮的密切关系有形象的描述，据云张鹏翮甚至为索额图"倾溺器"。汪景祺：《读书堂西征随笔·遂宁人品》，第41页。
④ 京城中活动的耶稣会士对索、张二人之间的亲密关系应有了解，如苏霖就明确提到张鹏翮与索额图"有一些利害关系"，见莱布尼兹编《中国近事》，第24页。
⑤ 李明：《中国近事报道（1687～1692）》，第345页；Jose Maria Gonzalez, *Historia de Las Missiones Domincanas de China, 1632–1700*, p. 553.
⑥ 李明：《中国近事报道（1687～1692）》，第347页。

京城的时机，直接请求康熙帝的干预。[1]

康熙三十年十一月初三日（1691 年 12 月 21 日），徐日昇等人进宫求见康熙帝。[2] 他们通过对天主教抱有好感的侍卫赵昌向康熙帝报告了浙江反教情况，并呈上了一份由巡抚张鹏翮发布、带有浙省地方官员签名的禁教告示副本，恳求康熙帝"废止禁教的旧法令"。[3] 康熙帝派遣了一位大臣前来询问徐日昇等耶稣会士，对于这次反教事件是希望如两年前山东茌平县汪儒望事件一样，由康熙帝下一道手谕给巡抚私下了结，还是交由有司出面审理，最后由康熙帝裁决。显而易见，如果采取第一种做法，尽管对迅速平息浙江反教事件最为有效，但只能医得一时之痛，不能从根本上解决问题。而如果正式提交有司审理，却有希望最终从康熙帝那里获得一道撤销禁止天主教的新诏令，从而全面宽免教禁。经过一番商议，以徐日昇为首的耶稣会士最后决定采用第二种方式。为了慎重起见，赵昌请一些官员为徐日昇等人起草了一份上疏。康熙三十年十一月初十日（1691 年 12 月 28 日），徐日昇及在京的其他耶稣会士前往近郊行宫探望前一天骑马跌伤的皇太子，乘此机会，徐日昇私下把奏疏呈给康熙帝，请求康熙帝"决定如何公开呈递为宜"。[4] 康熙帝审阅了该奏疏，并改动了一些地方，但是没有马上给徐日昇答复，直至过了一个月左右才让赵昌传话给徐日昇尽快呈递奏疏。[5] 康熙三十年十二月十六日（1692 年 2 月 2 日），徐日昇、安多以钦天监职官身份呈上题本，内云："钦天监治理历法臣徐日昇、安多谨题为敬陈始末缘由，仰祈睿鉴事。本年九月

---

① 李明：《中国近事报道（1687～1692）》，第 347～348 页。
② 关于进宫的时间，见李明《中国近事报道（1687～1692）》，第 348 页；莱布尼兹编《中国近事》，第 25 页。
③ 莱布尼兹编《中国近事》，第 25 页。
④ 莱布尼兹编《中国近事》，第 26 页。
⑤ 莱布尼兹编《中国近事》，第 26～27 页。

内杭州府天主堂住居臣殷铎泽差人来说，该巡抚交与地方官欲将堂拆毁，书板损坏，以为邪教，逐出境外等语。此时不将臣等数万里奔投苦衷于君父前控诉，异日难免报仇陷害之祸。"① 徐日昇等回顾了顺治帝对汤若望的眷顾，以及康熙帝对南怀仁等传教士的优待，历陈若以天主教为邪教，"不足以取信"，"皇上统一天下，用人无方，何特使殷铎泽无容身之地乎？"为此恳求"将臣等无私可矜之处，察明施行"。② 十八日旨下礼部议奏。

由于正值年关，各部照例封印，礼部并没有马上会议此事。③ 康熙三十一年正月二十日（1692 年 3 月 7 日）开印第一天，礼部即就徐日昇所题进行会议。尽管此前徐日昇试图疏通礼部官员，但是该部议复结果仍维持了康熙八年及康熙二十六年的禁教谕令，同时在杭州教案事上给予传教士优待："其杭州府天主堂，应照旧存留，止令西洋人供奉。俟命下之日，行文该抚知照可也。"④ 正月二十三日奉旨"依议"。根据这个结果，尽管杭州天主堂得以保留，殷铎泽及其他西洋传教士也可以自行习教，但是仍禁止国人习教。也就是说，传教士向中国人传教仍是非法的。这种有限的宽容自然不能令那些一心想要使传教完全合法化的耶稣会士满意，他们被"抛入沮丧之中"。⑤

然而事情很快有了转机。康熙帝在批准了礼部议复的上述结果后，派遣侍卫赵昌前来宽慰徐日昇等人。徐日昇等传教士向赵昌哭诉了内心的委屈。当康熙帝从赵昌那里得知"传教士因天主教再一次被禁而产生的失望与难过"时，对"他们的境遇深表同情"。恰好正

---

① 《熙朝定案》，《天主教东传文献续编》第 3 册，第 1783 页。
② 《熙朝定案》，《天主教东传文献续编》第 3 册，第 1783 ~ 1787 页。
③ 李明：《中国近事报道（1687 ~ 1692）》，第 356 页。
④ 黄伯禄：《正教奉褒》，第 115 页。李明也记载了此次议复结果，见李明《中国近事报道（1687 ~ 1692）》，第 356 页。
⑤ 李明：《中国近事报道（1687 ~ 1692）》，第 359 页。

月二十五日康熙帝决定派遣一位传教士前去澳门接应耶稣会士、医生庐依道进宫服务。在赵昌的帮助下，徐日昇等人再做努力，恳请康熙帝重新考虑宽免教禁问题。[1] 而张诚也央求索额图前去求见康熙帝，"重提神父们在所有涉及皇上个人的方面付出的热情和奉献，在战争中他们给国家的帮忙和为完善科学和校订日历投入的心血"，[2] 认为"要想酬谢他们，只有允许他们在整个帝国公开传教"。[3] 在此情况下，康熙决定重新考虑禁教问题。正月三十日，康熙帝谕示大学士伊桑阿等人，宣布销毁正月二十日的奏疏，重新会议："西洋人治理历法，用兵之际修造兵器，效力勤劳，且天主教并无为恶乱行之处，其进香之人，应仍照常行走，前部议奏疏，着掣回销毁，尔等与礼部满堂官满学士会议具奏。"[4] 两天以后，即二月初二日，这一天恰好是中华主保圣若瑟节，康熙帝再发谕令："大学士伊桑阿等奉上谕。前部议将各处天主堂照旧存留，止令西洋人供奉，已经准行。现在西洋人治理历法，前用兵之际制造军器，效力勤劳，近随征俄罗斯亦有劳绩，并无为恶乱行之处。将伊等之教，目为邪教禁止，殊属无辜，尔内阁会同礼部议奏。"[5]

与此前主要由满大臣会议不同，这个时候康熙帝让内阁及礼部中的满汉大臣俱参加会议。因此当时参与会议此事的大臣为礼部尚书顾八代，经筵讲官、尚书熊赐履，经筵讲官、左侍郎席尔达，左侍郎兼翰林院侍读学士王扬昌，经筵讲官、右侍郎多奇，右侍郎兼翰林院学士王泽宏，文华殿大学士兼吏部尚书伊桑阿，武英殿大学士兼吏部尚

---

① 莱布尼兹编《中国近事》，第 32~33 页。

② 李明：《中国近事报道（1687~1692）》，第 358 页。

③ 洪若翰 1703 年 2 月书信，杜赫德编《书简集》（1），第 283 页。

④ 李刚己：《教务纪略》卷首《谕旨》，第 1~2 页；黄伯禄：《正教奉褒》，第 110 页。西方教会史料对此事的记载见莱布尼兹编《中国近事》，第 32 页。

⑤ 李纲己：《教务纪略》卷首《谕旨》，第 2 页；黄伯禄：《正教奉褒》，第 110 页。

书阿兰泰，太子太傅保和殿大学士兼礼部尚书王熙，文华殿大学士兼户部尚书张玉书，内阁学士兼礼部侍郎满丕，内阁学士兼礼部侍郎图纳哈，内阁学士兼礼部侍郎思格则，内阁学士兼礼部侍郎王国昌，内阁学士兼礼部侍郎王伊方，内阁学士兼礼部侍郎王机，内阁学士兼礼部侍郎李楠。此外，按照西文教会史料的记载，领侍卫内大臣索额图也参与了此次会议。① 从上述参与会议者的身份可见，康熙帝对于处理此次宽免教禁事情是十分慎重的。此外，在短短三天之内，康熙帝连下两道上谕要求朝中大臣重新考虑弛禁天主教问题，这也是前所未有的，而且上谕中已经清楚地显露出他弛禁天主教的倾向。这样一来，内阁及礼部大臣不得不顺应上意。加上索额图的极力劝说，故而很快就拟定了弛禁天主教的意见，并于二月初三日将会议结果具题请旨："礼部等衙门尚书降一级臣顾八代等谨题为钦奉上谕事。该臣等会议得，查得西洋人仰慕圣化，由万里航海而来。现今治理历法，用兵之际，力造军器火炮；差往阿罗素，诚心效力，克成其事，劳绩甚多。各省居住西洋人，并无为恶乱行之处。又并非左道惑众，异端生事。喇嘛僧道等寺庙尚容人烧香行走，西洋人并无违法之事，反行禁止，似属不宜。相应将各处天主堂俱照旧存留，凡进香供奉之人，仍许照常行走，不必禁止。俟命下之日，通行直隶各省可也。臣等未敢擅便，谨题请旨。"② 按照清前期奏事程序，礼部题本经内阁满汉大

① 李明：《中国近事报道（1687～1692）》，第 359～361 页；莱布尼兹编《中国近事》，第 32～34 页；洪若翰 1703 年 2 月书信，杜赫德编《书简集》（1），第 283 页。

② 《熙朝定案》，《天主教东传文献续编》第 3 册，第 1789～1790 页；黄伯禄辑《正教奉传》，上海慈母堂，1908，第 5～6 页；黄伯禄：《正教奉褒》，第 110～111 页。文中"阿罗素"指"俄罗斯"。西文教会史料方面的记载见 Charles Le Gobien, S. J. , *Histoire de l'édit de l'empereur de la Chine en faveur de la religion chrétienne avec un éclaircissement sur les honneurs que les chinois rendent à Confucius et aux morts*, P. Jean Anisson, 1698, p. 183.

学士票拟后直接进呈御览。根据苏霖的记载，康熙帝在批示"依议"前曾对礼部呈入题本进行删改，下令另外缮写了一个抄本，[①] 因此可知上引礼部题本并不是最初的稿子，而是经过康熙帝修改后的一份文件。二月初五日奉旨："依议。"[②] 二月初三日内阁与礼部的上述议复与二月初五日的上述批红，表明清廷正式解除了自康熙八年以来禁止天主教传播的有关规定，著名的康熙三十一年容教诏令最终出台。

这里需要澄清一个问题，康熙三十一年容教诏令究竟应该包含几个部分？林金水认为宽容敕令完整的内容应当包含四个部分，即康熙三十一年正月三十日（1692 年 3 月 17 日）、二月初二日（3 月 19 日）两道上谕，二月初三日（3 月 20 日）礼部奏疏和初五日（3 月 22 日）康熙帝的批示。[③] 孟德卫则认为应当包含五个部分，即第一部分为 1692 年 2 月 2 日（康熙三十年十二月十六日）徐日昇、安多的奏疏；第二部分为 2 月 4 日（十八日）康熙帝将奏疏转给礼部议奏的旨令；第三部分为"3 月 19 日由伊桑阿所写的礼部的最初决定"；[④] 第四部分、第五部分别为 3 月 20 日礼部尚书顾八代的奏疏和 3 月 22 日康熙帝的批示。[⑤] 笔者认为，所谓康熙三十一年容教诏令应特指二月初三日（3 月 20 日）内阁与礼部议复和二月初五日（3 月 22 日）"依议"批红。至于此前的徐日昇、安多奏疏，以及康熙帝的两次上谕，只可视为推动容教诏令颁布的背景文件，不宜视为容教诏令本身的构成部分。

---

① 莱布尼兹编《中国近事》，第 34 页。洪若翰书信中也证实了康熙帝删改会议结果事，见洪若翰 1703 年 2 月书信，杜赫德编《书简集》（1），第 283 页。

② 《熙朝定案》，《天主教东传文献续编》第 3 册，第 1790 页。

③ 林金水：《试论南怀仁对康熙天主教政策的影响》，魏若望编《南怀仁（1623—1688）鲁汶国际学术研讨会论文集》，第 428 页。

④ 此处孟德卫的理解有误，二月初二日（3 月 19 日）应为康熙帝给伊桑阿等人的上谕。当日礼部并未有议奏结果。

⑤ D. E. Mungello, *The Forgotten Christians of Hangzhou*, pp. 63 – 64.

三 诏令颁布的原因

如上所述，康熙三十年浙江巡抚张鹏翮的反教事件最终促成了康熙三十一年容教诏令的颁布。值得追问的是，康熙帝此时为何能够批准宽容天主教传播的诏令？

对于这个问题，史家一般认为是康熙帝回馈传教士为国事所做贡献的结果，这也就是通常所谓的酬报说。但在具体所指上则略有差别，较有代表性的观点有下列数种，如史景迁认为诏令的颁布主因是传教士医治康熙帝疾病后康熙帝所给予的酬报。"在耶稣会士们用奎宁治愈了康熙所患危险疟疾之后，1692 年一道宽容基督教的诏令得以颁布。"① 而林金水则认为诏令的颁布主要应归功于南怀仁生前所做的贡献。南怀仁在康熙朝"平定三藩""统一台湾""抗击沙俄侵略"等"所关最巨"的三件大事中"做出了他的贡献，以致康熙帝和朝臣在感情上对天主教做出了让步，以公开传教作为对他们的回报"，"完全可以说，康熙三十一年对天主教的弛禁政策，主要是南怀仁生前影响的结果"。② 柏永年则强调徐日昇等传教士在康熙二十八年中俄《尼布楚条约》签订中的重要贡献是康熙帝颁布容教诏令的主要原因："由于他们在尼布楚为中国做了事，耶稣会教士取得了他们长时以来所希望和所致力以求的容许基督教传教的谕旨（1692 年）。"③

---

① Jonathan Spence, *To Change China*, p. 31. 史景迁：《中国纵横：一个汉学家的学术探索之旅》，上海远东出版社，2005，第 116 页。

② 林金水：《试论南怀仁对康熙天主教政策的影响》，魏若望编《南怀仁（1623—1688）鲁汶国际学术研讨会论文集》，第 429 ~ 430 页。

③ 约瑟夫·塞比斯：《耶稣会士徐日昇关于中俄尼布楚谈判的日记》，第 127 页；吴伯娅：《康雍乾三帝与西学东渐》，第 131 页。

史景迁的说法显然有误，因为他弄错了时间。耶稣会士洪若翰、刘应进奎宁治好康熙帝疟疾是在康熙三十二年，而非康熙三十一年。康熙帝病愈后，赐宅赐物给耶稣会士张诚等人，后又赐蚕池口之地给耶稣会士，并拨银以为建堂费用，是为北堂。① 林金水正确地指出了南怀仁对康熙帝天主教政策的影响，但是他过分倚重南怀仁贡献的说法值得商榷。南怀仁本人确实在推动康熙帝颁布宽容诏令的过程中起到了重要的前期铺垫作用，这一点从诏令内容中特别提到传教士南怀仁等在"治理历法，用兵之际力造军器火炮"上的贡献可以得到验证。但是，如果说主因在于报答南怀仁本人的贡献，那么，当康熙二十六年南怀仁奏请解除禁教时，康熙帝为何不直接加以批准？在南怀仁生前就给他酬报似乎更合乎人情常理，何必要等到南怀仁死后五年才批准宽容天主教？由此可见，康熙帝批准容教诏令并非完全出于报答南怀仁，而是有其他的因素。

第三种说法即酬报传教士在订立中俄《尼布楚条约》过程中的贡献最有说服力。徐日昇、张诚成功地协助清朝使团与俄使签订了《尼布楚条约》，暂时稳定了清朝北部边界，这不仅避免了俄人与噶尔丹结盟，从而解除了康熙帝的一个心腹大患，而且也用实际行动展示了作为远臣的传教士对康熙王朝的效忠。因此在诏令中特别提到传教士"差往阿罗素，诚心效力，克成其事，劳绩甚多"。这是一个极重的砝码。如果说此前传教士在清朝国内事务中表现出的忠诚尚未完全打动康熙帝，那么，此次在与同为欧洲国家的俄国交涉过程中徐日昇等传教士的忠诚行为则足以打消康熙帝的疑虑。因此，当徐日昇这个签订中俄《尼布楚条约》的功臣利用杭州张鹏翮反教事件不断请

---

① 黄伯禄：《正教奉褒》，第 113 页；洪若翰 1703 年 2 月书信，杜赫德编《书简集》(1)，第 287～291、294 页。

求康熙帝给予传教自由时，考虑到传教士为康熙王朝所做出的这个重大贡献，他是不会无动于衷的，理所当然愿意给传教士一个回报。

然而，除了上面所提到的酬报传教士在签订中俄《尼布楚条约》过程中的功劳，笔者认为尚应考虑另两个隐而未发但相当重要的因素。其一是满大臣索额图在诏令颁布中扮演的重要角色，其二是康熙帝本人此时期对天主教比较深入之了解。

索额图，满洲正黄旗人，姓赫舍里氏，内大臣一等公索尼第三子，[①] 故西方教会史料中又称其为索三（So San）。[②] 索额图为康熙前期的权臣，康熙八年以一等侍卫迁内国史院大学士，康熙九年改保和殿大学士，康熙十一年世祖章皇帝实录告成，索额图为总裁官，加太子太傅。康熙十九年以疾解大学士任，寻授议政大臣。尽管康熙二十二年索额图被革去议政大臣、太子太傅、内大臣等职衔，但康熙二十五年又得授领侍卫内大臣，[③] 而且不久亦曾复加议政大臣。[④] 索额图与其父索尼都对传教士甚有好感，与在京耶稣会士过从甚密，索额图甚至被耶稣会士称作"最好的朋友"。[⑤] 后来因为中俄边界谈判事务得到徐日昇、张诚等传教士的帮助而更加深了与传教士的友谊。索额图曾在康熙九年利类思奏请解除禁教时施以援手。在康熙三十一年容教诏令颁布过程中，索额图又再次给予传教士帮助，特别是他在劝说内阁大臣与礼部官员拟定议复意见中起到了关键的作用，而这一点以

---

① 王锺翰点校《清史列传》卷8《索额图传》，第527页。
② 莱布尼兹编《中国近事》，第5页。
③ 王锺翰点校《清史列传》卷8《索额图传》，第527~528页。
④ 如在康熙二十八年签订中俄《尼布楚条约》时，索额图的职衔是"钦命使臣、领侍卫内大臣、议政大臣"，可见此时他已恢复议政大臣职衔。张诚：《张诚日记》，陈霞飞译，商务印书馆，1973，第43页。
⑤ 莱布尼兹编《中国近事》，第5、13页。

往研究者却没有给予足够的重视。①

按现存西文史料，当礼部第一次议复结果出来后，索额图在张诚的恳求下再次进宫求见康熙帝，重提传教士的贡献以及天主教教义的纯正性，劝说康熙帝重新考虑解除教禁问题。他"提醒皇上，神父们的教职使得他们不在乎名利，要想酬谢他们，只有允许他们在整个帝国公开传教"。② 当康熙帝表示担心大臣们会坚持原有反对意见时，索额图提醒康熙帝要乾纲独断，并且请求康熙帝授权他参与礼部与内阁会议，说服内阁大臣及礼部官员。于是康熙帝下令掣回原来的部议，让内阁与礼部再议。索额图则按照与康熙帝的约定，参加了礼部与内阁会议。③ 根据耶稣会士李明的记录，在会议过程中，索额图竭力说服大臣们，指出传教士在中俄《尼布楚条约》签订过程中的重要作用，认为给予传教士传播信仰自由乃是对他们所有功劳的回报；索额图还根据自己的了解，赞扬了传教士及其所宣扬的天主教义，催促大臣们早下决断："如果你们在那里找到一个基督信仰不禁止的罪行或一个没有提倡的美德，我允许你们宣布反对它；但如果一切都是圣洁的和符合理性的，为什么你们还为承认它而犹豫不决？"④

按照耶稣会士苏霖的记载，礼部议奏的结果实际上是按照索额图口授的意见拟成的："索三恐礼部官员再作手脚，亲自与他们坐在一块儿，以其权威说道：'为了不必要的麻烦而尽快完成此事，我要亲自口授尔等如何写此判决。'没有人敢反对他。这个判决就按照他的

---

① 魏若望曾经引用李明的书信介绍了索额图在颁布诏令过程中的作用。John D. Witek, "Understanding the Chinese: A Comparison of Matteo Ricci and the French Jesuit Mathematicians Stent by Louis XIV, " in Charles E. Ronan S. J. and Bonnie B. C. OH, eds., *East Meets West: The Jesuits in China*, 1582 – 1773, pp. 90 – 92.

② 洪若翰 1703 年 2 月书信，杜赫德编《书简集》(1)，第 283 页。

③ 李明：《中国近事报道 (1687~1692)》，第 359 页。

④ 李明：《中国近事报道 (1687~1692)》，第 361 页。《中国近事》所记大体相同，见该书第 33 页。

旨意写成了。"① 而比照李明上述所记索额图的发言与议奏结果，我们可以发现二者确实有相符的地方。例如，在索额图的发言中有一段这样的话：

> 鞑靼的喇嘛和汉人的和尚在传播他们的宗教过程中并没有受到任何骚扰。伊斯兰教徒甚至在杭州修建了一座俯视我们所有公共建筑的清真寺。我们并没有抵制这些泛滥于整个中国的潮流；我们装作不知，在某种程度上我们承认了所有这些无用或危险的教派。当欧洲人向我们要求宣扬一种只包含有最纯洁的道德箴言的宗教时，我们不仅不屑地严词拒绝他们，而且还以谴责他们为荣，仿佛迫使我们的拒绝迷信和谎言进入帝国的法律也禁止真理。②

而在礼部尚书顾八代领衔的议奏结果中，有下列语句：

> 各省居住西洋人，并无为恶乱行之处。又并非左道惑众，异端生事。喇嘛僧道等寺庙尚容人烧香行走，西洋人并无违法之事，反行禁止，似属不宜。③

两下对照，其意思大体相当，只是李明所记索额图的发言要长一些。按照苏霖的说法，这是因为其后康熙帝删除了许多索额图所说的话，④ 如此才形成了目前所见到的这个比较简洁的题本。从上可见，

---

① 莱布尼兹编《中国近事》，第 34 页。
② 李明：《中国近事报道（1687～1692）》，第 361 页。
③ 《熙朝定案》，《天主教东传文献续编》第 3 册，第 1789 页。
④ 莱布尼兹编《中国近事》，第 34 页。

苏霖所记议奏文件出自索额图草拟或者不虚，由此也强有力地证明了索额图本人在推动容教诏令出台过程中的重要作用。正是由于他苦心说服礼部、内阁满汉大臣，才促成对传教士及在华天主教会有利的阁议。① 而且他还直接参与草拟了阁议。索额图的这些做法使在华传教士对他很感激。索额图本人后来被耶稣会士称作"好朋友""恩人"②，"我们神圣的宗教的保护者"③，因为"他始终对基督教给予保护，他也值得被所有虔诚的教徒所敬重"。④ 洪若翰等传教士甚至希望能够使索额图皈依天主教。当索额图罹患重症时，在京耶稣会士"在自己的教堂里夜以继日地为他不停地祈祷"，而索额图病愈后也专门前往天主堂磕头拜谢。⑤ 在礼仪之争高潮时期，索额图甚至应在京耶稣会士所请，为耶稣会士阐释中国礼仪的观点撰写证词，从而又在中西礼仪之争中扮演了一个要角。⑥

　　容教诏令的颁布与康熙帝此时期对天主教的了解增多也有着密切联系。康熙帝对天主教的认识经过了一个不断更新的过程。⑦ 可以说，在康熙八年以前，他对天主教的认识是模糊的。作为一个年仅16岁的青年，他在天主教问题上的决断更多的是依从大臣的意见，因此他批准了康熙八年禁教令。然而随着时间的推移，特别是南怀仁等传教士不断地利用伴驾的机会向康熙帝解释天主教义，年龄渐长的康熙帝也逐渐增进了对天主教的了解。例如，康熙帝曾经阅读了传教

①　洪若翰1703年2月书信，杜赫德编《书简集》（1），第283页。
②　莱布尼兹编《中国近事》，第32页。
③　洪若翰1703年2月书信，杜赫德编《书简集》（1），第296页。
④　洪若翰1703年2月书信，杜赫德编《书简集》（1），第296页。
⑤　洪若翰1703年2月书信，杜赫德编《书简集》（1），第297页。
⑥　Nicolas Standaert, ed., *Handbook of Christianity in China*, Volume one：635 - 1800, p. 485.
⑦　有关康熙帝对天主教的认识，可参见吴伯娅《康雍乾三帝与西学东渐》，第124～130页。

士进呈的一些天主教书籍，尤其对利玛窦阐述天儒融合的著作《天主实义》很感兴趣，曾将这部书留在身边达六个多月。[1] 康熙帝也曾经和南怀仁等传教士讨论天主教的一些教义教理，以及天主教的一些礼仪。如在安文思去世时，他曾向南怀仁询问天主教的出殡礼仪。而且他对天主教的守斋有一定了解，并适时给予伴驾的传教士照顾。如南怀仁记载："他很了解我们守斋戒日的习惯。因此常问我们是否是斋戒日。"张诚也在日记中记载："皇上知道我们开始四旬斋，戒食肉，遂令在此期间只供应我们素斋和水果。就在今天，我们即得到十到十二种北京所能供应的最佳果品。虽然只进水果并不是宫廷斋戒的习惯。"[2] 随着康熙帝对天主教的认识逐步增多，其内心对天主教也产生了一定的好感，这可以从他南巡各地的时候频繁召见传教士、遣官拜教堂的举动中得到验证。如康熙二十三年九月，銮舆至济南府，康熙帝"即遣侍卫至天主堂下问"。十一月，驾幸南京，当"百官父老簇拥趋迎"之刻询问"天主堂在何处？"不久就遣侍卫召毕嘉、汪儒望往见，"恩赐青纻白金"，并索要"天主像物"观看。[3] 十二月，当闵明我、南怀仁等进宫见驾时，康熙帝又询问天主堂在各省的分布情况。康熙二十五年十月，俄国使臣请旨往天主堂叩礼，康熙帝不仅准许，而且还命礼部右侍郎孙果、理藩院左侍郎喇巴克、礼部郎中帕海等，"一并在天主台前叩头"。[4]

康熙二十六年，康熙帝尽管仍批准工部与礼部维持康熙八年禁教令的题本，但是也将天主教从邪教行列中正式剔除。由此可见，康熙帝此时已经将天主教当作一种常态的宗教来看待了。是年九月，康熙

---

① 白晋：《清康乾两帝与天主教传教史》，冯作民译，光启出版社，1966，第99页。
② 张诚：《张诚日记》，第95页。
③ 黄伯禄：《正教奉褒》，第81~82页。
④ 黄伯禄：《正教奉褒》，第85页。

帝准许抵达浙江的法国传教士洪若翰等五人，除通晓历法者送来京城候用外，"其不用者，听其随便居住"。① 康熙二十八年正月，康熙帝南巡前夕，徐日昇、张诚入宫请安送行，康熙帝"将巡行处所传教各西士之名姓及该处天主堂之坐落，逐一垂问"，并传谕"到该处时，将召见教士"，并命内大臣"弗忘随带颁赐教士物件"。正月十五日，当康熙帝行至山东济南府时，传教士柯若瑟出城十里跪迎，康熙帝传令趋前问话，又遣侍卫赵昌等前去天主堂"叩拜天主"，并颁赐银两。二月初九日驾抵杭州，传教士殷铎泽往迎，康熙帝亦亲自接见垂问，并派遣侍卫赵昌等抵堂"叩拜天主圣像"，钦赐银两。二月二十五日，康熙帝抵南京，传教士毕嘉、洪若翰往迎亦蒙垂问，派遣侍卫拜堂赐金，在离开南京时并赐馈给毕嘉、洪若翰，又询问扬州等地天主堂情况。三月十一日，当驾经山东济宁时，传教士利安宁往迎，亦蒙康熙帝接见询问，并遣官至"天主堂圣台前敬礼"，赐银。② 在这次巡行过程中，诚如赵昌所说的"凡遇西洋先生，俱待得甚好"。③

康熙二十八年之后的几年里，由于国内形势相对稳定，康熙帝学习西学的兴趣达至顶峰。他选择了"算术、欧几里得几何基础、实用几何学与哲学"，④ 命令安多、张诚、白晋等传教士"每日轮班至养心殿以清语授讲"。⑤ 在这种频繁的交往中，康熙帝与西教士之间已经营造了一种亲切的气氛。当杭州教案爆发时，"正是这种气氛最

① 黄伯禄：《正教奉褒》，第 86 页。
② 以上俱见黄伯禄《正教奉褒》，第 91 ~ 99 页。
③ 黄伯禄：《正教奉褒》，第 96 页。
④ 洪若翰 1703 年 2 月书信，杜赫德编《书简集》(1)，第 280 页。
⑤ 黄伯禄：《正教奉褒》，第 102 页；洪若翰 1703 年 2 月书信，杜赫德编《书简集》(1)，第 280 页。

好的时候"。① 此时，康熙帝内心实际已经倾向解除教禁了。如他曾明确向大臣表示："我们受益传教士颇多，然我们仍顽固禁止他们要传播的宗教。在他们的宗教里，我们找不到什么不好，我们应让其自由传播。"② 因此，当徐日昇、张诚等传教士通过索额图再度提出宽免教禁请求时，康熙帝也就顺理成章地满足了传教士的愿望。由此可见，正是因为康熙帝对天主教已经有了一定程度的了解，特别是通过阅读利玛窦《天主实义》等耶稣会适应派所著提倡天儒融合之类书籍，他认识到耶稣会士宣扬的天主教并没有对儒家学说产生根本的挑战，此即康熙帝心目中的"利玛窦规矩"。在这样的底线上，他可以容许天主教传播。反之，如果此时期康熙帝本人对天主教的了解未有实质性突破的话，那么，即使传教士为清廷做出再大的贡献，康熙帝仍然会沿袭康熙九年、二十六年的做法，至多只酬劳传教士本人，而仍然禁止天主教的传播。如此也就谈不上宽容诏令的颁布了。这是一个重要的因素，甚至可以说是决定性的因素。

四　容教诏令的反响

康熙三十一年容教诏令的颁布，无疑为以耶稣会为首的天主教会在清初中国社会的发展创造了一个相比以前较为良好的政治环境。根据诏令内容，在华居住传教士的品格得到肯定，"并无为恶乱行之处"，而天主教也被排除出"左道""异端"等邪教行列，得以成为与佛教、道教并列的一种常态宗教。更重要的是，诏令中明确表示："各处天主堂俱照旧存留，凡进香供奉之人仍许照常

---

① 洪若翰 1703 年 2 月书信，杜赫德编《书简集》(1)，第 281 页。
② 莱布尼兹编《中国近事》，第 32 页。

行走，不必禁止。"也就是说，在华各处已有的天主教堂俱得到朝廷的保护，所谓"凡进香供奉之人"不仅包括传教士，普通民人也可以自由出入教堂，进行公开的宗教活动。这实际上是以诏令的形式宣布允许天主教在华传习，天主教会的活动合法性得到确认。由此也表明清政府正式解除了康熙八年中"其天主教，除南怀仁等照常自行外，恐直隶各省或复立堂入教，仍着严行晓谕禁止"的规定。这是自明末天主教重新入华以来朝廷首次正式发布允许传教的谕旨，标志着入华耶稣会士孜孜推行的上层传教策略终于有了巨大收获。因此在华天主教会的喜悦之情是难以言表的。据西方教会史料记载，当京城耶稣会士最早通过宫内渠道得知康熙帝已经批准容教诏令的消息时，欢喜异常，视当日（3月22日）为在华传教士和教徒"最大的快乐与永远的幸福"。① 随后，所有在京传教士都进宫晋谒康熙帝，拜谢康熙帝的"洪恩优待"，并表示终生效忠康熙帝，祈求天主恩赐康熙帝"健康长寿，国家昌盛"。② 而京城外的天主教会通过教会渠道得知此消息后，也在各处举行了隆重的庆祝活动。天主教在亚洲的中心地澳门更是"用一个盛大节日来表现它的喜悦之情"。③ 此外，就在诏令颁布当年四月三十日，杭州教案的要角殷铎泽也专程抵京，向康熙帝进呈"穷理各书及方物十二种"表示感谢。殷氏蒙康熙帝接见垂问，并在安多的陪伴下返回杭州天主堂，"照前居住安养"。④

耶稣会士洪若翰曾这样描述该诏令对促进天主教在华传播所起到的重要作用："这些中国官员本身确实受到诏书很大的约束。自

① 莱布尼兹编《中国近事》，第35页。
② 莱布尼兹编《中国近事》，第35页。
③ 李明：《中国近事报道（1687～1692）》，第363页。
④ 黄伯禄：《正教奉褒》，第112页。

我们争取到这一诏书后，传教士们更为安宁地生活在各个省份。人们不再为他们已有的教堂担忧。如果他们想建造新的教堂，也不用怎么操心就能打通总督与其他地方官员的关节。他们或者通过给总督与其他地方官员送些礼，或者通过找人引见，总是能够获得成功。对于喜欢我们的中国官员，他们时时利用皇帝的这一诏书来支持我们，反对那些想对我们的传教会设置障碍的人。"① 可以说，该诏令的颁布为天主教在华活动清除了不少障碍。在杭州，浙江巡抚张鹏翮被迫停止其反教行为。当杭州天主堂因当年夏天该城发生的一次大火灾被烧毁时，在安多的要求下，张鹏翮还不得不将"城里最漂亮的一座房子给传教士居住"，并且协助重新起建教堂。②

在诏令颁布后的一段时间里，在华传教士还充分利用此一有利时机，在各地开展建堂传教活动。而当传教士在传教地兴建新的教堂遭地方官员阻挠时，容教诏令中有利天主教传播的规定往往成为传教士化解来自地方官府干扰的有效工具。宁波、黄州建堂事件就是两个典型的例子。康熙四十年夏，耶稣会士利圣学偕郭中传抵浙江宁波，计划在城中建造一座新的教堂。由于"该城的居民们以极为迷信和崇拜偶像著称"，③ 考虑到建堂可能遭受的困难，利圣学等人通过朝廷中的耶稣会士，疏通与包括巡抚在内的各地方官员之间的关系，获得了准许，在当地买地建堂。然而不久之后，原来与传教士关系甚好的三位重要官员相继离职，继任者改变了对传教士建堂的态度，特别是巡抚赵申乔，作为一位严格遵守章程的官员，他阻挠传

① 洪若翰 1703 年 2 月书信，杜赫德编《书简集》（1），第 284 页。
② 李明：《中国近事报道（1687~1692）》，第 363 页。
③ 洪若翰 1704 年 1 月书信，杜赫德编《书简集》（1），第 313 页。

教士在宁波建堂。① 当利圣学等人搬出康熙三十一年容教诏令，并且举出礼部最近刚批准严州建堂为例时，赵申乔认为康熙三十一年容教诏令虽然"未禁止建造新的教堂，但是，它也没有允许建造新的教堂"。礼部虽然批准了严州建堂，但未包括宁波，因此，他要将此事咨询礼部，视礼部意见再做定夺。利圣学与郭中传急忙将此消息报告给朝廷中的张诚等传教士。张诚直接去拜见礼部尚书韩菼，② 请求他的支持。康熙四十一年七月间，礼部的答复寄达浙江。在批复中，礼部援引了康熙三十一年容教诏令中优待西方传教士的规定，认为"由欧洲神父在宁波建造的教堂应予保留，他们也可以安心地在此居住"。这样，利圣学、郭中传得以完成曾一度中断的建堂工程。③

康熙四十一年夏，耶稣会士郝苍璧受张诚的派遣，前往湖北黄州城与孟正气一道负责当地的传教事务。在买房建堂的过程中，郝苍璧等传教士遭到了当地一些官员的反对。其中一位仇视天主教的官员向黄州知府投诉，攻击天主教义，认为"既然黄州至今并没有天主教

---

① 洪若翰书信并未写出此巡抚名字，但据雍正《浙江通志》记载，康熙三十九年巡抚张志栋很快去职，原浙江布政使赵申乔于康熙四十一年升任浙江巡抚。雍正《浙江通志》卷一二一《职官·国朝·巡抚都察院》，光绪二十五年（1899）浙江书局重刊本，第3页。赵申乔，江南武进人，康熙庚戌进士。赵氏为官以公正清廉、严于律己著称，死谥"恭毅"。恒慕义编《清代名人传略》，青海人民出版社，1995，第618~619页。此与洪若翰记载时任巡抚"是一位贤人，也就是说一位一字不差地坚持法律条文，并要人们严格地遵守的严肃官员"正相符合。洪若翰1704年1月书信，杜赫德编《书简集》，(1)，第314页。

② 洪若翰书信未写出此尚书名字，但康熙三十九年十一月至四十三年九月，礼部汉尚书为韩菼，见钱实甫编《清代职官年表》第1册，中华书局，1980，第192~194页。而韩氏与在京耶稣会士颇有来往，如他曾于康熙四十二年为白晋《天学本义》作序，见恒慕义编《清代名人传略》，第566~567页。洪若翰书信中亦记载该尚书"对张诚神父颇为喜爱，并对张诚神父保证，要善待我们神圣的宗教"。此正可证实韩菼与耶稣会士的良好关系。洪若翰1704年1月书信，杜赫德编《书简集》，(1)，第314页。

③ 洪若翰1704年1月书信，杜赫德编《书简集》(1)，第316页；傅圣泽1702年11月书信，杜赫德编《书简集》(1)，第204~205页。

堂"，因此也就"没有必要让人在此建造一个教堂"。① 刚刚抵任的知府没有就此事向省级官员请示，而是直接发出通告，下令传教士即刻离开所购买的房子。而与传教士相邻而居的一位道士也纠集了一群人，向官府投诉传教士，并且闯入郝苍璧的住处侮辱他。看到形势严峻，郝苍璧就请两位教徒帮助看护房子，自己动身前往省城，与早先到达那里的孟正气会合，一起去拜见巡抚，请求巡抚出面干预黄州建堂事件。但巡抚并没有马上答应此事，而是质问他们既然在省城已经有一座教堂了，为何还要在黄州建堂。郝苍璧答复说之所以要在黄州定居，是为了向黄州周围的许多教徒讲授教理。为此他请求巡抚说服知府。巡抚认为既然地方官员反对传教士建堂，他只能向礼部通报。而郝苍璧等传教士显然不愿意将事情闹到礼部，以免造成频繁与地方冲突的印象，从而促发礼部重新颁发对传教士建堂不利的命令。因此，他们将此事告知了在京的张诚神父。张诚通过结识在京城国子监任官的巡抚的长子，请他写了一封说情信给巡抚。随后，巡抚愿意就此事再做沟通，他召见了在当地传教的樊西元，后者适时呈上了巡抚儿子写给他的求情信。两天以后，巡抚发了一道命令给黄州地方官员，内云："在 1692 年，我曾荣幸地作为其成员的礼部发过了一项有利于欧洲人的告示。告示宣称，欧洲人的教义表明其绝非是一种没有根据和迷信的教派。他们也不是骚扰国家之人，反而是在为国家效劳。现在，孟正气神父与其他神父已经在你们城里购买了一幢房子，以便在此安身，你们却要把他们赶走。难道他们在你们城里或该城管辖的地方引起了混乱或带来了麻烦吗？命你们迅速就此做出答复。"巡抚在命令中还附上了康熙三十一年容教诏令的抄件。②

---

① 洪若翰 1704 年 1 月书信，杜赫德编《书简集》（1），第 324 页。
② 洪若翰 1704 年 1 月书信，杜赫德编《书简集》（1），第 326 页。

在接到巡抚的命令后，黄州知府马上答复巡抚，他将遵守康熙三十一年容教诏令的规定，同意传教士在黄州城建堂。随后，郝苍璧与孟正气两人返回了黄州。抵达该城后，他们去拜访了地方官，得到了各位官员的礼貌接待。知府本人甚至送给每位传教士八件礼物，以表示"其与基督教重归于好"。他还应郝苍璧等人的要求，颁发了一道保护传教士与教堂不受干扰的告示。① 在此情况下，耶稣会得以在黄州比较顺利地开展传教。

从上述这两个建堂事件可见，康熙三十一年容教诏令在传教士建堂辟教过程中确实发挥了关键作用。实际上，该诏令的颁布不仅为传教士在各地建堂提供了便利，也直接刺激了民众皈依天主教，"从这道著名的法令开始生效时起，中国人成群地跑来受洗"。② 随后年份里，在传教士写回欧洲的书信中也可以看到反映这种增长的乐观报告。如耶稣会士安多于康熙三十四年发自北京的信中谈到自康熙帝允许"臣民公开举行基督教的仪式"后，因为看到每天"很多崇拜偶像的人归信基督"，闵明我神父内心十分欣慰。耶稣会士罗斐理甚至因为给许多新教徒施洗，累得无法再举起胳膊，不得不找一些会友帮忙。耶稣会士樊西元在很短的时间内，为一千多名小孩和一千多名成人施洗。③ 西方学者阿诺德·罗伯特姆（Arnold H. Rowbotham）甚至提到在诏令颁布的次年，仅仅耶稣会方面就有超过两万人皈依，这个数字可能有所夸大，④ 但容教诏令颁布

① 洪若翰 1704 年 1 月书信，杜赫德编《书简集》（1），第 325～327 页。
② 李明：《中国近事报道（1687～1692）》，第 364 页。
③ 莱布尼兹编《中国近事》，第 41～42 页。
④ Arnold H. Rowbotham, *Missionary and Mandarin: The Jesuits at the Court of China*, Berkeley and Los Angeles: University of California Press, 1942, p. 111. 此书未给出史料来源，不知何据。孟德卫引用了这种说法，见 D. E. Mungello, *The Forgotten Christians of Hangzhou*, p. 64.

后，在华天主教会获得了此前未曾有过的一段短暂繁荣是毫无疑问的。正如1703年沙守信致郭弼恩的书信所反映的："使我深感欣慰的是，在我经过的所有城市都能看到大量为供奉上帝而建的教堂和充满热情的基督世界。基督教的发展在这里日新月异，似乎整个帝国最终皈依的时刻也已来临。"① 可以说，从康熙三十一年诏令颁布到康熙四十五年底康熙帝下令在华传教士以领票方式决定去留之前的这15年时间里，是天主教会在华的一个黄金时期。

对于在华耶稣会士来说，康熙三十一年容教诏令的颁布，标志着他们坚持贯彻先辈利玛窦等人开创的适应策略获得了重大成功。鉴于当时欧洲反耶稣会势力关于耶稣会士向中国礼仪屈服而损害宗教传播的指责已经甚嚣尘上，这道诏令此时颁布有着非同凡响的意义，它可以有效地证明耶稣会士在远东传教所取得的辉煌成果。耶稣会自然不会放过这个回击欧洲反耶稣会势力攻击的绝佳机会。因此，当容教诏令颁布后，在华耶稣会士纷纷通过各种渠道将此消息传递回欧洲，而在欧洲的耶稣会同行则更是不失时机将此消息广为宣传，使之几遍欧洲。例如李明曾专门就此致信红衣主教福尔班－让松，描绘容教诏令颁布经过。此后，该信被李明收入《中国近事报道（1687～1692）》一书中。1696年，《中国近事报道（1687～1692）》出版，获得巨大成功，在接下来的四年内法文版重印了五次，并有了英文、意大利文及德文译本。② 伴随该书在欧洲畅销，有关容教诏令的内容也在西方广为传播。1698年，当时担任北京法国传教区司库的耶稣会士郭弼恩，根据在华耶稣会士刘应所提供的材料，也编辑出版了《中国皇

---

① 沙守信1703年2月书信，杜赫德编《书简集》（1），第241页。
② 李明：《中国近事报道（1687～1692）》，第7页。

帝宽容基督教的诏令历史》一书。① 该书出版后，很快就有了多种文字的译本，无疑扩大了容教诏令在欧洲社会的传播。正如耶稣会士卫方济所指出的："通过郭弼恩神父所写的并已被译成多国文字的历史，欧洲对这一重大事件均已知晓。"②

康熙三十一年容教诏令的颁布，还引起了欧洲大思想家莱布尼兹的高度关注。在容教诏令颁布后，葡籍耶稣会士、时任北京耶稣会住院院长苏霖撰写了一份详细叙述诏令颁布经过的报告。1694年，葡萄牙耶稣会士金弥格在返回欧洲时将这份报告带往欧洲，并寄给德国明斯特市主教顾问科亨海姆。1697年3月27日，该市耶稣会士克雷夫受科亨海姆的委托，把苏霖的报告寄给了莱布尼兹。莱布尼兹觉得"及时发表这份准确叙述这一天赐良机的文献，并且用来与李明神父在他的法文写成关于中国情势的描述中提到的情况做比较，是有益于基督教事业的。……但愿这些能够更多地激起虔诚欧洲的热情，去完成这一巨大的使命。"③ 显然，正是苏霖的报告促使莱布尼兹决定编辑出版《中国近事》一书。④ 而莱布尼兹将康熙三十一年容教诏令出版的用意在于激励欧洲各个皇室、教会，"在中国皇帝以国法的形式允许基督教传播后，能尽力正确地利用这一上帝恩赐的良机"，⑤ 派遣更多的传教士到中国"收获业已成熟的庄稼"。⑥

事情似乎正如莱布尼兹所希望看到的那样发展。"西洋各会修

① Charles Le Gobien, *Histoire de l'édit de l'empereur de la Chine en faveur de la religion chrétienne avec un éclaircissement sur les honneurs que les chinois rendent à Confucius et aux morts*, p. 96.
② 卫方济1703年报告，杜赫德编《书简集》（1），第232页。
③ 《莱布尼兹致读者》，莱布尼兹编《中国近事》，第13页。
④ 莱布尼兹编《中国近事》，"译者的话"，第3页。
⑤ 《莱布尼兹致读者》，莱布尼兹编《中国近事》，第7页。
⑥ 《莱布尼兹致读者》，莱布尼兹编《中国近事》，第9页。

士，闻中国皇帝已弛传教禁令，纷纷前来。"① 在容教诏令颁布之后的几年时间里，欧洲天主教会向中国派遣传教士人数显著增长，其中尤以耶稣会士的增长最为突出，他们从康熙三十年的 29 人增加到康熙四十年的 82 人。加上其他修会的人数，在康熙四十年，在华西方传教士已经达到了 144 人。这是整个 1580～1800 年在华西方传教士人数的最高峰。② 尽管这种增长的原因是多方面的，但是康熙三十一年容教诏令的颁布无疑是个重要的刺激因素。

当然，容教诏令的颁布对于在华耶稣会来说并非完全有利无害，它也直接或间接地给在华耶稣会带来了一些损害。其一，容教诏令的颁布在激励欧洲向中国拓展传教事业的同时，也刺激了耶稣会在华传教区内部葡、法利益集团之间的明争暗斗。在上述激增的来华西方传教士人数中，法国耶稣会士占有相当重要的比例。随着康熙二十六年法国国王路易十四派遣的张诚、白晋等五位法国耶稣会士抵华并进入宫中服务，耶稣会葡籍利益集团一手操控在华传教事务的局面已经发生了变化。以张诚为首的法国耶稣会士在推动康熙帝颁布容教诏令过程中，与以徐日昇为首的葡籍耶稣会士发挥了同样重要的作用，而且张诚等人通过服务宫廷，在华影响力日渐上升。为了更好地打破徐日昇等葡籍利益集团的垄断，法国耶稣会士自然希望派遣更多的本国耶稣会士来华，以增强自身的力量。这种迫切心情典型地反映在法国耶稣会士马若瑟写给同胞郭弼恩的一封书信中："您因此可清楚地看到，我尊敬的神父，什么是我们最迫切的需要；我们需要工作伙伴，希望传教士成百地前来。由于我们在这个广袤帝国可自由传播福音，

---

① 萧若瑟：《天主教传行中国考》第 1 编第 11 册，民国丛书本，第 230 页。
② Nicolas Standaert, ed., *Handbook of Christianity in China, Volume One: 635 - 1800*, p. 301.

他们要做的事有的是。"① 可以说，自容教诏令颁布后，伴随着更多的法国耶稣会士进入中国活动，在华耶稣会中的葡籍利益集团与法籍利益集团的争斗更加激烈了。以至于在 1700 年，为了解决葡、法利益集团的这种争斗，耶稣会总会长泰索·桑塔拉不得不将法国耶稣会传教会从葡萄牙副省会中分离出来，单独成立一个法国副省会，由张诚担任首任副省会长。② 法国耶稣会士在华不断拓展传教事务，他们不仅通过献药治愈康熙帝险疾而在北京拥有了自己的教堂——北堂，而且还在北京之外的湖广、浙江、江苏、江西等地取得了较大的传教成果。此后，在华耶稣会中的法籍利益集团与葡籍利益集团之间的这种争斗一直延续，并未中止，③ 而这种同修会内部的争斗无疑会削弱耶稣会自身的力量，给反耶稣会势力以可乘之机。正如学者指出的："当大家看到他们自己根据他们分别是为法国国王还是为葡萄牙服务而在中国互相诽谤，那么对于一名冉森会士、多明我会士和方济各会士来说，给予敌对修会猛烈打击并希望它永远不会复兴的诱惑力是不可抑制的。"④

其二，容教诏令的颁布也刺激了欧洲反耶稣会势力攻击耶稣会的步伐。容教诏令得以颁布，实际上是在华耶稣会一方努力的结果，其他在华天主教修会基本上未能插手。这一方面显示出耶稣会在华拥有无可比拟的影响，另一方面也反映出其垄断在中国传教事业的勃勃野心。欧洲反耶稣会势力当然不愿看到耶稣会在中国的势力膨胀过快，因此，当耶稣会为自己取得的胜利而在欧洲广做宣传时，自然加深了

① 马若瑟 1700 年书信，杜赫德编《书简集》（1），第 152 页。
② Nicolas Standaert, ed., *Handbook of Christianity in China*, Volume one：635 – 1800, p. 315.
③ Nicolas Standaert, ed., *Handbook of Christianity in China*, Volume one：635 – 1800, p. 315.
④ 安田朴：《中国文化西传欧洲史》，耿昇译，商务印书馆，2000，第 292 页。

反耶稣会势力的忌恨，促使他们加快攻击步伐。耶稣会士李明那封著名的报道康熙三十一年容教诏令的信件是写给红衣主教福尔班－让松的，而这位红衣主教正是当时欧洲激烈反对冉森派教义者的重要人物。李明将这封信寄给他，其用意显然是想通过这位教会权势人物之手，批驳冉森派教义者对耶稣会的攻击。然而，他却没有料到，在得知容教诏令颁布、耶稣会在华取得重大成就时，罗马传信部也正与巴黎外方传教会中的冉森派教义者结成联盟，紧锣密鼓地加紧反耶稣会的动作。① 1693 年 3 月 26 日，就在诏令颁布一年之后，福建宗座代牧、巴黎外方传教会的颜珰主教，这位巴黎索邦神学院的博士突然在福建长乐发布了训示，禁止中国礼仪，② 由此促使礼仪之争进一步扩大化。③ 1700 年，宣传康熙三十一年容教诏令的两本重要著作即李明的《中国近事报道（1687～1692）》和郭弼恩的《中国皇帝宽容基督教的诏令史》同时被巴黎索邦神学院下令封禁。④ 这些都不是偶然的。由此可见，康熙三十一年容教诏令的颁布，在一定意义上可以说加速了中国礼仪之争的进程以及欧洲反耶稣会势力拆散耶稣会的举动。

① Malcolm Hay, *Failure in the Far East: Why and How the Breach between the Western World and China First Began*, London: Nevillle Spearman Limited, 1956, p. 120.
② 苏尔、诺尔编《中国礼仪之争西文文献一百篇（1645～1941）》，沈保义等译，上海古籍出版社，2001，第 15～19 页。
③ 关于颜珰在中国礼仪之争中的角色，见 Claudia von Collani, "Charles Maigrot's Role in the Chinese Rites Controversy," in D E. Mungello, ed. , *The Chinese Rites Controversy: Its History and Meaning*, Monumenta Serica Monograph Series, XXXIII, Nettetal: Steyler Verlag, 1994, pp. 149 - 183；吴旻、韩琦：《礼仪之争与中国天主教徒：以福建教徒和颜珰的冲突为例》，《历史研究》2004 年第 6 期。有关中国礼仪之争的历史，见李天纲《中国礼仪之争：历史、文献与意义》，上海古籍出版社，1998；张国刚：《从中西初识到礼仪之争》，人民出版社，2003。
④ 阎宗临：《传教士与法国汉学》，大象出版社，2003，第 72 页。

五　余音

康熙帝批准容教谕旨后，当内臣告知徐日昇、张诚等在京耶稣会士准备集体前来谢恩时，他曾经这样告诉内臣："他们有充分的理由这样做。但要提醒他们，让他们写信给在各省的同伴，不要滥用我们对他们的许可，在使用这种许可时要多加慎重，好让朕不会收到任何来自官员们的抱怨。他补充道：'因为如果他们向朕抱怨的话，朕将立即取消这种许可，那么，神父们就只能怪自己了。'"① 此外，康熙帝还直接向前来谢恩的传教士明确表示："为了天主教的发展，应与中华帝国的风俗习惯相适应。如果天主教不排斥有关中国的风土人情、朝廷皇权，中国人很可能不会排斥基督宗教。"②

由上可见，康熙帝批准容教诏令只是特定场合下做出的一种有限度的宽容。对于康熙帝来说，这种宽容是有条件的，其前提是传教士必须慎重对待容教诏令，严格遵守其先辈利玛窦等人开创的尊重、适应中国风俗礼仪的传教方针即"利玛窦规矩"，从而减少与地方社会的摩擦。否则，他将随时收回这种宽容。当罗马天主教会在中国礼仪问题上的争执进一步激化后，康熙帝逐渐改变了态度，实践了上述他告诫来华传教士必须遵守中国礼仪，否则将收回宽容谕旨的诺言，康熙三十一年容教诏令逐步被清廷陆续颁发的一系列限教谕令废止。

康熙四十三年，教宗克莱门十一世颁谕，正式判定"中国礼仪"为异端，禁止在华传教士及教徒举行祭祖敬孔等礼仪。康熙四十四年，教宗特使多罗抵京。次年，当康熙帝得知教宗谕令及多罗来华用

---

① 洪若翰 1703 年 2 月书信，杜赫德编《书简集》（1），第 285 页。类似记载见莱布尼兹编《中国近事》，第 35 页。

② 莱布尼兹编《中国近事》，第 35 页。

意后，决定为传教士在华传教事"一定规矩"。① 规定在华传教上以领票的方式决定去留，凡愿意遵守"利玛窦规矩"的，可以领取内务府颁发的票，留华传教，否则一律逐往广州、澳门。康熙四十六年，当他驻跸苏州时，再次强调了传教士必须遵守"利玛窦规矩"："西洋人自今以后若不遵利玛窦的规矩，断不准在中国住，必逐回去。……你们领过票的就如中国人一样，尔等放心，不要害怕。"② 实际上，康熙帝此时已经以领票制对容教诏令加以限制。康熙五十六年至康熙六十一年，是康熙帝生命中的最后五年，伴随着中西在礼仪问题上的争论持续恶化，康熙帝逐步废止容教诏令，重新禁教。如康熙五十六年，广东碣石镇总兵陈昂上疏朝廷，请求严禁天主教传播，获得朝中大臣支持，当九卿向康熙帝呈上"在八旗辖区、直隶及各省份以及辽东和其它各地"严禁天主教的奏折时，康熙帝批示"照此办理"。③ 康熙五十七年，时任两广总督杨琳再度奏请禁止西洋人在各地设堂传教，康熙帝亦批示："依议。西洋人之处，着俟数年候旨再行禁止。"这两次禁教批示事实上已经基本上废止了康熙三十一年容教诏令。至于那些以领票的方式留在中国活动的传教士，实际上也已经被取消了传教权。原因很简单，当朝廷已经明文下令禁止天主教活动时，尽管领票的传教士仍可以在民间活动，百姓却惮于习教了。关于这一点，可以清楚地从康熙五十六年康熙帝与巴多明等传教士的一席对话中看出来。得知康熙帝批准了陈昂及九卿禁教的奏折后，在北京的巴多明等传教士急忙赶往畅春园求见康熙帝，试图请他收回禁教命令。巴多明等传教士担心，如果发出这道禁教谕旨，各省官员会不加区别地对待传教士，"甚至不准领有执照的人传播圣教"。

---

① 《清中前期西洋天主教在华活动档案史料》第 1 册，第 11 页。
② 《清中前期西洋天主教在华活动档案史料》第 1 册，第 12 页。
③ 冯秉正 1717 年 6 月书信，杜赫德编《书简集》(1)，第 191～192 页。

康熙帝的回答是："如发生这种情况，有执照的人只需出示就可以了，执照上写着允许他们传教。他们可以传教，但听不听就是中国人的事了。"[1] 由此可见，所谓持票传教实际上已经是有名无实。康熙五十九年，教廷所派特使嘉乐抵达北京，并向康熙帝陈述来华使命有二，其一是请求康熙帝同意由他管理在华传教西洋人，其二是请求康熙帝允准中国传教会遵守教宗禁约。嘉乐的请求很快遭到康熙帝严厉申斥，并再度表示要完全禁止天主教在华传播："尔教王条约与中国道理大相悖逆。尔天主教在中国行不得，务必禁止。教既不行，在中国传教之西洋人亦属无用，除会技艺之人留用，再年老有病不能回去之人，仍准存留，其余在中国传教之人，尔俱带回西洋去。且尔教王条约只可禁止尔西洋人，中国人非尔教王所禁止，其准留之西洋人，着依尔教王条约自行修道，不许传教。"[2] 康熙六十年，当康熙帝看到冯秉正等传教士呈上教宗 1715 年所发布《自登极之日》（Exilla die）通谕的译稿，再度朱批禁教："览此告示，只可说得西洋人等小人，如何言得中国之大理。况西洋人等，无一人同（应为'通'——引者）汉书者，说言议论，令人可笑者多。今见来臣告示，竟是和尚道士，异端小教相同，比此乱言者莫过如此。以后不必西洋人在中国行教，禁止可也，免得多事。"[3] 尽管随着康熙六十一年冬这位雄才伟略政治家的生命结束了，我们没有看到他的进一步禁教举措，但天主教在华再遭严禁的命运已经是无可挽回了。雍正帝继位后，很快颁布禁教谕旨，从此中国进入了所谓的百年禁教时期。而康熙三十一年容教诏令也似乎随着雍正帝继位后重新确立禁教政策而

---

① 冯秉正 1717 年 6 月书信，杜赫德编《书简集》（1），第 193 页。
② 《清中前期西洋天主教在华活动档案史料》第 1 册，第 36 页。
③ 《清中前期西洋天主教在华活动档案史料》第 1 册，第 49 页。

被有意识地从康熙朝官方记录中清除出去，几乎没有留下什么痕迹。①

时光飞逝，一个多世纪后，鸦片战争爆发，当时的中西实力对比已经与康熙时期大相径庭。道光二十四年（1844）夏秋季节，在法国武力胁迫下，法使喇莩呢与清两广总督耆英在澳门、广州谈判。除了通商问题，双方还就弛禁在华天主教问题进行了多次交涉。耆英迫于形势压力，最后不得不同意向道光帝奏请弛禁天主教。② 在此期间，喇莩呢曾向耆英提供了一份有关康熙三十一年容教诏令的重要文件，作为耆英上奏弛禁天主教的一个主要依据。③ 耆英在是年九月十一日（1844 年 10 月 22 日）呈道光帝奏折中详细报告了此事。

> ……窃照哗咑哂夷使喇嘝呢请求各款，多属必不可行，业经逐加驳斥。惟天主教弛禁一节，请求甚坚，并呈出碑模，刊载康熙三十一年礼部议准成案，援为口实，以致相持不决。当经奴才一面将大概情形缮折奏报，一面督饬藩司黄恩彤及各委员等连日设法开导，逐层驳诘。该夷使仍执前议，渎请不休。当诘以碑模传自何人，得自何处，既不能指证确凿，何足为凭。据称伊呈出

---

① 目前所见的康熙三十一年容教诏令中文本，包括立于北京天主堂的两块石碑，皆出自教会史料，似已不见于包括《清圣祖实录》在内的康熙朝官书。清乾隆年间曾任国史馆纂修的蒋良骐编《东华录》，内中多采用批红题本等原始史料，价值极高。该书节录了康熙八年禁教谕旨，但是未见有康熙三十一年容教诏令的相关记载。此外，西方教会资料也提到雍正帝继位时"从未听说过"这份诏令。杜赫德编《书简集》（3），第 173 页。

② 关于此次中法谈判及天主教弛禁问题，见卫青心《法国对华传教政策》上卷，黄庆华译，中国社会科学出版社，1991，第 245 ~ 419 页；张建华《中法〈黄埔条约〉交涉——以拉莩尼与耆英之间的来往照会函件为中心》，《历史研究》2001 年第 2 期；茅海建《天朝的崩溃：鸦片战争再研究》，三联书店，1995，第 528 ~ 556 页；郭卫东《清朝基督教弛禁的澳门交涉》，《文化杂志》第 54 期，2005 年。

③ 关于耆英与喇莩呢在天主教弛禁问题上的磋商，见卫青心《法国对华传教政策》上卷，第 340 ~ 393 页。

碑模，乃系先年从中国流传，伊国故老素所宝藏，由来已久，其纸色字画均可查验，实非伪造。至伊国中昔年并无能书汉字之人，亦不解刊石立碑之事，何能凭空撰出？复诘以碑文所载成案，即使属实，惟事隔多年，应以现行定例为准，未便执古例今。据称以碑文而论，中国于康熙年间亦曾禁止天主教，因西洋人徐日昇等恳请，始行弛禁，咈哩嗏与西洋同为一教，何以于伊国现求弛禁之处，不为奏请。哓哓辩诉，莫可究诘。①

从耆英这份奏折可知，喇莩呢交给他的实际上是一块康熙三十一年容教诏令的碑文拓片（即碑模）。据此看来，在康熙三十一年容教诏令颁发后，京城天主教会曾将诏令内容刊石立碑。事实亦是如此。

现中国国家图书馆存有两方有关康熙三十一年容教诏令碑文拓片。一方拓片署《徐日昇题请保护天主教碑》，拓片大小为184厘米×82厘米，碑阴则为徐日昇墓碑，系拓自北京西城区北营房北街（马尾沟）教堂。② 徐日昇逝于康熙四十七年十一月十四日（1708年12月24日），葬于栅栏天主教墓地。可能在为徐日昇制墓碑时，同会传教士于其碑阳刻上了康熙三十一年的容教诏令内容，以纪念徐日昇在争取该诏令时所做的贡献。③ 目前所存《徐日昇题请保护天主教碑》拓片，其文字尚依稀可辨。④ 另一方拓片署《徐日昇保

---

① 《清中前期西洋天主教在华活动档案史料》第3册，第1289~1290页；中国第一历史档案馆、福建师范大学历史系合编《清末教案》第1册，中华书局，1996，第3~4页。

② 徐自强主编《北京图书馆藏北京石刻拓片目录》，书目文献出版社，1994，第45~46页。

③ 徐日昇墓碑在"文化大革命"期间丢失，现仅存墓碑拓片，见高智瑜、马爱德主编《虽逝犹存：栅栏，北京最古老的天主教墓地》，澳门特别行政区政府文化局、美国旧金山大学利玛窦研究所，2001，第270~271页。

④ 北京图书馆金石组编《北京图书馆藏中国历代石刻拓本汇编》第65册，中州古籍出版社，1989，第3页。

卫天主教碑》，拓片大小 192 厘米 × 76 厘米，系拓自西城区宣武门南堂。1950 年代初期，北京图书馆金石组工作人员在收集此拓片时，该碑文字已"剥沥殊甚"。① 但是在 1949 年以前，南堂的这块碑碑文应当是清晰可辨的，例如来华西教士曾将立于南堂的此碑文与另一方顺治御制天主教碑翻译成法文，先后于 1944 年、1950 年发表。② 从该文所记碑文拓片内容可知该碑文字包括五个部分，即第一部分康熙三十年十二月十六日徐日昇、安多的奏疏；第二部分为十八日康熙帝将奏疏转给礼部议奏的旨令；第三部分为二月初二日康熙帝给伊桑阿等人的上谕；第四部分、第五部分分别为二月初三日礼部尚书顾八代等的题本和二月初五日康熙帝的批示。③ 上述拓于马尾沟徐日昇墓碑与南堂的两碑，其文字是相同的。④ 此外，对于康熙三十一年容教诏令立碑之事，教会文献中亦屡有记载。如在钟鸣旦、杜鼎克、黄一农、祝平一等编辑出版《徐家汇藏书楼明清天主教文献》中，收有一篇名《入中国传教略记》的文字，内中云："康熙三十一年准凡进香供奉之人，许照常行走，不必禁止，俟命下之日，通行直隶各省。奉旨通行，存碑为记。"⑤ 咸丰四年（1854），时任直隶主教、法国遣使会士孟慕理（又名孟振声）曾计划给咸丰帝上奏请求保护在华天

① 徐自强主编《北京图书馆藏北京石刻拓片目录》，第 512 页。

② 见 Willem A. Grootaers, "Les anciennes églises de Pékin：Nan-t'ang. Texte et traduction des stèles du Nan-t'ang（1657，1692），" *Bulletin Catholique de Pékin* 31（1944），pp. 586 - 599；" Les deux steles de l'église du Nan-t'ang á Pekin," *Neue Zeitschrift für Missionswissenschaft* 6（1950），pp. 26 - 255.

③ Willem A. Grootaers, "Les anciennes églises de Pékin：Nan-t'ang. Texte et traduction des stèles du Nan-t'ang（1657，1692），" *Bulletin Catholique de Pékin* 31（1944），pp. 586 - 599；" Les deux steles de l'église du Nan-t'ang á Pekin," *Neue Zeitschrift für Missionswissenschaft* 6（1950），pp. 26 - 255.

④ 徐自强主编《北京图书馆藏北京石刻拓片目录》，第 45 ~ 46 页。

⑤ 钟鸣旦等编《徐家汇藏书楼明清天主教文献》第 3 册，利氏学社，1996，第 1195 页。

主教士与教民，并索还"南北二堂同西人坟地"。后来因为"大清律例不许外国人奏事"，孟氏于咸丰五年"无奈刻印折本，欲俾众人咸明白罗马京都天主教是系圣教……索还南北二堂同西人坟地实属公议"。[①] 在该折中，孟氏亦摘引康熙三十一年容教诏令，并且指出："现在京都宣武门内天主堂前尚存有黄亭龟座缴龙大碑二筒可查。"[②] 喇荨呢所呈出的碑模，当是拓自上述北京石碑。

图 1-2　徐日昇题请保护天主教碑

资料来源：徐自强主编《北京图书馆藏北京石刻拓片目录》，书目文献出版社，1994。

---

① 钟鸣旦等编《徐家汇藏书楼明清天主教文献》第 5 册，第 2136 页。
② 钟鸣旦等编《徐家汇藏书楼明清天主教文献》第 5 册，第 2156 页。

那么，这张康熙三十一年容教诏令碑文拓片又是怎么到了喇莘呢的手中呢？按照法国外交部档案披露，这是法国遣使会士盛若翰在中法谈判期间交给喇莘呢的。① 当时在澳门的法国耶稣会、巴黎外方传教会、遣使会等各派天主教修会都积极介入中法谈判，企图借本国使节抵华谈判时机压迫清政府，重新弛禁天主教。其中，尤以法国遣使会士盛若翰、罗神父最为活跃。此二人都曾往返粤、澳两地与清政府官员交涉天主教弛禁问题。当1844年9月间盛若翰从广州返回澳门后，他将"康熙皇帝于1692年颁布的弛教禁上谕副本交给了拉莘呢"，目的就是"请拉莘呢根据这份资料，要求中国政府给予传教自由"。②

鉴于该碑模"由来已久，其纸色字画均可查验，实非伪造"，③也就是说此碑文拓片并非新近拓自北京的南堂及栅栏天主教墓地，而是一块经年已久的碑文拓片，那么，盛若翰又是怎么拿到这块旧碑文拓片的呢？这里有几种可能，一种可能是如上述奏折中喇莘呢告诉者英的，该碑模乃"先年从中国流传，伊国故老素所宝藏"，盛若翰确实得自欧洲巴黎等地旧藏。明末清初来华传教士很懂得金石实物在宗教传播上的价值，他们十分注重运用碑刻文献来弘扬天主教。例如，当明代天启年间陕西出土《大秦景教流行中国碑》后，当时在华教会就拓印广为宣传，以之作为基督宗教入华源远流长的绝佳证据。在短短几年之内，欧洲不仅有了拉丁文、葡文、法文等各种主要文字译本，而且在欧洲的耶稣会教堂中已经收藏有大秦景教碑的拓片。④ 同

---

① 盛若翰致拉莘呢函（1844年9月25日），法国外交部档案，回忆录及文件，B卷，第46面，转引自卫青心《法国对华传教政策》，第330、404页。
② 卫青心：《法国对华传教政策》，第330页。
③ 《清中前期西洋天主教在华活动档案史料》第3册，第1289~1290页。
④ 耿昇：《中外学者对大秦景教碑的研究综述》，中国中外关系史学会编《中西初识》，大象出版社，1999，第167~200页。

样，当顺治帝为南堂钦赐《御制天主堂碑》时，[①] 汤若望等在华西教士同样拓印流传，作为中国皇帝钦褒基督宗教的标志。此碑文及其拓片同样很快流入欧洲，例如，当时德籍耶稣会士基歇尔就曾对碑文进行研究，并翻译了碑文大意，收入其1667年出版的名著《中国图说》（China Illustrata）。[②] 而且他还将此碑的拓片收藏在罗马大学的博物馆中。[③] 不难想象，当康熙三十一年在华耶稣会士费尽心机从康熙帝那里获得这道容教诏令后，他们自然也不会放过这个既可借皇帝谕旨护教，又可表彰本会业绩的大好机会。因此来华传教士在京中天主堂将诏令刊石立碑，同时完全可能拓制碑文拓片带回欧洲宣传、收藏，就如前述大秦景教碑与顺治御制碑一样。此后，当法国天主教会希望借助本国使节与清廷谈判弛禁天主教问题时，盛若翰等人不难从巴黎等地得到一块该碑文拓片，并适时把它交给喇萼呢，作为谈判的有力武器。

另一种可能是盛若翰得自中国（包括澳门）。遣使会士盛若翰于1836年10月14日抵达澳门，1838年进入江南遣使会传教区，1844年初在蒙古教区传教，1846年返回法国，1864年死于巴黎。[④] 而1775年在华耶稣会被取缔后，遣使会曾经接管了耶稣会在华的教区及产业，包括北京的南堂及栅栏天主教墓地。[⑤] 因此，当盛若翰在华

① 有关顺治《御制天主堂碑》的研究，见祝平一《金石盟——〈御制天主堂碑记〉与清初的天主教》，《中央研究院历史语言研究所集刊》第75本第2分，2004年，第389~421页。

② Athanasius Kircher, *China Illustrata*, trans. by Charles D. Van Tuyl from the 1677 original Latin edition, Oklahome, 1986, pp. 95 - 96.

③ Athanasius Kircher, *China Illustrata*, p. 96；祝平一：《金石盟——〈御制天主堂碑记〉与清初的天主教》，《中央研究院历史语言研究所集刊》第75本第2分，2004年，第395页。

④ J. Van Den Brandt, *Les Lazaristes en Chine, 1697 - 1935：notices biographique*, Pei-P'ing：Imprimerie des Lazaristes, 1936.

⑤ 高智瑜、马爱德主编《虽逝犹存：栅栏，北京最古老的天主教墓地》，第54~62页。

活动期间，他很容易从北京、江南乃至澳门的天主教会机构获得一份这样的碑文拓片。

细读耆英道光二十四年九月十一日（1844 年 10 月 22 日）奏折可知，他除了在附片中照录一过喇𠼊呢提供的康熙三十一年容教诏令碑文"恭呈御览"，还将"该夷使呈出碑模咨送军机处备查"。① 按当时参与中法谈判的法方代表、翻译加略利日记所记，耆英这样做是为了增强说服道光帝与朝廷大臣不得不同意弛禁天主教的力度，当法使向耆英指出康熙三十一年诏令对清廷弛禁天主教具有极为重要的价值时，耆英即要求法使"将礼部议奏、康熙帝御批的原本交出，以便向朝廷证明过去曾弛禁天主教"，而且耆英强调"务必交出原本，因抄本不足以使朝廷其他大臣信服"。② 这也是耆英将碑模送军机处查核的目的。而清廷为了确证此事，似曾专门令人前往南堂抄录碑文对照。如现台北"故宫博物院"文献处《军机处档·月折包》中有"抄写得西洋堂内康熙三十一年碑文"抄件，内中文字完全是抄自南堂《徐日昇保卫天主教碑》，③ 可能即是其时军机处前往南堂抄碑查核的结果。

由上可见，康熙三十一年容教诏令在道光末年重又被抬出来，成为法使胁迫耆英及清廷弛禁天主教的一个重要砝码。道光二十四、二十五年，在法国兵船迫境的压力之下，道光帝不得不逐步下谕允准弛禁天主教，并在"通行五口地方，张挂晓谕"。④ 如此一来，天主教自

---

① 《清中前期西洋天主教在华活动档案史料》第 3 册，第 1292 页。

② 加略利：《法国使华团外交活动日记》（10 月 17 日），第 235～236 页，转引自卫青心《法国对华传教政策》上卷，第 417 页注释 324。

③ 台北"故宫博物院"《军机处档·月折包》，第 2751 箱，第 7 包，第 4845 号，"抄写得西洋堂内康熙三十一年碑文"，转引自庄吉发《清史论集》（五），文史哲出版社，2001，第 198～199 页。

④ 《清中前期西洋天主教在华活动档案史料》第 3 册，第 1302 页。

雍正元年正式被严厉禁止，历经百余年后重又得以解除教禁。而康熙三十一年容教诏令此时也重新成为道光末年开放教禁的一个要角。只是时过境迁，康熙帝批准该诏令宽免教禁时，乃是施恩于包括法国耶稣会士张诚在内的"远人"，完全自操主动权；到了道光帝时，同样一道诏令，却沦为喇莘呢等另一类法国"远人"用来胁迫皇帝解除教禁的利器。走笔至此，真是不由得让人感叹历史的诡谲多变了。

第二章

传教士与民族主义：1774～1784 年
北京天主教团体的权力交替

　　步出地铁宣武门站，往北再走不远的一段路，就是著名的北京天主教四堂之一——南堂。尽管都市化已经使教堂几乎淹没在鳞次栉比的高楼大厦中，但是当我们站在南堂标志性的正墙前，仍然可以想象出数世纪之前立在这里的教堂是多么的巍峨壮观。作为北京古老的天主堂，南堂的几度兴废与天主教在华的历史命运紧紧联系在一起。① 立于堂前右侧的顺治《御制天主堂碑》（1657）与左侧的康熙容教诏令碑（1692）就是很好的物证。它们见证了耶稣会在北京所取得的最辉煌的成就，是一度活跃的北京天主教会的象征。② 然而，它们也同样见证了乾隆末年随着耶稣会遭解散后北京天主教急剧衰落的那段历史。

　　1773 年 7 月 21 日，在欧洲西、葡、法等国反耶稣会势力的强压

---

① 最近关于南堂天主教史的研究，可以参见查时杰《汤若望与北京南堂》，查时杰：《马礼逊与广州十三夷馆：华人教会史的史迹探索论文集》，宇宙光全人关怀，2006，第 93～138 页。此外，梅谦立所编《耶稣会的北京导览：天主教与中国文化的相遇》（光启出版社，2005）也提供了关于南堂的简单介绍。

② 关于顺治《御制天主堂碑》与康熙容教诏令碑，可参见祝平一《金石盟——〈御制天主堂碑记〉与清初的天主教》，《中央研究院历史语言研究所集刊》第 75 本第 2 分，2004 年，第 389～421 页；张先清《康熙三十一年容教诏令初探》，《历史研究》2006 年第 5 期。

下，罗马教皇克莱门十四世（Clement XIV）不得不签署了解散耶稣会的敕令。[1] 此举意味着入华活动近两个世纪、在明清中西交往中扮演了极其重要角色的在华耶稣会面临着终结命运。围绕着耶稣会解散之后北京天主教会的权力交接问题，欧洲世俗政权、罗马教廷及北京各传教士团体之间曾经发生了一次持续时间长达十年之久的事件。[2] 本章力图以北京这一清代最为重要的地方天主教会为背景，[3] 探寻这次事件的演变脉络，揭示贯穿其中的民族主义、经济利益等复杂因素。

一　前奏

由于耶稣会在欧洲树敌太多，从 18 世纪下半叶起，欧洲主要天主教国家已逐步在本国及其海外殖民地取缔耶稣会，逮捕耶稣会士。[4] 此举很快波及远东。1762 年 7 月 5 日，葡萄牙澳门总督根据印度总督的命令，派兵逮捕了澳门分属中国副省、日本省区、法籍教区的 24 位耶稣会士，将他们监禁在圣保禄公学库房中。澳门耶稣会的

---

① *Bullarium Romanum*, IV, Romae, 1841, pp. 607 – 618.

② 关于在华耶稣会解散事件的先行研究，法国汉学家考狄在 20 世纪初曾撰有《耶稣会的解散与北京教会》长文，见 Henri Cordier, "La suppresion de la Compagnie de jesus et la mission de Pekin," *T'oung Pao* 17 (1916), pp. 271 – 347, 561 – 623. 而约瑟夫·克拉尔在讨论南怀仁（Gottfried Xavier von Laimbeckhoven）主教时期中国天主教会的历史时，也在书中分析了耶稣会解散事件及其对中国教会的影响，见 Joseph Krahl, S. J., *China Missions in Crisis, Bishop Laimbeckhoven and His Times* (*1738 – 1787*), Roma: Gregorian University Press, 1964, pp. 223 – 288.

③ 近些年关于清代北京天主教历史的研究，可以参见魏若望《明末清初时期北京基督教会的发展》，卓新平主编《相遇与对话：明末清初中西文化交流国际学术研讨会文集》，宗教文化出版社，2003，第 120 ~ 150 页。魏扬波（Jean-Paul Wiest）撰写的关于清代北京正福寺天主教墓地的一文也简要地描述了清代北京天主教的发展历史，见明晓艳、魏扬波主编《历史遗踪——正福寺天主教墓地》，文物出版社，2007，第 2 ~ 16 页。

④ 彼得·克劳斯·哈特曼：《耶稣会简史》，谷裕译，宗教文化出版社，2003，第 83 ~ 86 页。

产业也被拍卖一空。11 月 5 日，这些耶稣会士被押上一艘名为圣路易斯号的船，辗转经果阿、巴伊亚等地送回葡萄牙圣儒利安城堡监禁。① 葡萄牙人在澳门取缔耶稣会的举措，沉重打击了在华耶稣会，使其失去了一个进入中国内地的重要中转站。例如，法国耶稣会在华司库邓类斯就曾因此被迫长时间躲避在珠江的一条小船上，"退不能去澳门，进又难入内地"，最后通过京城耶稣会士蒋友仁向清廷请求才被获准暂居广州商行，结束了水上漂泊的日子。② 尽管耶稣会士在欧洲本国及其海外殖民地频遭逮捕，但身处中国大陆的耶稣会士受清帝国的保护而使西欧国家鞭长莫及。如乾隆帝在得知澳门葡人驱逐耶稣会士时就曾表示："耶稣会士用不到葡王的保护，我就是他们的保护人。谁敢侵犯，我必惩处。他们对我的国家大有贡献，有何理由加以驱逐。"③ 清廷此时虽禁止天主教传播，但需要熟谙技巧的耶稣会士从事天文历算、绘画、机械等各类服务，因此仍有二十余位欧洲耶稣会士得以居留朝廷内外，借机从事传教活动。④

因为中欧之间距离辽远，罗马教廷取缔耶稣会的通谕正式发布一年以后才传到中国。1774 年 8 月 23 日，新任澳门主教、方济各会士吉马良斯乘坐一艘葡萄牙船只抵达澳门，他所担负的一项重要使命是在澳门执行罗马教廷解散耶稣会的命令。8 月 26 日，吉马良斯就任主教一职后采取的第一项措施就是发布了一道宣布解散耶稣会的冗长主教通令。在通令中，他指控耶稣会在东方传教时犯有向教徒隐藏基

① 费赖之：《明清间在华耶稣会士列传（1552～1773）》，第 852、962～963 页；施白蒂：《澳门编年史》，小雨译，澳门基金会，1995，第 158～159 页。
② 《清中前期西洋天主教在华活动档案史料》第 1 册，第 278 页。这可能是清廷首次得知葡萄牙人驱逐耶稣会消息。费赖之：《明清间在华耶稣会士列传（1552～1773）》，第 908 页。
③ 费赖之：《明清间在华耶稣会士列传（1552～1773）》，第 1011 页。
④ Nicolas Standaert, ed., *Handbook of Christianity in China*, Volume One: 635 - 1800, p. 308.

督受难事实、纵容偶像崇拜习俗、允许祭拜祖先等损害天主教义的各类罪行，以此表明解散之举的必要性。① 由于此前在澳门的耶稣会士已经被葡萄牙殖民总督逮捕并押送回欧，吉马良斯在澳门并没有找到一位耶稣会士。但是，因为广州传教会附属澳门主教管辖，他也派人将教廷颁布解散令的消息告知住在广州、分别担任法国和葡萄牙耶稣会司库的两位耶稣会士邓类斯和艾若望②。接到主教通令后，这两位耶稣会士都宣誓服从教廷的决定，但对于吉马良斯通令中要求所有脱离耶稣会的前会士必须效忠葡萄牙国王，二人以教皇谕令中没有这项规定而加以拒绝。随后二人相继离开广州，邓类斯返回法国，艾若望则前往他省传教。③

在葡萄牙人将教廷解散耶稣会消息传递到澳门时，1774 年 1 月 20 日罗马传信部也给时任南京主教、耶稣会士南怀仁发来一份关于解散耶稣会的部令，要求他在南京教区公布并且派人送到北京教区。传信部的这份部令在当年八九月送抵澳门传信部司库席道明手中。由于正值禁教时期，席道明担心该部令丢失，因此并没有及时将它传递到内地。此外，席道明也不信任在广州的两位耶稣会司库邓类斯和艾若望，他决定让一位中国籍传教士戴则仁④亲自携带这份部令给南怀仁。为了避免被捕，戴则仁一路小心翼翼，躲躲藏藏，直到 1775 年 6 月 17 日才将部令安全交到南怀仁手中，而此时距离传信部部令抵达澳门已近一年。这一耽搁直接影响了其后北京教区耶稣会的解散过程。⑤ 南怀仁接到解散令后，马上向南京教区下辖的全体耶稣会士宣

---

① Joseph Krahl, S. J. , *China Missions in Crisis*, p. 214.

② 又名艾若翰。江西籍耶稣会士，见 J. De Moidrey, S. J. , *Confesseurs de la Foi en Chine, 1784 – 1862*, Shanghai: Imprimerie de T'ou-Se-We, Pres Zi-Ka-Wei, 1935, pp. 32 – 33.

③ Joseph Krahl, S. J. , *China Missions in Crisis*, p. 215.

④ 关于戴则仁，见 J. de Moidrey, *Confesseurs de la Foi en Chine, 1784 – 1862*, Shanghai, 1935, p. 44.

⑤ Joseph Krahl, S. J. , *China Missions in Crisis*, p. 219.

布了解散令。除葡萄牙籍耶稣会士毕纳爵态度强硬、拒不接受外，其余五位在江南传教的耶稣会士彭若翰、周若瑟、姚若翰、曹貌禄、邹若瑟都签名表示服从。南怀仁很快允许他们以世俗教士的身份继续留在教区传教。[1]

与此同时，各地代牧主教也向在当地省份传教的耶稣会士通知了解散消息。如多明我会主教黄方济向江西的耶稣会士张若瑟、刘保禄、杨斯德望、高仁等通知了命令；方济各会主教玛方济向湖广的耶稣会士韦斯玎、穆玛诺、石若翰、河弥德、腊伯都等通知了命令。所有上述传教士都在文件上署名表示服从。随着耶稣会被解散，这些人相应地脱离修会，并且被允许继续留在传教区工作。[2] 对于罗马教廷来说，能够比较顺利地解决中国大部分地区的耶稣会解散问题十分令人鼓舞，它希望北京这个最主要的耶稣会在华传教区也会如此顺畅。然而，事情的发展却出乎罗马教廷的意料。

二　教权之争

北京是清代天主教的中心。清初耶稣会继承利玛窦自上而下的传教策略，十分注重拓展在京城的传教活动，在此派驻了数量众多的传教士。当时北京传教区耶稣会士可分为葡萄牙团体和法国团体。尽管双方都属于耶稣会中国副省，但由于国籍不同，特别是受葡萄牙保教权的影响，二者之间存在一系列矛盾。例如，当第一批法籍耶稣会士受法国国王路易十四的派遣，于1688年刚刚抵达北京时，原有的葡

---

[1]　Joseph Krahl, S. J., *China Missions in Crisis*, p. 220.

[2]　Joseph Krahl, S. J., *China Missions in Crisis*, p. 222.

籍耶稣会士团体就开始排斥他们。① 此后，双方的矛盾时有发生。这一次也不例外。1774 年 11 月 12 日，法国耶稣会在广州的司库邓类斯将澳门主教吉马良斯已经颁布教廷解散耶稣会敕令的正式消息通知在北京的本会会士。② 在得知耶稣会遭解散的确切消息后，为维护本国利益，耶稣会葡、法团体很快展开行动，竞相争夺北京教区的管辖权。

对于在华原耶稣会葡萄牙团体来说，确保保教权体制之下的葡萄牙国家利益是其首要任务。实际上，在得知葡萄牙澳门新主教吉马良斯抵达澳门后，北京原耶稣会葡萄牙团体即积极谋求通过吉马良斯取得葡萄牙王室的支持，以确保北京原葡萄牙耶稣会仍然掌握在葡人手中。早在 1774 年 10 月 15 日，北京耶稣会葡萄牙团体负责人、时任耶稣会中国副省会长高慎思就写信给吉马良斯，表示担心随着耶稣会解散后葡萄牙人在北京的利益会被他国夺去。自 1757 年葡籍主教、耶稣会士索智能逝世后，北京主教已空置多年，因此高慎思迫切希望本国能够继续委派一位葡萄牙籍主教，并派遣更多的葡籍传教士来北京填补耶稣会解散后留下的真空状况，否则葡萄牙在中国的传教事业就会荒废。高慎思甚至允诺京城葡籍传教士会尽一切努力在清廷中活动，以使葡国所委派的主教即使在清朝禁教期间也能够顺利进入中国。高慎思的来信正合一心想要确保葡萄牙在华传教利益的吉马良斯的心意。他一方面给高慎思回信，表示将慎重考虑高慎思的要求；另一方面迅速向葡萄牙首相蓬巴尔报告高慎思的来信情况。高慎思等北

---

① 魏若望：《明末清初时期北京基督教会的发展》，卓新平主编《相遇与对话：明末清初中西文化交流国际学术研讨会文集》，宗教文化出版社，2003，第 138 页。

② 实际上，在此之前北京耶稣会团体已经通过其他渠道得知教廷解散耶稣会，一部分对修会异常忠诚的传教士如蒋友仁、刘松龄等甚至因为难以承受如此沉重打击而相继在 1774 年 10 月 23 日、29 日辞世。费赖之：《明清间在华耶稣会士列传（1552～1773）》，第 925、1011 页。

京葡籍耶稣会士收到吉马良斯的回信后非常高兴，他们清楚如果澳门主教介入北京事务，无异于获得了一个重要的保护人。高慎思立刻向吉马良斯报告南京主教、德籍原耶稣会士南怀仁已任命一位德籍圣衣会传教士那永福为北京教区主教代理，负责向北京教区颁布教廷解散耶稣会的敕令，他担心那永福会趁此时机在传信部传教士的支持下夺走原葡萄牙耶稣会在北京教区事务，因此请求吉马良斯干预此事。高慎思此信极大地触动了吉马良斯，他很快在澳门召集教士会议，向与会者宣读了与高慎思之间的信件。尽管耶稣会士已被宣判为葡萄牙的敌人，但在当前局势下，他认为必须依赖这些本国原耶稣会士来保护葡萄牙在北京及中国传教会的利益。在获得与会者的同意后，吉马良斯给高慎思写了一封热情洋溢的信，向高慎思及所有北京的耶稣会士告知罗马教廷解散耶稣会的敕令，声称自己获得葡萄牙国王的允准执行该令。而南京主教南怀仁由于没有收到相关文件，因此无权在华执行解散令。吉马良斯同时表示自己很高兴得知高慎思及在京葡籍原耶稣会士对葡王及他本人的忠诚，他要求高慎思抵制南怀仁所任命的主教代理那永福的行动，答应很快会派遣一位主教代理前来接管北京教务。[1] 吉马良斯还提醒高慎思不必担心会因不服从南怀仁主教的命令而遭绝罚，因为捍卫保教权并没有错。

高慎思收到吉马良斯的信件后马上着手执行其命令。1775 年 9 月 22 日，他召集在京的葡籍耶稣会士，向他们正式宣布了解散令。随后，这些葡籍耶稣会士在一份文件上签名，庄重地证明已接受了解散敕令，宣誓服从教宗的命令，并表示遵从澳门主教吉马良斯的管理，效忠葡王作为教会的保护者。与此同时，高慎思还通知北京法籍耶稣会士，指出吉马良斯已接到教宗及国王的命令，向包括北京在内

---

① Joseph Krahl, S. J. , *China Missions in Crisis*, p. 231.

的所有保教权辖下的教区发布解散令。他在信中附上了解散耶稣会的敕令抄件，要求法籍耶稣会负责人赵进修（又名晁俊秀）向同会会士传达。接着高慎思又派人告知南怀仁任命的主教代理那永福，只有澳门主教吉马良斯才有权委任北京主教代理，希望那永福辞职。在遭到那永福的拒绝后，高慎思通知吉马良斯在北京执行其命令所遇到的情况，再次要求尽快任命一位主教代理并派遣更多的葡萄牙传教士到北京。他推荐索德超、安国宁二人作为可能的主教代理人选。他还报告说，北京已有传闻，法籍原耶稣会士钱德明已经向法国政府建议向罗马教廷要求单独成立一个包括北京在内的鞑靼代牧区，而巴黎外方传教会也已开始试图在此获得一个立足点。在此情况下，为了避免北京教区落入传信部或法国人的手中，葡萄牙人必须即刻采取行动。他和其他葡籍原耶稣会士会尽一切努力维护葡国利益。接到高慎思的来信后，1775 年 11 月 21 日，吉马良斯再次召集教士会，就任命北京主教代理征求意见。由于耶稣会被解散后，无论澳门还是果阿此时都缺少既富才干又懂汉语的传教人员，因此澳门教士会还是决定任命高慎思这位原耶稣会士为暂时的主教代理，负责北京教区事务。当天吉马良斯致信高慎思告知会议结果，并附上有效文件，宣布任命他为全权主教代理和北京教区的管理者，命令所有传教士都要忠实地接受高慎思的领导，否则将施以绝罚。①

由于此前南京主教南怀仁早已任命那永福为主教代理，而现在澳门主教吉马良斯又任命高慎思为主教代理，如此导致在北京出现两个主教代理并存的奇怪现象。此后，那永福的行动处处遭到高慎思等葡萄牙人的抵制。例如，当他根据南怀仁的指示通知北京葡、法耶稣会团体选择一个合适时间以正式领受解散耶稣会敕令时，就遭到高慎思

---

① Joseph Krahl, S. J., *China Missions in Crisis*, pp. 234 – 235.

的拒绝。他告诉那永福只有澳门主教吉马良斯才有权公布解散令，而此前葡萄牙耶稣会士早已在吉马良斯颁布的解散敕令文件上签名，故无须再次领受那永福颁布的解散令。高慎思并出示一份吉马良斯任命他为主教代理和北京教区管理者、废除南怀仁管理北京教区权力的文件。在高慎思等葡萄牙原耶稣会士的抵制下，那永福根本无法有效地行使主教代理职权。高慎思还在北京东堂、南堂等葡萄牙传教士主持的教堂举行坚振圣事以向全体京城传教士展示权威。由于高慎思和那永福都宣称自己是合法的主教代理，相互威胁要对对方采取绝罚惩戒，导致北京传教会内部情势骤然紧张。①

当南京主教南怀仁从北京传教士那里得知澳门主教吉马良斯已任命高慎思为主教代理的消息后很是震惊，他多次写信给吉马良斯，希望其暂时不要插手北京耶稣会的解散事务。吉马良斯却回信指责南怀仁无权任命北京教区的主教代理，因为根据保教权的规定，此举必须经过葡萄牙国王的批准才有效。此外，吉马良斯还指控南怀仁无视1765年5月6日协议规定，在没有得到葡王的认可下颁布解散耶稣会的敕令是犯罪行为。他认为南怀仁的举措是对葡萄牙保教权的侵害，其目的是想通过与传信部传教士勾结，将北京教区置于传信部的控制之下。他要求南怀仁马上将那永福解职，不再过问北京教区事务。吉马良斯的上述要求及指控遭到南怀仁的反驳。他认为自己以南京主教兼管北京教区事务已经多年，早已得到教廷的确认。至于委派那永福颁布解散耶稣会的敕令也是合情合法，因为教廷已通过传信部在华司库席道明送给中国各主教一份解散令的抄件，命令他们在各个教区发布该敕令。他是在严格执行教廷的命令。相反，南怀仁质疑吉马良斯是否获得授权在其主教辖区之外的地方发布解散令。由于双方

---

① Joseph Krahl, S. J., *China Missions in Crisis*, p. 267.

各执一词，莫衷一是，只得将争端提交教廷和葡萄牙王室裁决。恰在此时期，葡萄牙国内政治形势发生了一系列变动，原国王若瑟一世逝世，吉马良斯的保护人、首相蓬巴尔失宠，新任女王玛丽是一位虔诚的天主教徒，她试图改善与罗马教廷之间的关系。当她一继位，就释放了大批被关押的原耶稣会士。因此，当罗马教廷向葡国指责澳门主教吉马良斯插手北京教区解散耶稣会事务导致引发北京争端后，玛丽女王很快将吉马良斯调回葡萄牙。

尽管吉马良斯被调回葡萄牙，而且教廷传信部有关吉马良斯无权管理北京教区而南怀仁才是合法的管理者的部令也已抵华，由此证明了那永福是合法的北京主教代理，但高慎思等葡萄牙人仍然寻机抵制传信部的命令。由于担心传信部的上述原件会在送往北京的途中丢失，广州传信部司库席道明只送了一份抄件给那永福，要求后者在北京公布。当那永福拿到传信部的部令抄件时，他让齐类思将部令转给傅作霖，并要求他在东堂、南堂这两个葡萄牙传教士主持的教堂公布。[1] 但是，高慎思及其他葡萄牙原耶稣会士以该文件系抄件而非原件，同时它并非通过里斯本办事处这一必要渠道传递，也没有葡王印鉴为由，拒绝接受这份罗马传信部的文件。此举激怒了那永福，他威胁要通知所有葡萄牙传教士主持的教堂的教徒向高慎思等人办告解是无效的。高慎思同样选择在圣诞节和复活节举行坚振礼来展示他拥有行使圣事的权力和必要的圣职，竭力要使北京的其他传教士明白他不需要那永福准许圣职，因为他已经从澳门主教吉马良斯那里获得了。一时之间，北京传教区内部传递着关于葡萄牙传教士被取缔职权的消息，在教徒中引发了极大的震动。北京争端愈演愈烈。[2]

---

① Joseph Krahl, S. J. , *China Missions in Crisis*, p. 240.

② Joseph Krahl, S. J. , *China Missions in Crisis*, p. 242.

就在吉马良斯、高慎思等葡萄牙人试图控制北京教会时，法国人也采取了相应的行动。事实上，耶稣会法国在华传教区的设立，本身即是法国谋求在东方利益的一枚棋子。路易十四在位期间（1643～1715），法国国力大增，已取代西、葡两国成为欧洲新霸主。路易十四企图通过派遣法国传教士入华活动，打破国力日衰的葡萄牙对东方传教事务的垄断，以扩大本国在东方的影响，因此于1687年派遣第一批五位法国耶稣会士以国王数学家的身份来华服务。[①] 这些早期入华的法籍耶稣会士通过献药治愈康熙帝疾病从而在北京获得了一块属于自己的土地，并建起了北京第一座法籍传教士主持的教堂——北堂。[②] 此后，法王又陆续派遣数十名法国传教士来华。经过近一个世纪的努力，法国传教士已经在华站稳了脚跟。一部分法籍耶稣会士进入宫廷从事绘画、科技等服务，一部分则在外省开辟传教区，与葡籍耶稣会士分庭抗礼。[③] 而早在1700年法国人已成功地使法国在华耶稣会成为独立于耶稣会中国副省区的一个传教区，从而在传教体制上完全摆脱了葡萄牙人的控制。[④] 为确保此前辛苦取得的法国在华传教事业不致因耶稣会解散而丢失，在京法国原耶稣会士希望本国政府能干预此次北京耶稣会解散事件，以维护法国传教团体在华利益，而法王路易十六此时也正希望继续在东方扩张，自然乐意给予支持。

当得知教廷发布了解散耶稣会令后，钱德明等在京法籍耶稣会士

---

① 李明：《中国近事报道（1687～1692）》，第19～24页。

② 杜赫德编《书简集》（1），第157～158、288～291页。

③ 关于清前期法国耶稣会士入华传教，见 Henri Cordier, "La suppresion de la Compagnie de jesus et la mission de Pekin," *T'oung Pao* 17 (1916), pp. 272－275; Catherine Jami, "From Louis XIV 's Court to Kangxi's Court: An Institutional Analysis of the French Jesuit Mission to China (1688－1722)," *East Asian Science* (1995), pp. 49－499；李晟文《明清时期法国耶稣会士来华初探》，《世界宗教研究》1999年第2期。

④ 荣振华：《在华耶稣会士列传及书目补编》，耿昇译，中华书局，1995，第264页。

就试图促使法国政府介入以避免本国在华传教会落入"外国人"手中。1774年9、10月间，钱德明多次给法国国务大臣贝尔坦写信，表达了他对耶稣会解散后法国在华传教会命运的担忧，由此激起法国政界对北京法国耶稣会的兴趣。[1] 法国自然不愿意看到解散耶稣会而导致此前好不容易从葡萄牙和罗马教廷手中争夺到的一个独立传教区就这样失去，因此贝尔坦回复钱德明，鼓励其与同伴抵制来自教廷传信部的任何干预，表示法王对损害本国在北京传教事业的行为不会坐视不管。与此同时，贝尔坦积极向法王路易十六建议实施一个旨在扩张法国在华传教会的大计划：不仅继续保留北京法国传教会，而且使之发展成为法国支配下的一个独立传教领域。其具体方案是考虑设立一个沈阳（穆克登）主教区，辖区包括关外满人居住地区及北京内城，并拟任命钱德明为首任主教。[2] 所需传教士将在法国接受训练，然后派往中国。按照这个方案，北京天主教会实际将被置于法国人的控制之下，这正符合法国扩张东方势力的雄心。为此，路易十六在1776年11月30日发布一道命令，任命北京原法国耶稣会负责人赵进修为法国传教会会长及教区产业代管。[3] 曾受法国王室和大臣贝尔坦资助在法国进修神学的华籍原耶稣会士杨德望则被任命为法国传教

---

① Henri Cordier, "La suppresion de la Compagnie de jesus et la mission de Pekin," *T'oung Pao* 17 (1916), pp. 287 – 297；费赖之：《明清间在华耶稣会士列传 (1552 ~ 1773)》，第1054页。

② Joseph Krahl, S. J., *China Missions in Crisis*, p. 269；费赖之：《明清间在华耶稣会士列传 (1552 ~ 1773)》，第1063页。显然这是考虑对满人传教的目的，北京内城为满人居住，也称鞑靼城。

③ 在赵进修呈给清廷管理西洋堂事务大臣的一份禀文中，曾经记录下该命令的内容："因耶稣会没有了，赵进修本国王恐其散乱，乾隆四十二年特有来文，此文上说：前有耶稣会时，我知尔等办理本堂事务很好，今耶稣会靡有了，恐尔等无主张要生变化散乱，我特选起赵进修主事当家，凡堂中大小事体上下人等，具要听伊安排。又说：我随后差人前去，跟尔学习办事，后来好接续当家，尔应该好好照应他等语。"引自阎宗临《传教士与法国早期汉学》，大象出版社，2003，第219页。

会驻广州的司库，负责向北京法国传教会输送来自法国政府的资助；另一位法国原耶稣会士嘉类思则被路易十六指定为沟通法国政府与传教士之间的通信人，负责"招收和培训若干新的传教士，目的在于继续保存这个教区"。[①] 为了表示对北京法国原耶稣会士的支持，路易十六还下令每年提供给北京法国传教会12000法郎资助。此后，新任法国海军大臣萨丁内斯、法国驻罗马教廷大使枢机主教贝尼斯亦受命就法国北京传教会事宜与罗马教廷展开频繁交涉。[②]

在维护法国利益的前提下，以赵进修为首的北京原法国耶稣会对高慎思等葡萄牙人和罗马教廷传信部控制北京法国传教会及其产业的计划进行了抵制。例如，当高慎思作为澳门主教吉马良斯委任的北京教区主教代理，负责执行解散在京耶稣会敕令时，他曾要求法国耶稣会负责人赵进修向本国会士传达该敕令，但赵进修很快就以高慎思无法出示能够证实吉马良斯有权向北京教区发布解散敕令的有效文件为由，拒绝接受高慎思颁布解散令的行为。此外，尽管其后赵进修等法国耶稣会士服从南京主教南怀仁任命的主教代理那永福所发布的解散敕令，但当那永福要求他们签署文件将北京原法国耶稣会的产业移交给他这位罗马教廷的代表管理时，就遭到赵进修等法国耶稣会士的抗议。这些法国原耶稣会士坚持认为原会中产业应当由法国人自己管理。

对于罗马教廷来说，解散作为教廷羽翼的耶稣会自是无奈之举，但通过解散在华葡、法耶稣会也为教廷打破葡、法王权对北京教会的直接操控提供了一个良机。如前所述，传信部已试图通过主教代理那永福掌握北京教会的管辖权。此时，为了应对葡、法原耶稣会士的抵

① 费赖之：《明清间在华耶稣会士列传（1552～1773）》，第971页。

② Joseph Krahl, S. J., *China Missions in Crisis*, p. 270.

制，罗马教廷决定任命在京意大利籍奥斯定会士安德义为北京主教。1778 年 7 月，安德义的主教任命获葡王玛丽的批准。时任传信部秘书波尔日亚写信给安德义，告知关于他的主教任命消息，同时表示相关文件会通过葡萄牙王室渠道送抵澳门，然后转至其手中。但令人费解的是，安德义却迟迟未收到教宗任命书和王室批准令这两个祝圣必需的文件。① 而如果安德义没有向北京各传教士团体出示这两份文件，那么其合法地位是很难被确认的。因此，尽管 1780 年 4 月 2 日安德义在山西、陕西宗座代牧、方济各会士闵达奈的祝圣下，于北京传信部教堂中匆匆就任北京主教，但高慎思等北京葡萄牙传教士团体和赵进修等北京法国传教士团体认为他在没有展示教宗任命书的情况下祝圣，违背了教会史上教宗鲍尼法八世颁布的决议，因此都拒绝承认其主教职权。安德义态度强硬，他在 1781 年 5 月向北京天主教团体发布了一道主教令，宣布行使罗马教廷赋予他的主教权力，终止所有在京葡、法籍原耶稣会士的圣职权。

凡传教之神父，各有职分之当为，遵其次序，最为要紧。若有一人越分妄行，离经畔道，足能乱圣教之平安，害多灵之长生，至于不能救止，非细故也。罗玛府掌管天下传教事务，部院众位红衣主教，公同议定，此地各处天主堂内，现今之神父，俱至本处所，俱无行圣事之权，惟听此处现今主教之命，实其传教之地方，授其行圣事之权衡，或调换他传教之所在，或收回他行圣事之权衡，一任本主教之安排，为此奏知教宗，奉现今教宗必

---

① 这一重要文件之所以会被戏剧性地耽搁，主要是因为当葡萄牙王室将这封文件寄到澳门的时候，接收者澳门主教恰好已被调离，其时他已离开澳门，取道果阿返回葡萄牙。因此这一文件又被转递到果阿。果阿主教打开后，发现是安德义的主教任命书及王室批准令，又将其寄回澳门，如此一来，这封文件就在路上走了近两年。

约第六位①，允准依议，于天主降生一千七百八十年，西历二月十七日，众位红衣主教特发谕帖，本部总理红衣主教加斯德尔理②，亲笔花（画）押，代笔者主教波尔日亚③，着此则本主教安④，凡在该管之地方传教之神父，俱遵此办理，并行传示，使众共知。

此按：原文译出，并无诳言不符之处，有原代权者那神父⑤甘为证凭。

乾隆四十六年五月圣神降临瞻礼主教 安译录。⑥

尽管安德义以不给葡、法传教士行使圣事职权，甚至以绝罚相威胁，葡、法两派传教士却对此置之不理。高慎思、赵进修等人还为此写信向果阿大主教和罗马教廷申诉，请求裁决。显然，对于大多数北京葡、法两国传教士来说，是不愿意轻易让他人染指在京本国教会团体的管辖权的。

三 产业之争

除了教会管辖权之争，经济利益的竞争也是其中一个重要因素。这主要体现在对原耶稣会在京产业处置权的争夺上。耶稣会自明末入华传教后，经过数代传教士的努力及长期积累，到清中叶时已经成为拥有一定产业的宗教团体。特别是京城耶稣会，因为直接服务宫廷，

---

① 指教皇庇护六世（Pius VI）。
② 指枢机主教 Castelli。
③ 指传信部秘书 Stefano Borgia。
④ 指安德义。
⑤ 指那永福。
⑥ 转引自阎宗临《传教士与法国早期汉学》，第 226～227 页。

结交显贵，经常可以获得帝王、大臣的各种赏赐、馈赠，其产业也远较其他地方庞大得多。在耶稣会解散前后，京城耶稣会所属各天主堂已经置有相当丰厚的产业，主要包括钱物、房产、田地等几大类。如在1775年10月2日高慎思、索德超写给澳门主教的一份财产清单中列出了当时北京南堂原耶稣会团体比较具体的产业情况。

第一，有一间店铺或出租用房，是中国皇帝赠送的，另外还购置了164间房屋，每间每年通常可收到317200雷阿尔的租金。

第二，有两个农场，是皇帝恩赐的，它们的年收入大约为250000雷阿尔。

第三，有三块菜园，其年收入为228000雷阿尔。①

此外，还有一些私人财产及"四十多辆公用马车以及一些驮畜"。②从上引资料可知，每年南堂的房产、土地收入近80万雷阿尔（real）。而在另一份1775年10月22日安国宁、张继贤提供的财产清单中，列出了当时北京东堂原耶稣会团体的产业情况。

第一，皇帝赠送的房屋或完全经皇帝认可后购买的房屋中，有大小住房房屋65间，它们均已包括在我们的全部财产清单中。这些房屋通常都出租给一些富裕程度不同的人士居住，每年更新租赁契约，每间房每年平均可收到174300雷阿尔租金。

第二，所购置的永久性土地共1000亩，如果不发生水灾或

---

① 阿布雷沃：《最后一批葡萄牙耶稣会士在北京的财产》，《文化杂志》2000年春季刊，第157页。

② 阿布雷沃：《最后一批葡萄牙耶稣会士在北京的财产》，《文化杂志》2000年春季刊，第158页。

旱灾的话，每年可以有 170000 雷阿尔的收入。

第三，至于以可赎回契约方式购买的土地，共 1300 亩，每年的收入为 183000 雷阿尔。[①]

从上引资料可知，每年东堂的房产、土地收入超过 52 万雷阿尔，其中土地就达 2300 亩。北京原耶稣会团体的巨额财产状况也可以从中文文献中得到验证，如耶稣会解散后传教士向秉仁在争产过程中曾经向清廷数次呈递奏折，内中披露了不少京城天主堂产业情况。如他在一份奏折中指出南堂"每年公费所入银七千余两，且有皇上先前恩赏（向秉）仁本国人田地数处，所出银两若干，每年费用丰足有余"。[②] 该堂中所贮钱财很多，仅仅傅作霖的住房中就曾"存银一万两"。[③] 而在另一份奏折中，他又指出："南堂高慎思等三人一年约得租息银八九千两，西北堂梁栋材等一年约得租息银七八千两，东堂张继贤等一年约得租息银六七千两。"如此，"皇恩所赐诸堂产业，每年二万四五千两"。[④] 由此可见，北京原耶稣会的产业是十分可观的。

随着耶稣会被解散，如何处置这部分产业成为牵动各方的问题。此前，葡萄牙、罗马教廷已要求接管广州、南京等地原耶稣会团体留下来的产业。如澳门主教吉马良斯曾经命令在广州的邓类斯和艾若望这两位耶稣会司库提交一份详细的财产清单给他。但是，由于两位司库所管理的不仅有广州的产业，还有北京及其他省份耶稣会的经费，而这些地方并不属澳门主教管辖，因此他们抵制了澳门主教的命令，

---

① 阿布雷沃：《最后一批葡萄牙耶稣会士在北京的财产》，《文化杂志》2000 年春季刊，第 158 页。

② 《清中前期西洋天主教在华活动档案史料》第 1 册，第 323 页。

③ 《清中前期西洋天主教在华活动档案史料》第 1 册，第 314 页。

④ 阎宗临：《传教士与法国早期汉学》，第 225 页。

回复说早在 1762 年澳门的法国、葡萄牙耶稣会士被逮捕押送回欧洲时，所有属于澳门教区的财产已被没收一空。同样，传信部也希望能够处理南京教区的原耶稣会产业。但主教南怀仁答复说，自从葡萄牙人解散耶稣会，并且将耶稣会在里斯本、果阿、马尼拉等地产业没收后，江南传教区的经费就已困顿不堪。再加上江南教会大部分产业如教堂、房产等也因清政府禁教而被地方官没收改作他用，江南传教士如今只能依靠北京传教区及当地教徒支付的些微补助勉强维持生活，因此已经没有什么可观产业值得处理了。[①] 传信部只好作罢。可是，依靠服务宫廷，在京的原耶稣会士成功地使北京各天主教堂免遭冲击，其所属的巨大产业也基本保持下来。这无疑也是原耶稣会在中国留下来的最大一宗产业了，因此，无论是葡萄牙人还是法国人，抑或罗马教廷传信部，各方都希望能够掌握这些产业，由此出现了你争我夺的混乱局面。

对于葡籍原耶稣会士来说，在遭解散之后，他们竭力希望保住在京原葡籍传教会的产业，以维护葡萄牙的国家利益。当耶稣会被解散的消息传到北京后，京城天主教团体中一度谣传罗马教廷将召回所有在京的原耶稣会士，北京耶稣会的产业将被以意大利籍为主的传信部传教士没收。为了不使本团体的产业旁落，北京葡籍原耶稣会士的长上高慎思等人开始思谋对策，变卖本团体在京的相当一部分产业，"竟将历年收存财物账目一并烧毁，又将公中所置房产文契改为伊等自置字样。公中银两俱私换金子。又窃开傅作霖的住房，所存银一万两亦私换金子。并收去所存文契，烧毁账目"。[②] 此后，高慎思又寻求澳门主教吉马良斯的帮助，希望通过向北京教区委任一位葡萄牙籍

---

① Joseph Krahl, S. J., *China Missions in Crisis*, p. 221.
② 《清中前期西洋天主教在华活动档案史料》第 1 册，第 314 页。

主教代理，从而保住原有产业。正如他在给澳门主教的信中所说，作为葡萄牙人，如果没有得到葡萄牙国王的准许，他是不会将属于原葡萄牙耶稣会的产业交出去的。而当高慎思接到澳门主教吉马良斯的回信要他们效忠葡王、保护在京产业时，他马上召集在北京的葡萄牙籍原耶稣会士，宣誓效忠葡王作为教会的保护者，保证不会将任何产业交给包括代表罗马教廷的传信部传教士在内的其他教派势力。其后，高慎思等北京葡籍原耶稣会士以本团体产业属于国王而非教宗为由，极力抵制罗马教廷传信部有关提交财产清单，并将产业移交给教廷的要求。

与葡籍原耶稣会士一样，在北京的法籍原耶稣会士也努力设法使原有产业落在本国教会手中。当前述有关教廷将召回所有在京原耶稣会士、产业均交传信部传教士接管的谣言传到他们耳中时，以赵进修为首的北京法籍原耶稣会士也开始以筹措返国旅费为借口，处理本团体的产业，"把以前账簿烧了，另外做了别的账簿。进修等卖了许多铺房，银子分开，一半下余，私自收用"。[①] 此后，赵进修、钱德明、方守义等法国原耶稣会士也急忙与法国政府取得联系，请求本国派人接管法籍原耶稣会在北京的产业。为此路易十六指定赵进修为北京原法国传教会产业代管，并在 1779 年 1 月特意再次发来命令，要求赵进修"务要小心管理堂中事业，毋许别人争夺"。[②] 引文中所谓"别人"，显然主要指的是葡萄牙人和罗马教廷传信部。在葡萄牙王室的支持下，葡籍原耶稣会士高慎思可以打着保教权的旗号，以北京主教代理的名义控制这部分产业。而传信部则认为，根据教会法，耶稣会解散后所有产业应该归属罗马教廷，北京原耶稣会士的这些产业自然

---

① 转引自阎宗临《传教士与法国早期汉学》，第 220 页。
② 转引自阎宗临《传教士与法国早期汉学》，第 219 页。

也不例外。在维护本国利益的前提下，赵进修等北京法籍原耶稣会士一直抵制传信部染指本会产业，如当那永福这位通过南京主教南怀仁任命的主教代理要求他们将原法国耶稣会产业移交给教廷时，赵进修等人立刻借口枢机主教加斯德尔理的来信中没有提到这一点而表示抗议，认为此举意味着法国原耶稣会士可以自己管理财产。当那永福坚持宣称教皇拥有原法国耶稣会在京产业时，赵进修再次坚决抵制，同时致信法国国务大臣贝尔坦寻求支持。而法国王室也很重视本国原耶稣会在北京的产业，在接到赵进修的来信后，担任海军大臣的萨丁内斯用法国国王的名义做出答复，他强调法国国王才是北京法籍原耶稣会产业的唯一主人，而赵进修是国王任命的唯一管理者，"不准任何人染指这些教产"。① 借助法王的支持，赵进修成功地抵制了葡萄牙及罗马教廷传信部对原北京法国传教会产业的接管企图。

至于原本想利用解散耶稣会之机而一举夺得北京教会产业的罗马教廷传信部，面对北京原耶稣会葡、法派别极力抵制的现实，此时也是一筹莫展。

四　妥协的结局

如前所述，安德义就任北京主教并不能如罗马教廷所愿平息北京天主教团体的争端，相反促使事态进一步复杂化，在北京教会中造成了极大的损害。原耶稣会士韩国英、方守义、金济时等相继因忧愤过度而去世。② 北京天主教徒则对主教安德义与葡、法原耶稣会传教士

① 费赖之：《明清间在华耶稣会士列传（1552～1773）》，第 1160 页。
② 费赖之：《明清间在华耶稣会士列传（1552～1773）》，第 1160、1173 页；杜赫德编《书简集》（6），第 201～202 页。

之间互相指责而在传教会内部引发的分离困惑不解，究竟孰是孰非，他们一时不知所措，乃至教徒之间也发生了分裂。① 更有甚者，传教士之间的争产纠纷竟然闹到乾隆帝那里去了。此时期，北京传教士团体先后发生了两起原耶稣会士因为不满教会团体内部对产业的处置分配而相互向清廷控告的案件。第一起是 1777～1781 年向秉仁与索德超、艾启蒙、高慎思、安国宁等葡籍原耶稣会士之间的互控案。② 第二起是 1780 年汪达洪、贺清泰与赵进修这些法籍原耶稣会士之间的互控案。③ 这些传教士在控告对方的诉状中，毫无顾忌地互相揭短。如向秉仁控词中充斥着丑化高慎思等传教士的字句，不仅直称其"又嫉又贪""声名不端"，甚至披露高慎思、安国宁等"虽有官守，亦时常外出闲游"。④ 这实际上是间接向清廷报告高慎思等传教士不顾朝廷禁传天主教的谕令，私自出外巡视堂口，传播天主教。汪达洪的控词中也指责赵进修"与钱德明，暗暗勾串，用公中子，买多少礼物，送拂郎济亚国大人，全不通知洪等"。甚至宣称此前欧洲来华传教士数目日少，乃是因为"在西洋国之修士等，听见伊等这样霸占不公，怕受伊等奇苦，因此这几年不敢来中国"。⑤ 在京原耶稣会士之间因为分产不均而引发的这些相互指责，实际上极大地损害了传教士及天主教的声誉，⑥ 以至于引来乾隆帝的一通指责："如果你们这些来传播你们主之圣经的人都不能相互和解，怎么能试图使我们相信你们传播的那一套呢？"显而易见，如果听任事态进一步发展下

---

① 费赖之：《明清间在华耶稣会士列传（1552～1773）》，第 1161 页。
② 《清中前期西洋天主教在华活动档案史料》第 1 册，第 312～323 页；阎宗临：《传教士与法国早期汉学》，第 224～226 页。
③ 阎宗临：《传教士与法国早期汉学》，第 219～224 页。
④ 《清中前期西洋天主教在华活动档案史料》第 1 册，第 318、320 页。
⑤ 阎宗临：《传教士与法国早期汉学》，第 221 页。
⑥ 费赖之：《明清间在华耶稣会士列传》，第 1161 页。

去，对于罗马教廷、北京教会及葡、法等国世俗政权而言都是不利的。迅速平息北京教会内部争端成为当事各方的共识。

1781年9月，安德义意外中风逝世，为解决北京教会争端提供了契机。① 罗马教廷与葡萄牙、法国之间很快达成妥协。1784年，葡萄牙女王提名葡籍方济各会士汤士选（即汤亚立山）为新的北京主教人选，罗马教廷立刻批准了此项提名，汤士选很快被祝圣主教，并受命尽快赴北京就职，平息各方争端。而在此之前，即1783年，根据法国国王路易十六的请求，罗马教廷也准许由法国遣使会士前往中国接管北京原法国耶稣会团体及其产业。汤士选随带刘思永、戴国恩等人于1784秋抵达广东，以"谙晓天文"的名义，通过广东巡抚孙士毅向乾隆帝奏请"情愿进京效力并自备土物进呈"。② 1785年1月，汤士选获准抵京。与此同时，法国国王路易十六派遣的罗广祥、吉德明、巴茂真三位遣使会士也于1785年春抵达北京，接管了原法国耶稣会教会及产业。罗广祥并被汤士选任命为北堂神父。③

汤士选到达北京后马上着手解决北京争端。他明智地避免使自己受任何一方的影响，而是通过亲自考察教会情况来决定采取何种措施。汤士选清楚地认识到，对于处在清廷禁止天主教传播处境下的中国教会来说，只有采取宽容的方式才能尽快恢复教会内部的安宁。由于此前北京传教会几乎所有的传教士都曾因卷入此次争端而被那永福、安德义、高慎思等相继宣布停止行使圣事职权，甚至处以绝罚，时下当务之急是将这些葡、法原耶稣会士从惩罚中解脱出来，从而确保北京传教会能够正常运转。1785年1月27日，他在北堂原法国耶

① 安德义死后葬在北京正福寺天主教墓园。明晓艳、魏扬波主编《历史遗踪——正福寺天主教墓地》，第12页。
② 《清中前期西洋天主教在华活动档案史料》第1册，第402页。
③ 关于此次罗广祥等遣使会士来华的中文档案，见《清中前期西洋天主教在华活动档案史料》第1册，第334页。

稣会教堂宣布赦免所有传教士，给予他们继续行使圣职的权力。此后，他在南堂谴责北京教会争端的同时，又再次宣布赦免以往发生的一切过错，呼吁传教士及教徒相互和解，下令所有人不得再提起那场争端以避免纠纷卷土重来。[1] 汤士选的一系列举动无疑起到了很好的效果，无休止的争吵已经使这些在京原耶稣会传教士身心疲惫，厌倦不已，而此时北京原耶稣会教区及产业也因分别由葡、法两国所派遣的遣使会传教士所接管而得到较妥善解决。如此一来，争论各方各得其所，持续十年之久的北京事件终于落下了帷幕。

* * *

尽管聚讼不已的北京事件最终得以解决，但其折射出的隐情发人深思。通过这段发生在清代乾隆年间北京天主教会的历史，我们不难看出内中有着如此多重复杂的矛盾。首先是葡萄牙与法国之间的矛盾。葡萄牙人想利用保教权来继续控制耶稣会解散之后的北京教会，而法国人则不仅想保住属于本国的传教会，甚至有野心要设立一个包括北京在内的所谓鞑靼传教区，从而将北京原葡籍传教会置于法国人的控制之下。其次是葡萄牙保教权与罗马教廷之间的矛盾。葡萄牙一直视传信部为保教权的最直接竞争对手。在北京事件中，罗马教廷就希望借助解散耶稣会的大好时机，通过向北京教区委任直属教廷的传信部传教士担任主教，从而达到撇开葡萄牙保教权的约束，控制北京教会的目的。这是葡萄牙人极不愿意看到的。事实上，早在 1760 ~ 1761 年，当传信部试图利用印度马拉巴尔传教区耶稣会士被驱逐的

---

① Joseph Krahl, S. J., *China Missions in Crisis*, p. 287；费赖之：《明清间在华耶稣会士列传（1552~1773）》，第 1174 页。

时机取而代之的时候，葡萄牙国王就曾严加禁止。最后，法国与罗马教廷之间也存在矛盾。法国人视北京法籍原传教会为法国国王的"私产"，当罗马教廷想要染指的时候，自然竭力抵制。

实际上，导致上述数重矛盾存在的一个主要根源即是民族主义。17、18世纪是西欧民族国家发展的关键阶段，也是民族主义情感逐渐高涨的时代。欧洲主要天主教国家相继取缔耶稣会，其中一个主因就是耶稣会所倡导的超越国家主义及绝对服从罗马教廷理念，与受启蒙运动影响正在上扬的国家教会主义渐相矛盾。对于欧洲世俗政权而言，它们此时需要的是置于王权控制下的民族性教会组织而非超越民族国家的国际性教会组织。然而在特殊的时代背景下，当葡萄牙、西班牙、法国等欧洲世俗政权在本国大刀阔斧地解决耶稣会时，它们对于清帝国内的耶稣会士却又不得不采取谨慎的态度。这一方面是因为当时清朝毕竟是享有独立主权的强大帝国，这些原耶稣会士以"远臣"身份颇受清帝眷顾，欧洲各国无力越境干预。另一方面，随着西欧各国争相朝远东进行商业扩张，从国家利益考虑，对于葡、法等国而言，也只有继续倚重这些入华多年、熟练掌握中国语言文化并能深入清宫内廷的原耶稣会士，才可使本国避免因解散在华耶稣会造成的乏人填补亚洲东方的真空这一不利局面。如此在近代史上出现了一个颇具戏剧性的场面：当西方各国在本国纷纷驱逐、逮捕耶稣会士时，在东方它们却又不得不继续与这些原耶稣会士结盟。

而与此同时，在近代欧洲民族主义勃兴的大环境下，即使以国际性修会自诩的耶稣会本身也很难消除民族主义的影响。尤其是在耶稣会东方传教区，受民族认同与国家利益至上思想驱导，远离祖国的葡、法等国耶稣会士有时要比身处母国的同会会士怀有更加强烈的民族主义情感，并自觉不自觉地将这种情感贯彻到个人的行动中。在上述北京事件中，当所在修会遭到解散时，北京的原耶稣会传教士的忧虑之一就是如何为自己的国家保住在遥远东方清帝国的传教利益。这一点时人早已洞察分明，如汤士选在发给罗马教廷传信部的一封信中就一针见血地指出，北京葡萄牙与法国原耶稣会士之间存在的这种"过多的民族主义"就是引发此次北京争端的深层原因。①

---

① Joseph Krahl, S. J., *China Missions in Crisis*, p. 288.

第三章

家族、乡邻与职场：清前期
天主教徒的社会人际网络

天主教自明中后期重新入华后，历经长时期的传播，到清代道光前期已经深植中国社会。天主教是一种群体性很强的宗教信仰，"于瞻礼之日，教中人必宜赴堂敬与弥撒。若居恒无故而不与弥撒，则是日虽行别大圣功，必不作为守瞻礼之规而大得罪于天主"。① 也就是说，从传教人员到普通信众，都要按照一定的年历规定，在比较固定的教堂等习教场所定期聚会，举行相应的圣事礼仪及其他各类诵经习教活动。这样一来，社会上修习天主教的民人很容易因为共同的宗教信仰结成比较稳定的习教群体。清代前期，这类由天主教徒组成的大大小小的习教团体数量已是成百上千，散布在城乡之间，成为有着广泛社会基础的一种宗教组织。②

清廷从雍正朝开始正式禁止天主教在华传播，这种禁教局面一直持续到道光后期。这也是中国天主教历史上所谓的"百年禁教"时期。然而，尽管迭遭严禁，这一时期天主教在中国社会的传习活动实际上并没有中断，从而形成了一种屡禁不止的态势。这种现象存在的

---

① 潘国光：《圣教四规》，钟鸣旦、杜鼎克编《耶稣会罗马档案馆明清天主教文献》第 5 册，利氏学社，2002，第 269 页。

② 关于清代前期天主教群体的历史概况，可以参见 Nicolas Standaert, ed. , *Handbook of Christianity in China*, Volume one：*635 - 1800*, pp. 555 - 575.

原因，除了清政府此时期统治效率相对降低、对基层社会的控制有所弱化，显然也与普遍散处于各地的上述天主教群体有关。因此，有必要深入研究这类天主教群体的社会网络及其在保存宗教信仰方面起到的作用。然而，这些群众性天主教修习团体相当多数与基层社会紧密联系，属于社会底层的组成单元，故而目前留存下来的能反映其活动状况的相关史料十分有限，由此也使得今人不易探清这类团体的内外运作情况。尽管近些年来陆续有学者开始注意探讨明清时期基层社会中的天主教信仰状况，① 但是集中讨论上述天主教群体活动的研究尚不多见，特别是针对基层天主教人群之间的各种社会联系，时至今日还缺少细致的研究。② 实际上，清前期地方官员已经注意到民间此类信奉天主教者必有"相互往来"，而且"其与各省习教之犯自必声息相通"。也就是说，天主教徒之间并非孤立，而是存在一定的甚至是比较普遍的联系。那么，这类天主教群体的社会构成基础是什么？他们之间有何互动联系？他们在延续清代禁教时期的天主教

① 相关研究可见 Erik Zürcher, "The Jesuit Missions in Fujian in Late Ming Times: Levels of Response," in E. B. Vermeer, ed., *Development and Decline of Fukien Province in the 17ᵗʰ and 18ᵗʰ Centuries*, Leiden: Brill, 1990, pp. 417–457; Robert E. Entenmann, "Catholics and Society in Eighteenth-Century Sichuan," in Daniel H. Bays, ed., *Christianity in China: From the Eighteenth Century to the Present*, Stanford: Stanford University Press, 1996, pp. 8–24; 黄一农《明清天主教在山西绛州的发展及其反弹》，《中央研究院近代史研究所集刊》（26），1996 年；吴伯娅《有关乾隆朝大教案的几个问题》，《中华文史论丛》第 69 辑，上海古籍出版社，2002；庄吉发《故宫档案与清初天主教史研究》，庄吉发：《清史论集》（十二），文史哲出版社，2003；康志杰《16—18 世纪湖北天主教的发展特点分析：基督教与区域文化的相遇与对话》，卓新平主编《相遇与对话：明末清初中西文化交流国际学术研讨会文集》；张先清《明清宗族社会与天主教的传播：一项立足于东南城乡的考察》，见 Xiaoxin Wu, ed., *Encounter and Dialogues: Changing Perspectives on Chinese-Western Exchanges from the Sixteenth to Eighteenth Centuries*, Sankt Augustin: Monument Serica Institute, 2005, pp. 117–141。

② 目前可见的集中分析明清时期基层天主教群体关系的先行研究，主要有 Nicolas Standaert, ed., *Handbook of Christianity in China, Volume one: 635–1800*, pp. 534–575.

信仰方面扮演了什么样的角色？这些问题都值得我们在深入挖掘各种史料的基础上，做出进一步的分析讨论。

在目前有限的可资利用的研究基层天主教群体的中西文献中，清代禁教期间形成的官府档案文书具有十分重要的史料价值。清代地方官府对禁教案中抓捕的民间习教者一般要严加审问，着力根究他们习教的前因后果及相关的各类信息，以此作为办案的线索及下级向上司乃至中央奏报的依据，由此形成了一批档案文献，如各级官员的奏折，信徒的供单、证词等，往往包含了比较丰富的信息，如被捕信徒的姓名、年龄、职业、习教原因、社会联系等。尽管这些文书也有虚捏、规避、不实之处，但是它们提供了不少反映基层天主教群体之间盘根错节关系的十分宝贵的第一手史料。① 本章即以此类清代档案文献记载为基础，参以相关中西文史料，尝试对清代前期特别是乾隆、嘉庆、道光时期基层天主教徒群体的社会关系网络做一些初步的探讨，并简要分析这种社会关系网络在延续清代禁教时期天主教信仰方面所起到的作用。

一　家族

在清代前期的天主教群体中，家族关系是十分普遍的一种社会网络。家族在中国传统社会中一直占有特殊的地位，它不仅是基

---

① 关于清代档案在天主教史研究中的史料价值介绍，可见方豪《故宫博物院现存乾隆间天主教档案》，《天主教学术研究所学报》（4），1972 年 10 月；庄吉发《清代教案史料的搜集与编纂》，《清代史料论述》第 1 册，文史哲出版社，1979；庄吉发《故宫档案与清初天主教史研究》，庄吉发：《清史论集》（十二）；马钊《中国第一历史档案馆藏有关乾隆朝查禁天主教档案论述》，《历史档案》1999 年第 2 期；吴伯娅《从新出版的清代档案看天主教传华史》，《清史论丛》2005 年号，中国广播电视出版社，2005。

层社会的一个重要血缘组织，而且也是一些宗教派别组成习教团体的基本单元。① 尽管天主教与祭祀祖先等传统家族伦理存在很强的冲突，在有清一代，一些传统家族组织也曾经是一定地域社会中反对天主教传播的主导力量之一，② 但是一旦天主教渗入家族，家族成员之间的内在紧密联系就为天主教的传播提供了可靠、稳固的纽带。③ 天主教的礼仪，有时替代了传统家礼及其他宗教礼仪的功能，成为聚合家族的有效工具。④ 家族在地域社会的外部复杂关系，特别是家族的婚姻圈，也是有助于天主教在基层社会传播的一个重要途径。⑤ 由此，天主教的家族化传播成为清前期基层天主教会发展的一个显著特征，⑥ 在基层社会中形成了许多家族性的天主教群体。典型的例子如乾嘉时期四川巴县的何氏家族。何氏一族，祖父何宗明，号荣章，圣名伯多禄。何宗明在乾隆年间皈依天主教，后其妻子、儿孙都接受了天主教信仰。嘉庆二十三年（1818）何宗明去世，其子何深海（即何日远）等竖碑铭记，表明本族的天主教身份。

① 韩书瑞：《反叛间的联系：清代中国的教派家族网》，韦思谛编《中国大众宗教》陈仲丹译，江苏人民出版社，2006，第 1～17 页。

② 张先清：《在族权与神权之间：晚清乡族势力与基督宗教在华传播》，章开沅、马敏主编《基督教与中国文化》，湖北教育出版社，2004。

③ 张先清：《明清宗族社会与天主教的传播：一项立足于东南城乡的考察》，Xiaoxin Wu, ed., *Encounter and Dialogues: Changing Perspectives on Chinese-Western Exchanges from the Sixteenth to Eighteenth Centuries*, pp. 117 - 141.

④ Zhang Xianqing, " Family Rituals, Catholic Liturgy and Lineages in the Ming-Qing Period," paper represented at the meeting " Court, Ritual Community and the City: Chinese and Christian Rituality in Late Imperial Beijing", Leuven: Belgium, June 17 - 19, 2004.

⑤ 张先清：《区域信仰的变迁：廉溪中游的汉人宗族与天主教的传播》，《古今论衡》第 9 辑，2003 年 6 月。

⑥ 张先清：《官府、宗族与天主教：17—19 世纪福安乡村教会的历史叙事》，中华书局，2009。

我卢江氏，其父字荣章，至先皇始闻正道真传，深信三一之玄妙，严遵二五之规诫，谨守其规无懈。迨是时，合室老幼大小去左道而向真，咸受神洗之恩于开蜀之士，鉴牧穆若翰。斯时如聋而听，如盲而明。[1]

引文中提到的鉴牧穆若翰，应为遣使会士穆天尺。他在康熙后期进入四川传教，康熙五十四年（1715）由伊大仁祝圣为四川宗座代牧。作为清前期四川天主教会的一位关键人物，穆若翰在当地传教多年，皈依了不少川民，显然何氏家族就是其中之一。按碑文记载，何氏一族天主教徒除何宗明外，尚有何宗明妻张氏，圣名玛丽亚，子日贵（何玉海）、日全（何美海）、日宽（何敬海）、日远（何深海），媳黄氏、刘氏、张氏、朱氏、刘氏，孙仲启、仲与、仲发、仲儒、仲学、仲选、仲升、仲兴、仲元、仲德、仲仁、仲义、仲干、仲宗、仲喜、仲儒，一共二十余口。[2] 显然这是一个小规模的家族性天主教群体的代表。

同样的例子还有四川乐至县刘氏宗族。道光三年（1823），时任四川总督陈若霖向朝廷奏报盘获乐至县刘嗣坤宗族习教案。

缘刘嗣坤籍隶乐至县，刘汉典系刘嗣坤胞侄，刘汉帼、刘汉柏、刘汉问系刘嗣坤族侄。刘嗣坤等合族男妇自其祖父传习天主教，不知先系何人传授。该族人等因刘嗣坤奉教最诚，将祖上留传之图像、经卷、衣物交与刘嗣坤收存公用。俱止在家念

---

① 四川大学历史系、四川省档案馆主编《清代乾嘉道巴县档案选编》下册，四川大学出版社，1996，第448页。

② 《清代乾嘉道巴县档案选编》下册，第448页。

诵经卷，礼拜天主，并未与习教外人往来。嘉庆十年九月间，经前县江镇西查知刘嗣坤习教，将刘嗣坤传案，令其出具悔结，禀报立案。嗣刘嗣坤忆及其祖父曾言信奉此教，能消灾延寿，死后魂可升天，遂复习不改。二十年五月间，前县李崇周查知刘嗣坤、刘汉典、刘汉帼、刘汉柏、刘汉问习教，传案查讯。刘嗣坤等均即具结改悔。因刘嗣坤系已悔复习之人，将其解府，经前府程家祥审讯，刘嗣坤仍具悔结，批准省释，刘嗣坤等回家与合族之人即停止未习。道光二年十月间，刘嗣坤因伊家尊奉此教系祖父相传，劝人为善，并无罪过，何必改悔。时刘汉典亦欲仍旧习教，即同刘嗣坤劝令族内人等复行习教。每月逢七并初一、二等日在家私自念经礼拜。经该县窦端访闻，会营查拿。刘嗣坤等之家属闻知，即同合族男妇刘嗣兰等七十九名口自行赴县投首具悔。惟刘嗣坤、刘汉典、刘汉帼、刘汉柏、刘汉问五人抗不改悔，当经该县拿获，并起出图像、经卷、衣帽等物，讯供禀报。①

从引文中可见，该案中刘嗣坤一族"自其祖父传习天主教"，②此后代代相传，到嘉道年间已经发展成为一个 79 人左右、信仰天主教的小宗族。由于天主教是其祖上流传的宗教信仰，信仰天主教的族中先世为他们留下了图像、经卷、衣物等进行天主教礼拜的物品，这些物品由族中长辈刘嗣坤管理。本案中刘嗣坤的身份比较微妙，在官府档案记载中，他似乎只是一位刘氏家族老教徒。但是，他的真实身份应当是一位华籍传教士。据四川乐至县知县窦端的一

---

① 《清中前期西洋天主教在华活动档案史料》第 3 册，第 1177～1178 页。
② 《清中前期西洋天主教在华活动档案史料》第 3 册，第 1177 页。

份禀文，乾隆六十年（1795）、嘉庆三年间，福建籍传教士童鳌曾经两次来到刘嗣坤家，带给他"洋布教衣一套，教帽一顶，西洋弥撒经书"，因为"徐鉴牧即李多林，知伊经卷熟悉，令童神甫带来送给，令伊行善立功，救护灵魂"。① 此处提到的徐鉴牧即巴黎外方传教会士徐德新，他于乾隆四十二年进入四川传教，初名李多林，后改名徐德新，嘉庆六年继冯若望为四川宗座代牧。② 在任期间，徐德新培养了不少本土传教人员，显然刘嗣坤就是其中之一。从他家抄出的一整套教衣、教帽及拉丁文经卷、西洋画像也可以证明这种判断。③ 所谓上述习教物品是祖先遗存的供述，无疑是刘嗣坤及其族人为了逃避官府责罚的一种托词。为了组织本族成员习教，刘嗣坤"穿起教衣"，在"每月逢七的主日，及初一、初二瞻礼日，……邀同族人开堂念经，自己立功，并没传徒生事，亦无西洋人来往"，其习教群体成员"只是合族子侄，并无外姓"。④ 可见乐至刘氏家族属于典型的家族教会。

清代前期像上述何氏、刘氏之类以家族成员为基础构成的基层天主教群体并不鲜见。表 3-1 根据清代禁教期间的档案史料所见，列出了家族性天主教群体的一些代表。

表3-1　清前期家族性天主教群体举要

案发时间	地点	家族教徒	奉教原因	资料出处
乾隆三十二年闰七月	江西万安县	郭均让、郭宋道、郭宋达、郭宋信	祖上原奉天主教	清档1:270

① 《清代乾嘉道巴县档案选编》下册，第453、454页。
② J. De Moidrey, S. J., *Confesseurs de la Foi en Chine*, 1784 – 1862, pp. 84 – 85.
③ 《清代乾嘉道巴县档案选编》下册，第453页。
④ 《清代乾嘉道巴县档案选编》下册，第454页。

案发时间	地点	家族教徒	奉教原因	资料出处
乾隆三十七年一月	贵州思南府婺川县	蒋登庸、蒋应试、蒋应干、蒋应朝、蒋应才、蒋应榜、蒋登进、蒋应儒、蒋应仲、蒋登元、蒋登仁、蒋应文	祖父曾习天主教	清档1:295
乾隆四十九年十一月	直隶东安县,永清县	王天德、王瑞;高国定、高国宗、高士亮;马行舟、马新舟;安向达、安清良	均因父祖在日曾经供奉天主教	清档2:549
嘉庆十年五月	山西阳曲县	李梁氏、李玉章、李纲、李阶、李玉粮、李如	父祖向习天主教,自幼传习	清档2:877
嘉庆二十年三月	赤峰县属毛山连、别喇沟	赵淳、赵国信、钱国泰、钱国旺、常安、常义、尹禄、尹增、高正忠、高正山	祖上就入了天主教,遵祖吃斋念经	清档3:1039
嘉庆二十年九月	湖北应城县属康宁、独槐、河阳	张荣组、张义盛、张大才、张大伦、张添赐、张石氏、何克振、何定潮、王立春、王志春等八十八口	祖父同习天主教,留有经像,并供奉十字架,迨后各姓子孙均相沿习教,茹素念经,历年已久	清档3:1063~1064
嘉庆二十年十月	陕西城固县小寨村	李世充、李世敬、李国义、张义德、张望德、王全忠、王幅忠	祖父相传世习天主教	清档3:1079
嘉庆二十二年九月	山西阳曲县吉家岗	吉可扬等一百一十名	父祖在日曾奉天主教	清档3:1100
嘉庆二十四年闰四月	山西平遥县	任安命、任泳贵、任名新、任名中、任碌章、任光玉;张全乐、张秉道、张秉德、张秉仁、张秉义等	各由祖父流传,沿习天主教	清档3:1127
嘉庆二十四年	湖北縠城白云沟	龚保禄已故父母、弟兄四人	祖上习天主教	清档3:1147

案发时间	地点	家族教徒	奉教原因	资料出处
道光十五年六月	直隶宣化府赤城县	张庭杨、张庭选、张庭荐、张庭栋、张思温、张思恭、张思忠等	祖父素习天主教,不知始自何年,传自何人	清档3:1202
道光十八年六月	山西洪洞县	李成信、李长荣、辛学友、辛秉智等	素习天主教,各由祖父传授,不知伊祖伊父传自何人	清档3:1232
道光十八年九月	山西霍州	房振丰、房喜乐、房喜盛、房保乐	素习天主教,均由故父祖传,不知伊祖伊父传自何人	清档3:1234
道光十八年十月	山西赵城县	李忠顺、李沅英、李忠信、李沅周、李向富	素习天主教,皆由故父祖传,不知伊祖伊父传自何人	清档3:1236

说明:清档1:270 指《清中前期西洋天主教在华活动档案史料》第1册,中华书局,2003,第270页。余皆类推。

在家族性天主教群体中,家族成员之间因为有着血缘关系而结成了稳固的习教群体。除此之外,家族与外姓的联姻关系有时也成为传播天主教的一种途径,而且此后这种姻亲关系也会成为一种同教往来的网络。在上述何氏家族中,何宗明就是通过婚姻关系,将天主教信仰传到该家族的婚姻圈中,如列名在这块天主教墓志铭上有他的女婿冯灿章、徐在廷、骆子贵、陈宗圣、张先仲、李朝佐、熊赞元,显然他们也是皈依者。① 而何宗明本人奉习天主教,也是"从外祖父刘远安传习"。②

同样的例子还见于乾隆十一年贵州思南府属婺川县民人蒋应举、蒋应榜习教案。蒋家之信仰天主教,与其外祖父一家颇有关系。据蒋应举供:"雍正元、二年间,父亲蒋世远往四川涪州黑塘探望外公游

① 《清代乾嘉道巴县档案选编》下册,第448页。
② 《清代乾嘉道巴县档案选编》下册,第449页。

翠及，带有一张刷印神像、一本刷印经书回来，说这像是天主神，烧香敬奉他可以消灾免难，这本经要人存天理，行好事。"[1] 后来蒋世远与蒋应榜就一起习教。游翠及与其子游端明是奉天主教的信徒，家中存有"经书图像"，[2] 蒋家习教就是源自他们外祖父游翠及的影响，而且蒋世远也是通过游翠及才获得习教的一些经卷资源。由此可见，家族性的习教群体是清代前期基层天主教群体中的一种普遍特征。家族网络（包括其婚姻网络）在基层天主教会发展中扮演着重要的角色。

二 乡邻

如前所述，清代前期基层社会中存在以家族血缘关系为基础组成的天主教群体，而且这种家族性习教团体可以说是相当普遍的一种群体类型。除此之外，另一种较普遍的群体类型是因地缘关系而结成的习教群体。也就是说，习教者尽管并非同宗同族，但因处于相邻地域而很容易结成一个稳定的习教群体，这类地缘性习教群体可以作为前述家族性群体的补充。这方面典型的例子如乾隆三十二年查获的江西庐陵县吴均尚习教案中反映出来的厦下村情况。江西庐陵县厦下村村民吴均尚（又写作吴均上、吴伯多禄）、吴良位（吴安德勒）父子与萧祥生、项超万（项保禄）等十数人同住一村，一道修习天主教。乾隆二十一年，由"本村已故的刘若汉请了西洋人林若汉到村教习天主教"，吴家与萧家及刘若汉一起联合出资购买了同村张若望、张明庆兄弟的房屋二间给林若汉居住。第二年，因为庐陵县查拿天主

---

[1] 《清中前期西洋天主教在华活动档案史料》第 1 册，第 128～129 页。
[2] 《清中前期西洋天主教在华活动档案史料》第 1 册，第 138 页。

教，林若汉就离开该地返国。此后吴均尚等人只好自己习教，"没有念经，只每月照常吃八日素"。乾隆三十二年正月，吴均尚、萧祥生、吴位三等人苦于没有传教士，就商议委托要往广东买药的万安县教徒蒋日逵"顺便寻访林若汉下落，如他已回西洋，另寻个西洋人来掌教"，为此付给蒋日逵白布八匹作为盘缠。① 后来，蒋日逵带着在澳门接引来的方济各会传教士安当、呢都返回，当走到广东南雄义顺行店时，被当地官府盘获，由此导致厦下村天主教情况被揭发开来。② 从本案可见，江西庐陵县厦下村的这个天主教团体建立的基础基本上是地缘关系。吴均尚、萧祥生、项保禄等家户，因为彼此之间同村近邻，便于共同习教，并邀请传教士前来传教，集资为传教士购房居住。这是一个典型的因邻里关系而结成的天主教小群体。同样的例子亦见于乾隆四十二年查获的陕西商州镇安县林郑岔赵金城习教案，在该案中：

> 赵金城籍隶湖北枝江县，祖父俱信奉天主教，遗有图像。乾隆四十一年赵金城至镇安县之林郑岔地方租住袁洪德草房，开张饭店。与徐见实、袁洪德、袁宗仁、赵正国、李华、张同三、徐云佐、孔天祥、周盛文等及素奉天主教之陈仲和住址相近，时常倡言信奉天主教，于冬至后三日拜天可以免灾获福。徐见实等俱情愿入教。③

以上引文中的湖北枝江县人赵金城很可能是一位华籍传教人员，这些华籍传教人员活跃于清代禁教期间，传教于各地。赵金城在陕西商州

---

① 《清中前期西洋天主教在华活动档案史料》第 1 册，第 265～266 页。
② 《清中前期西洋天主教在华活动档案史料》第 1 册，第 257～258 页。
③ 《清中前期西洋天主教在华活动档案史料》第 1 册，第 324 页。

镇安县林郑岔以开饭店为业，同时伺机传教。他利用与周围居民徐见实等人"住址相近"的有利条件，"时常倡言信奉天主教"，引导徐见实等人入教，由此在当地组成了一个以左邻右舍为主的习教小群体。

这类因彼此住居相近而结成的习教群体是清代前期基层天主教群体中普遍存在的现象。居民住址邻近，使彼此之间在宗教信仰上很容易受到相互的影响，所以常常有同村、同街居民结成一个习教群体的情况。特别是在传统宗族组织不发达的地区，或者是在一些由移民开垦而形成的新开发地区，这种因地缘关系而结成的习教群体更为常见。例如，在清代移民入居比较频繁的四川、湖北等地，一些天主教徒移民从各处会聚而来，开山垦荒，既拓展出新的村落，同时组成了一个新的天主教群体。典型的例子如湖北谷城县磨盘山天主教徒群体的形成。清代雍正年间，因为官府禁教，湖北襄阳等地的天主教徒为了躲避官府的搜查开始移居到此地，后来在传教士巴多明等人的组织下，天主教徒有计划地购买了当地山谷，在那里辟地成村，建成了一个较大规模的天主教徒定居地。①

当然，因地缘性关系而结成的天主教团体，往往也穿插着各种亲缘关系。如嘉庆二十二年查获湖北谷城、房县等地民人刘作斌、邓恒开、王槐等习教案。内中刘氏等人：

> 彼此住居交界毗连，均有戚谊。……以每年正月初四及二月二十等日名为大斋期，是日同教者拣择一人，当瞻礼领首，俱在领首家内供奉耶稣天主铜像，并十字架等物，念诵十诫七祈求经

---

① 杜赫德编《书简集》(3)，朱静译，大象出版社，2001，第151～152页；《清中前期西洋天主教在华活动档案史料》第1册，第169页；康志杰：《上主的葡萄园——鄂西北磨盘山天主教社区研究（1634～2005）》，辅仁大学出版社，2006。

文，领首一人在前念诵，余人在后依次跪念，念完后，领首人用麦捏薄饼，每人分给一个，闭目接吞，以为在生必蒙天主保佑，死后即入天堂。该犯等均各信从。①

在上述刘作斌等人组成的习教群体中，虽是因"彼此住居交界毗连"，也就是说以邻里关系为主，但是又穿插着亲属关系，由此也反映了清代前期分散各处的习教小群体内部关系的复杂性。

三 职场

前述以家族、邻里关系为特征而结成的天主教群体，可以说是清代前期形形色色天主教群体中最为普遍的部分。清代前期内地数十万天主教徒中，以务农为业者仍占其中的绝大多数。例如，笔者曾经针对清代前期东南的天主教中心福建福安县的天主教传播情况进行专门分析。从乾隆初年至道光末年，当地天主教徒数量超过万人，内中绝大多数是从事农业劳动的村民。此即清代禁教案期间常见于官档中的"无知乡愚""穷苦乡愚""种地乡愚"。除此之外，在清代前期还有一些是由从事非农业的人群结成的天主教群体。在这些群体中，职场往往成为促使天主教人群接触，进而结成共同习教群体的一个关键因素。职业上的人际交往推进了天主教的传播。在此背景下，一些操同一行业的人群因为职业关系彼此之间接触频繁，相互影响，很容易因此组成一种天主教习教群体。清代前期见于档案史料比较突出的以行业为单元而结成的习教群体主要有以下几种。

第一种，行船江河湖海的船户。

---

① 《清中前期西洋天主教在华活动档案史料》第 3 册，第 1111 页。

船是旧时一种十分重要的交通工具，乘船是普遍的出行方式之一，而且不少人还以驾船打鱼为生，因此清代社会中存在着一定数目规模的船户。在这些以行船为生的人群中，就有不少人皈依了天主教，由此形成了一类船户习教群体。如乾隆十九年江苏张若瑟案件中，本土传道人汪钦一因为"略懂得西洋话，替张若瑟传教，只有苏州纲船上还信的。小的随到倪显文船上，又到徐圣章船上传过邹大观们十几个人"。① 这显然是以苏杭运河船户组成的习教群体。实际上，在湖北、江南水乡地区，以及东南沿海、沿江地区，当地以船为生的船（渔）民组成的天主教群体是很常见的。如康熙年间湖北安陆、荆州等地也存在大批的渔民信徒，当耶稣会士聂若翰在当地传教时，"教民以渔民占多数"。② 乾隆年间耶稣会士嘉类思在湖北一带传教，负责管理汉口及附近地区流动分散的船户教徒，这些船户教徒的人数达到800人。③ 康熙年间耶稣会士隆盛在江南无锡传教，当地就存在一个拥有三百艘船的渔民信徒群体，而且这些渔民信徒在岸上建有自己的教堂，当复活节等天主教瞻礼日到来时，他们会邀请隆盛来教堂主持弥撒祭礼。④ 道光年间江南海门地区，一些天主教神父发现某年冬季"那里正会集着好几艘上海教友的沙船，他们是预备到辽东去做买卖的。教友们就会聚在其中一艘沙船上过了圣母圣诞瞻礼；船上共举行了四台弥撒，船上众教友都领了圣体"。⑤ 由此可见，在清代前期基层社会中，由船（渔）户信徒组成的天主

---

① 《清中前期西洋天主教在华活动档案史料》第1册，第230页。
② 费赖之：《在华耶稣会士列传及书目》下册，冯承钧译，中华书局，1995，第598页。
③ 费赖之：《在华耶稣会士列传及书目》下册，第811页。
④ 杜赫德编《书简集》（2），第38页。
⑤ 史式徽：《江南传教史》第1卷，天主教上海教区史料译写组译，上海译文出版社，1983，第90页。

教群体所在皆有。

这些船户信徒依靠走船各地、停泊四处的便利，有时成为天主教人群中十分活跃的分子，这很明显地表现在乾隆四十九年蔡伯多禄教案中。在该案中，穿针引线的人物除了后面要说到的商人信徒，船户也扮演了很重要的角色。在这个案件中，前后数拨人都是船户教徒。将四个方济各会士从广东接到湘潭的是刘盛瑞，刘盛瑞系湘潭县人，"驾船为业，往广东接装夷人至湘潭，得过船价银二十两"。[①] 蔡伯多禄派遣其跟随伙计张永信与谢隆茂一起到湘潭县上四都半村刘绘川家，请他帮忙"雇船觅人伴送"。张永信又叫张老晚、张大朝，原习天主教，洗名沙勿，原籍四川成都县，也是以"撑船生理"。[②] 蔡伯多禄让他去伴送西洋传教士，可能考虑到他的走船经验及技术。刘绘川因与蔡伯多禄熟悉，答应接受接引传教士的任务，他"想起族叔刘十七即君弼家里穷苦，常与人雇工"，就让刘十七帮忙雇船。刘十七即刘君弼，也是天主教徒，"平日止晓得吃天主斋"，他因"穷苦，常雇与过客船上做工煮饭"，实际上是一个依靠行船谋生的贫民。由于长年与船打交道，他应当很了解当地船户的情况。因此，在他的穿针引线下，谢隆茂、张永信等人很快在当地雇用了"两只倒划船，那船户是父子二人，父亲名叫龙国忠，约年四十五六岁，微须，儿子名叫龙名芳，约年二十岁，无须，俱是湘乡县人"。龙国忠应为龙国珍，与儿子龙名芳都是撑船为业的天主教徒。是年七月初船到湖北樊城，"张老晚上岸寻着开行的刘宗选"，想雇他的船送到西安。刘宗选在樊城开船行，他也是世代传习天主教的老教徒，后来在他家中搜出日课等天主教经卷。[③] 此外，在同案中还查出"时常载送蔡伯多禄

---

① 《清中前期西洋天主教在华活动档案史料》第1册，第418页。
② 《清中前期西洋天主教在华活动档案史料》第2册，第543页。
③ 《清中前期西洋天主教在华活动档案史料》第1册，第415页。

等之船户刘开寅、刘开逵、刘开迪",当中刘开迪也是以驾船为掩护的本土传教人员。① 由上可见,在本案中出现的一些关键成员都是信教的船户,这并非纯属巧合,这些人因为同教、同业的关系,早就互相熟知,同属于一个习教群体,所以才能够在短时间内迅速组成一个运送传教士的水陆交通网。

第二种,手工工厂中的工匠。

明清时期手工业有了很大的发展,在一些城镇分布着许多规模不等的手工工厂或手工作坊,聚集了大量的工匠艺人。天主教也渗入了这些工匠组织,在他们当中形成了一类习教群体。典型者如江西景德镇瓷工习教群体。康熙末年耶稣会士殷弘绪在当地传教,他曾提到:"景德镇靠了德布鲁瓦希亚侯爵的捐赠建有一座教堂,信徒甚众,而且每年都在大量增加。"当地天主教徒"不少人是从事瓷器生产的,另一些人则做瓷器生意",因此他得以从这些工匠教徒中获得不少有关景德镇瓷器生产工序的资料。② 后来,他在给景德镇教会的欧洲捐助人之一德布鲁瓦西亚侯爵的兄弟、耶稣会士德布鲁瓦西亚神父的一封信中更为具体地提到了景德镇瓷工习教群体的情况。

手艺人和工人占了景德镇基督徒的多数。当他们身体健康、有活可做时,日子还过得去。但一旦生病或失业,那么,在这个生活费用昂贵的地方他们就很值得同情了,因为他们多数人远离故乡,在这里一筹莫展。但是,盛行于基督徒之间的爱德却使他们互相帮助。③

---

① 《清中前期西洋天主教在华活动档案史料》第 1 册,第 376、502 页。
② 杜赫德编《书简集》(2),第 113、87 页。
③ 杜赫德编《书简集》(2),第 140 页。

尽管殷弘绪后来调至北京，但是景德镇瓷器行业中的这个天主教群体显然在清代禁教时期顽强地留存了下来。直到民国时期，景德镇仍然有天主教徒开办瓷器加工店。像教徒范乾生创办的"范永盛瓷号"就以专门烧制天主教瓷器而名闻中外。清代前期类似景德镇的工匠习教群体全国各地还有不少，特别是手工业发达的广东佛山、江南苏杭等地。在这些地方，应当就有一定规模的上述工匠天主教群体存在。

第三种，城市中从事各类服务行业的人群。

清代前期城市中的一些操持同类行业的人群，也会以职业为基础结成信教群体。典型者如京城中的剃头师习教群体。嘉庆二十五年，右营参将恩泰等在京城阜成门外盘获"形迹可疑人犯一名沈联升，究出素习西洋教及一同习教之程旭刚、陈庆、王四儿、王九，查拿起获十字架等物"。[①] 据沈联升供系安徽石棣县人，年41岁。他于嘉庆元年来京，"在西牌楼后泥洼居住，挑担剃头为生。如今在报子街程旭刚剃头铺内闲住"，嘉庆十年入天主教。后因官府查禁，他就在铺内念经，而"程旭刚、陈庆、王四儿俱是西洋教"。很显然，沈联升供出的是嘉庆年间北京城中一个典型的以剃头业成员为主形成的天主教小团体。其成员包括沈联升、程旭刚、陈庆、王四儿，他们都是以剃头为业。此外还有王四儿的父亲王九，"也入西洋教"。[②] 他虽然不是以剃头为业，却从他儿子王四儿所在的剃头铺子那里"取头发种地"。当京城天主堂因禁教而禁止民人进入后，沈联升等天主教徒就把剃头铺子作为习教场所，在铺内摆放十字架、牌位及藏存《要理问答》等天主教经卷，在"铺内念经"，开展习教活动。同样的

---

① 《清中前期西洋天主教在华活动档案史料》第3册，第1173页。
② 《清中前期西洋天主教在华活动档案史料》第3册，第1174页。

例子还有道光二十二年查获的张玉松案件。在该案中，官府查获一个在京城以剃头为生人群组成的天主教徒群体，其成员包括直隶通州人张玉松，安徽安庆府人王泳，直隶天津县人郑兴然、王广太，江西庐陵县人曾彩和，江西万安县人周明讲。这些人尽管原籍各异，但"均系世传天主教，来京剃头为生"。[1] 因为职场类同，相互之间接触频繁，在宗教信仰上也很容易互相影响，从而组成了一个典型的京城剃发师傅习教群体。

第四种，从事商业贸易的行商坐贾。

此外，清代前期有不少从事商业者皈依天主教，他们在经商中进行宗教传习活动，成为联结各地天主教会十分活跃的一类人群。如广东肇庆高要县人谢玉，于"嘉庆十三年替人和栈唐兄熙押鱼翅等货到过苏州，就行传教，曾遇苏州人姓夏的，与之讲究，伊不肯入教"。[2] 这些商人教徒或者替在华传教士传递书信、钱物，或者承当接引传教士的任务，"西洋人在京效力者，其乡信往来，向系澳门夷目或在省行商雇人代为传递"。如乾隆十九年江苏张若瑟案中，信徒沈马窦，"向在广东生理，澳门天主堂是认得的，十七年上，小的到常熟会见张若瑟，托小的寄信到澳门天主堂，会长季类斯交小的带过银一百两，又于十八年九月替季类斯带过银四百两，交与刘马诺他们，不知如何分用。共得他盘费银二十两"。同案信徒丁亮，"货卖西洋画。有奉西洋教的彭仁武上年托小的带封书到京师天主堂傅姓收拆，小的带去。傅姓与一封回书，小的回来，彭仁武取去，并不晓得封的是斋单"。[3]

此外，商人信徒在禁教期间还是接引传教士入内地传教的主要

---

① 《清中前期西洋天主教在华活动档案史料》第 3 册，第 1288 页。
② 刘芳辑、章文钦校《清代澳门中文档案汇编》，澳门基金会，1999，第 530 页。
③ 《清中前期西洋天主教在华活动档案史料》第 1 册，第 254、232、231 页。

力量。乾隆三十二年蒋日逵、吴均尚等人接引西洋传教士安当、呢都一案中，江西万安县人、游方医生蒋日逵到江西庐陵县厦下村买布，该村吴均尚系"平日收贩布匹"，因此他得知蒋要去广东买药，就出资请他前去广东寻访西洋传教士，其中在赣县遇到"同教的刘芳名"，刘也要往广东买药，刘的职业是"平日在外卖油生理"，随后他们一起前去广东，通过在澳门行医卖药的传教士安马尔定，接引传教士安当、呢都，最后在北上的途中，于广东南雄义顺行店中被署广东南雄协副将艾宗靳及署保昌县知县英昌抓获。① 同样的例子还有乾隆三十四年福建福安县查获西洋传教士潘若瑟与安哆呢呵案。其中，安哆呢呵就是"托澳门贸易之泉州人夏若敬引路，于正月二十七日至福安县黄元鼎家"，潘若瑟、赵叶圣多亦"托澳门贸易之福州人陈戴仁引路于二月二十一日至福安县赵泰廉家"。② 在这类禁教期间发生的接引传教士入内地传教案件中，商人信徒都是十分活跃的分子。

乾隆四十九年、五十年禁教案也充分展现了商人信徒网络在天主教传播过程中所起的关键作用，内中最明显的是乾隆四十九年蔡伯多禄案件。在这个案件中，"该犯等信奉天主教，转相纠约，以致案连数省"。③ 这个案件中被抓捕的信徒数十人，下面根据信徒的供词对这次案件中被牵出的商人信徒或以经商为掩护的传教人员略加整理如次。

①蔡伯多禄（1739～1806），原名蔡如祥④（或蔡若祥）⑤，又称

① 《清中前期西洋天主教在华活动档案史料》第 1 册，第 265、270、257 页。
② 《清中前期西洋天主教在华活动档案史料》第 1 册，第 292 页。
③ 《清中前期西洋天主教在华活动档案史料》第 2 册，第 490 页。
④ 《清中前期西洋天主教在华活动档案史料》第 2 册，第 502 页。
⑤ J. De Moidrey, S. J., *Confesseurs de la Foi en Chine, 1784 - 1862*, p. 34.

蔡鸣皋①，伯多禄是他的教名，福建龙溪县人。蔡伯多禄是华籍传教人员，他曾于1761年进入由清初来华传教士马国贤在意大利故乡那不勒斯创办的著名的圣家书院（La Sainte-Famille，又称中国书院），1767年晋铎并回国。从1767年到1784年，他主要在湖广一带活动。② 也曾在澳门白衿观药铺行医，并曾经与他哥哥蔡九思在四川巴东七家坪买田居住，当蔡九思回籍后，"代收租息"。③ 显然，上述行医、收租等都是蔡伯多禄为了便于传教而临时充当的职业。值得注意的是，蔡伯多禄在传教过程中还曾经以经商为掩护，如同案信徒刘绘川供认就是因为购买了蔡的货物而与他结识的。"乾隆四十年上，有个福建人蔡鸣皋挑广货担在湘潭发卖，小的因买货认识。后来他隔一两年常来卖货，又说他叫蔡伯多禄，也吃天主斋。又有个伙计名谢隆茂，是广东人，也同来卖过广货，就都认识了。"④ 乾隆四十九年，蔡伯多禄就是充分利用了经商过程中所结识的同教关系网，从澳门组织运送四位西方传教士到陕西。

②曾贵（1740~?），曾学孔，又写作曾伟。⑤ 他是华籍传教人员，曾在前述意大利那不勒斯圣家书院学习，⑥ 与刘西满、赵安德、马诺等为"同学相好"，教名方济各。他"住临潼县，七月内同伊侄曾学孔发大黄往广东，向在广东省安南桥万隆行做买卖"。曾学孔也

---

① 《清中前期西洋天主教在华活动档案史料》第1册，第350页。
② J. De Moidrey, S. J., *Confesseurs de la Foi en Chine*, *1784 - 1862*, p. 34. 关于蔡伯多禄的生平事迹迄今为止最详细的研究，见 Eugenio Menegon, "Asian Native Voices in Southern European Archives: The Case of Pietro Zai (Cai Ruoxiang, 1739 - 1806), Pupil of the Chinese College of Naples," paper represented at the meeting "Documentation on Asia in Southern European Archives", Barcelona, September 14 - 15, 2006.
③ 《清中前期西洋天主教在华活动档案史料》第2册，第359、502、659页。
④ 《清中前期西洋天主教在华活动档案史料》第1册，第350页。
⑤ 《清中前期西洋天主教在华活动档案史料》第1册，第381、385页。
⑥ Karl Josef Rivinius, *Das Collegium Sinicum zu Neapel und seine Umwandlung in ein Orientalisches Institut*, Sankt Augustin: Institut Monumenta Serica, 2004, p. 150.

是"向习天主教"的商人，"常到广东贩卖大黄或卖皮货生理"。他们也是接引传教士入陕传教的关键人物。据曾学孔供认："上年有同教的西安省城人焦振纲教名若望、山西绛州人秦其龙教名伯多禄贩卖皮货来广，杜于才托他们请西洋人去住持传教，免得天主堂被人住坏。……到本年六月内，小的同父亲在西安遇见焦振纲、秦其龙，说起他们闰三月内回到西安，已在广东转托蔡伯多禄请定了四个西洋人约七八月间可到西安的话，小的买了八百两银子大黄，于七月初一日起身来广，走到樊城，也听得有拿了四个西洋人的事。小的押货于九月初七日才到省城的。"在得知西洋人被抓后，就是他们最早向同教刘必约等人传递消息的。①

③焦振纲、秦其龙。焦振纲，教名若望，陕西西安长安县人。秦其龙，教名伯多禄，山西绛州人。他们都是结伙常往广东贩货发卖的商人信徒，同时负责为在华天主教会传递钱物、书信。如陕西临潼人、华籍神父刘多明我曾供认，"每年得受西洋人番钱八十五圆，系由焦振纲、秦伯多禄二人带给刘必约转寄"，"适伊等又欲往广东买货，是以刘必约又托寄各信等语。并据供明，所寄各信系本年正月秦伯多禄进京卖鼻烟，京城天主西堂那姓托寄与罗玛当家洋字信十封，又天主北堂汪姓寄罗玛当家洋字信一封，寄曾二即曾贵洋字信二封"。② 此外，他们有时也承担接引西方传教士入内地传教的任务，如秦其龙在乾隆四十九年前就曾接引传教士王亚各比到陕西传教。③ 在乾隆四十九年案件中，焦、秦二人是其中极为关键的人物，他们受华籍传教人员刘必约和西安信徒杜兴智等人的委托，前往广东澳门

---

① 《清中前期西洋天主教在华活动档案史料》第 2 册，第 616、494、384 ~ 385、493 页。
② 《清中前期西洋天主教在华活动档案史料》第 2 册，第 663、550 页。
③ 《清中前期西洋天主教在华活动档案史料》第 2 册，第 493 页。

联系传教士入内地传教，而且此后一直居中沟通，直到被捕。这一点在刘必约的供词中明显可见："上年九月间焦振纲、秦伯多禄往广东生理，我与杜兴智相商寄信与罗玛当家请西洋人来陕传教。今年春间焦振纲们回陕说罗玛当家已派有西洋人几名，因他们路上不便携带，蔡伯多禄说随后差人送到樊城，叫我们五月内去迎接。后因甘肃回子滋事，沿途盘查严紧，没有去接引。到八月间曾贵从湖广寄信到陕才知西洋人被拿，适焦振纲们又赴广东买卖，我寄汉字信一封与广东潮州府人戴加爵，洋字信三封，一与曾贵，一与蔡伯多禄，一与湖南沅江县人刘五即刘开迪，都说西洋人被拿的事。"①

④周正，即周宗俊，他"在湘潭开米铺，素吃天主教斋，系沅江刘开迪外甥女婿，与秦禄认识，并不识刘必约，亦未伴接西洋夷人，伊先被获在官，未见刘必约寄与刘开迪书信"。② 周正是个开铺的米商，曾经与刘开迪一道在湘潭雇用船户龙国珍的船，派送广东去接引传教士。③

由上可见，在清代前期存在一个以商人为职业、非常活跃的流动习教群体。这些行商坐贾由于职业的关系，在基层社会中具有相当广泛的社会基础，是连接各地天主教网络的骨干。甚至一些传教人员也以行商为掩护，从事沟通信徒、联络传教的各类活动。

此外，清代乾嘉道年间还有由一类特殊的行业群体组成的天主教徒网络，如钦天监奉教天文家。清前期钦天监长期为西洋传教士掌管，"设有西洋监正、监副，与满汉堂官一体入署，画稿办事"。在监供职的各厅科官生"或因呈画公事，或因讲求算法，耳目切近，

---

① 《清中前期西洋天主教在华活动档案史料》第 2 册，第 629~630 页。
② 《清中前期西洋天主教在华活动档案史料》第 2 册，第 488 页。
③ 《清中前期西洋天主教在华活动档案史料》第 2 册，第 502 页。

难免染习"，① 习教之人颇多。如康熙年间礼仪之争激烈时，以钦天监中的奉教天文家为主体的一些北京天主教徒曾联名书写《北京教中公同誓状》，阐明他们对礼仪问题的看法。内中列名的奉教钦天监天文家有：钦天监左监副鲍昧多，原任钦天监五官正焦保禄（六品），中官正席以恭（物罗，六品），秋官正鲍可成（巴尔多禄茂，六品），春官正方亮（弥额尔，六品），原任钦天监五官监侯朱老楞佐，钦天监博士鲍历山（九品），钦天监博士冯多默（九品），钦天监博士张良（九品），钦天监博士孙若瑟（九品），钦天监博士林弥额尔（九品），天文生王嘉禄、梁德望、王伯多禄、孙斐理伯、陈若瑟、鲍雅进多、侯保禄、鲍玛弟亚，候补天文生方葛思默、国玛弟亚、吴若翰、李若瑟、宗玛窦、上官意纳爵、任伯多禄、李若瑟、赵巴辣济多、杨方济各、王历山、苏安当、佟雅各布伯、朱若瑟，② 一共多达 33 人。这些人组成了一个典型的天文学家奉教群体。到嘉庆十年清政府严禁与西洋人往来，其时钦天监内"各科呈明从西洋人学习算法官生十六人，皆情愿烧毁经卷，奉公守法，取结立稿存案"。③ 由此可见，这时候钦天监内的天文生，因为从西洋教士学习西法，很容易受到传教士的影响，到嘉庆初年仍存有天主教经卷进行习教活动。钦天监天文生属于世袭职业，"从前具结十六人虽俱已离任物故，其子侄系世业当差之人"。④ 道光十八年，管理钦天监事务宗室敬征曾令重新核查前此具结的十六位天文生仍在监服务的十五位后人，查出已故天文生孙宽之子孙锦堂、孙锦瀛"奉习天主教，

---

① 《清中前期西洋天主教在华活动档案史料》第 3 册，第 1226 页。

② 引自韩琦《奉教天文学家与礼仪之争（1700～1702）》，前引 Xiaoxin Wu, ed., *Encounter and Dialogues: Changing Perspectives on Chinese-Western Exchanges from the Sixteenth to Eighteenth Centuries*, p. 204.

③ 《清中前期西洋天主教在华活动档案史料》第 3 册，第 1226 页。

④ 《清中前期西洋天主教在华活动档案史料》第 3 册，第 1226 页。

不愿改悔"。而灵台郎贾洵等 13 人尽管具结称"伊祖父曾与西洋堂官讲求算法，并未习教。伊等亦实无习教等事"，[①] 但如果我们考虑到天主教信仰的极强继承性质，内中应也有规避不实之处。这也表明清代前期京城中曾经相当长时期存在一个以钦天监成员组成的天主教习教群体。

* * *

清初经史大家万斯同曾目睹天主教势力的拓展而赋诗感慨："天主教设何怪妄，著书直欲欺愚昧。流入中华未百年，骎骎势几遍海内。"[②] 从万氏诗中可以大致推知清代前期天主教在中国城乡社会中已经有了一定的发展，并在事实上成为清代社会的一个重要宗教组织，值得我们对之深入探讨。本章以清代官府档案史料为基础，结合其他相关的中西文献，对以往为人所忽视的基层天主教群体之间的社会关系进行了一些初步的研究。从研究中可以发现，清代前期基层天主教群体的构成基础，既有以家族为基础组成的亲缘网络，也有以地域关系为基础而组成的地缘网络。此外，还存在一类以行业为基础而组成的职业网络。可见其组成是相当复杂的。

当清政府禁止天主教公开传播后，如何使宗教信仰能够躲避国家的控制而继续在中国社会中保存、发展，成为在华天主教会必须思考的问题。尽管清政府的禁教政策在一定时期内对天主教在华传播带来了较大的影响，导致其一度处于相当艰难的状态。但是，由于这一时期疲于应付频繁出现的边疆危机、民族冲突和民间宗教起事，清政府

---

① 《清中前期西洋天主教在华活动档案史料》第 3 册，第 1226 页。
② 万斯同：《欧罗巴》，《新乐府》卷下，又满楼丛书，昆山赵氏刻本，1925 年。

的国家机器已经呈现出衰相，社会控制力量也有所削弱，因此，在华天主教会仍然得以依赖散布各地的天主教群体的社会网络来巩固传教果实，延续宗教信仰。值得注意的是，此时期天主教群体的社会网络结构呈现出与清代康熙以前不同的状况。康熙以前，天主教仍然与明末一样对知识阶层有一定的吸引力，而对其传播产生重大影响的，乃是所谓第一代"两头蛇族"奉教群体，通过读书应试与诗文酬唱苦心经营的科场与文社关系网。[①] 但是康熙以后，特别是进入所谓百年禁教时期，中国天主教会中原有的科场与文社网络出现了断裂，亲属、邻里、职业关系成为天主教徒最为依赖的社会网络。家族、邻里、职场不仅容易集合起较大数量的成员，从而满足天主教本身所固有的聚会诵经习教特点的需求，而且也易于用群体的力量来巩固天主教信仰。在禁教时期，家族与邻里之间亲密的血缘与地缘纽带，无疑增进了一个地方性习教群体之中的凝聚力与稳定性及安全性。至于职业关系，则是天主教徒间进行横向联系、塑造认同的有效手段。杨庆堃在研究宗教与行业团体之间的关系时，已经精辟地指出了宗教纽带可以有效地维持一种行业协会。手工业行会在一定小区域举行本行会的宗教祭祀活动可以增强手工业组织的凝聚力，增进成员对团体的忠诚度与自豪感。[②] 而有意思的是，对于一个由天主教徒组成的行业性习教群体来说，不仅天主教的崇拜及其仪式可以充当凝聚本团体的一种宗教力量；反过来，原有的行业联系应当也有助于天主教信仰在地方社会的传播与扩散。

在研究明末清初天主教在华传教问题上，知识传教曾经是学者普遍强调的一种观点。以耶稣会士为代表的来华传教士，通过著述立

---

① 黄一农：《两头蛇：明末清初的第一代天主教徒》，新竹清华大学出版社，2005。

② 杨庆堃：《中国社会中的宗教——宗教的现代社会功能与其历史因素之研究》，范丽珠译，上海人民出版社，2007，第81页。

说，刊刻西学西教典籍，得以在明清中国知识界确立影响，进而传播天主教义，皈依中国人。然而应当指出的是，知识传教并不宜被视为天主教在华传播的压倒性手段，只能视为影响明清天主教传播的各类主导因素中的一分子而已。特别是当清代前期儒学知识界发生重大转向，开始从整体上背离西教时，在这样的时空背景下，其他的"非知识"因素反而是影响天主教在中国社会中传播的关键力量。已有论者精辟地指出18世纪在华基层天主教群体的存在与发展，与中国教徒个人的努力息息相关，特别是教徒之间、教徒与地方社会之间的关系网络是相当重要的因素。① 在本章中，我们清楚地看到，在相当多数的基层天主教组织内部，既有的家族、邻里和职场这些非"知识"因素，都是联结群体内外关系的重要角色。在清代中前期特别是雍正以后到道光末年那个对于中国天主教会来说处境日窘的年代里，当天主教传教会面临朝廷禁教、西教士被逐这些巨大冲击时，上述家族、邻里、职场等复杂社会关系网络，却在联结各地教会群体、互通信息、推动天主教在华的地方化发展方面发挥了重要作用。

---

① Nicolas Standaert, ed., *Handbook of Christianity in China*, *Volume one*: *635 - 1800*, pp. 571 - 572.

第四章

礼教与习教：清前期的女性天主教徒

清人黄标在所著《庭书频说》中，对当时女子"不守妇道"的行为有过如下感慨：

> 世间严肃闺门者固多，不谨闺门者亦不少。恪遵妇道者固有，不守妇道者亦甚多。曾见有女红不勤，以巡门挨户为正事；中馈不修，以登山谒庙为善行。贵者乘肩舆，拥侍妾；富者驾宝马，炫明珠。盛其首饰，异其服色，以供人之瞻玩；妖冶其容，袅娜其步，以牵人情思。……今日进香，明日修醮。此处参佛，彼处祖拜。……甚至勾引私奔。……而男女混杂，因而失节者有之，无穷丑行……①

从上引黄标的观察可知，在他所生活的清代前期，女性早已不是大门不出、二门不迈的"笼中人"，而是享有一定程度的社会活动空间。尤其是相当多的女性在宗教信仰活动方面十分投入，引文中所云"今日进香，明日修醮。此处参佛，彼处祖拜"，形象地说明了明清时期女子与佛、道及民

---

① 引自何素花《士大夫的妇女观——清初张伯行个案研究》，《新史学》第 15 卷第 3 期，2004 年 9 月，第 75 页。

间宗教信仰之间的密切关系。① 一些学者甚至得出结论，在宗教团体中，女性信徒经常在人数、事奉、献金等方面都有超过男性信徒的现象。②

此论大抵不差。实际上，不仅是中国传统宗教，明末以来，随着天主教传入并在中国社会中生根发展，也吸引了相当多的女性皈依，而且这些女性信徒还在天主教的传播、扩展过程中扮演了十分重要的角色。然而，与女性在中国天主教早期发展史上这种重要作用形成鲜明对比的是，长期以来，学术界关注女性与明末清前期天主教传播之间关系的研究却是十分有限。目前所见，除了少数论著讨论徐甘第大之类著名奉教女性，③ 或是特殊的奉教群体——天主教贞女，④ 鲜见有综合分析明清时期女性信仰天主教的论著。⑤

---

① 关于明清时期女性与中国宗教之间关系的研究，见喻松青《明清时期民间宗教教派中的女性》，《南开大学学报》1982年第5期；洪美华《清代民间秘密宗教中的妇女》，硕士学位论文，台湾师范大学历史研究所，1992；赵世瑜《狂欢与日常：明清以来的庙会与民间社会》，三联书店，2002。

② 李贞德：《最近中国宗教史研究中的女性问题》，李玉珍、林美玫编《妇女与宗教：跨领域的视野》，里仁书局，2003，第4页。

③ 有关徐甘第大的研究，主要见柏应理《一位中国奉教太太——许母徐太夫人甘第大传略》，徐允希译，光启出版社，1965；Gail King, "Couplet's Biography of Madame Candida Xu (1607 - 1680)," in *Sino-Western Cultural Relations Journal* 18 (1996), pp. 41 - 56; "Candida Xu and the Growth of Christianity in China in the Seventeenth Century," *Monumenta Serica* 46 (1998), pp. 49 - 66. 有关南明永历宫中女信徒的研究，见方豪《中国天主教史人物传》上册，第294~301页。

④ 有关天主教贞女的研究主要有：Robert Entermann, "Christian Virgins in Eighteenth-Century Sichuan," in Daniel H. Bays, ed., *Christianity in China, From the Eighteenth Century to the Present*, pp. 180 -193；沙百里《中国基督徒史》，耿昇、郑德弟译，中国社会科学出版社，1998，第211~221页；Eugenio Menegon, "Christian Loyalists, Spanish Friars and Holy Virgins in Fujian during the Ming-Qing Transition," *Monumenta Serica* 51 (2003), pp. 335 -365, 354 -357；张先清《贞节故事：近代闽东福安的天主教守贞女群体与地域文化》，离异与融合：中国基督徒与本色化的兴起学术研讨会，武汉，2004年10月；康志杰：《基督的新娘：中国天主教贞女研究》，中国社会科学出版社，2013。

⑤ 钟鸣旦在其所编《中国基督教研究指南》一书中，列有一小节概括介绍中国女基督徒的情况。Nicolas Standaert, ed., *Handbook of Christianity in China, Volume One: 635 - 1800*, pp. 393 -398.

诚如学者所言，妇女史的研究也只是在近期才引起学术界的重视，至于由此关注妇女与基督教传播关系则是更晚的事。此外，有关明末至清代前期中国信徒的资料本来就少，而反映女性信徒的资料则更是少而分散，学者要想在这方面有所收获，必致穷搜博引。[①] 近年来，我们在关注清代基层天主教会发展情况时，搜集到一些反映此时期女性教徒群体的各类资料。本章即尝试钩稽此类相关中西文献史料，在以往学者研究成果的基础上，对清代道光以前的女性天主教徒信仰与生活某些剖面进行探讨，[②] 以期能够有补于前述女性与基督教研究中存在的缺憾。

一 半边天

自明末再次入华后，天主教传教士就已经注意到向女性传教的问题，如耶稣会士费奇规在京畿传教时，"时有入教者甚众，奇规乃分其人为三部，男子命徐必登修士讲授教义，妇女年老者奇规自任讲授之责，幼妇少女则命业经训练之儿童为之解说。是年受洗者一百四十人，复往其他村庄说教，有一处经一妇女劝化七家之人而领之受洗"。[③] 当时受洗入教的女性已有一定数量，例如耶稣会士毕方济曾赴淮安府传教，到他离开时，当地信徒中有"官吏受洗者三人，中有一人是宗室，绅耆三十人，士人二十七人，妇女八十人，平民称是"。汤若望在京城活动则颇注意向内廷传教，宫廷中也有一些女性入教，其中"有三人居后妃位，教名阿加特（Agathe），烈纳

---

① Nicolas Standaert, ed., *Handbook of Christianity in China, Volume One: 635 – 1800*, p. 393.
② 本处暂不列专节讨论清代天主教守贞女的情况。
③ 费赖之：《在华耶稣会士列传及书目》，第 82 页。

（Helene），西奥多拉（Thedora）"。到 1640 年时，据载明廷"宫中有信教妇女五十人"。[1] 南明永历帝时，因为卜弥格、瞿沙微等传教士的努力，宫中女性信教者也不少。[2]

入清以后，女性皈依天主教者的人数尽管无确切统计，但通过各地有关女性教徒数量的记载情况，可以推测要比明代多。例如清代前期据一封传教士书信记载，康熙年间在北京就已有八百名女性信徒，分布在城市的各个地区。[3] 其他地方如南阳等地，女性入教的也很多。[4]

现存一份清代雍正年间地方官府的报告可以为我们提供比较多有关女性入教的情况。雍正十年七月初二日署理广东总督印务、广东巡抚鄂弥达在奏报广州的天主教情况时，指出广州城内有八座男天主堂，信徒约万人。此外，他们还进一步指出广州城中女性信徒的分布。

> 又女天主堂凡八处：清水濠，女堂主顺德人谭氏、刘氏，引诱入教妇女约四百余人；小南门内，女堂主顺德人陈氏，引诱入教妇女约三百余人；东朗头、盐步两堂，女堂主俱顺德孀妇梁氏，掌管、引诱入教妇女约六百余人；西门外变名圣母堂，堂主顺德孀妇何氏，引诱入教妇女约二百余人；大北门天豪街变名圣母堂，堂主正蓝旗人余氏，引诱入教妇女约三百余人；小北门内火药局前，女堂主顺德孀妇苏氏，引诱入教妇女约二百余人；河南滘口女堂主南海人唐瑶章妻戴氏，同堂孀妇卢氏、唐氏，引诱

---

① 费赖之：《在华耶稣会士列传及书目》，第 145、170 页。
② 费赖之：《在华耶稣会士列传及书目》，第 575 页。
③ 杜赫德编《书简集》（1），第 234 页。
④ 费赖之：《在华耶稣会士列传及书目》，第 811 页。

入教妇女约三百余人，以上八堂共引诱入教女子约二千余百人。[①]

从此奏可以看出，当地官府对当时广州天主教活动有相当程度的了解，反映在不仅于奏折中提到了信徒的大致数字，而且对男女教堂的分布、为首的教会人物都掌握得比较清楚。这类奏折对于研究清初禁教时天主教的活动是很有帮助的，因此也引起了不少学者的注意。例如，陈垣先生就将其视为一种珍贵教外史料，并据之以考察清代禁教期间天主教的发展。[②] 从上引文可知，当时广州有女性教堂八处，皆分别立有"堂主"之类女性首事人物管理，而将所列各堂信教女子人数相加，该八处女堂的女性信徒总数要超过 2300 人，可见当地信教女性数量相当可观。

上面所举的只是广州一城的状况。实际上，经过明末以降长达近百年的传播，天主教在清代前期积淀已深，正处于一个发展高峰时期，城乡大大小小天主教群体的分布已是十分广泛。[③] 而在这些天主教群体中，有相当部分女性天主教徒存在。前述雍正年间广州城的情况就是一个典型的例子，可以看作城市天主教群体的代表。至于乡村教会群体，也有类似的状况。

从明末开始，福建就是天主教在华传播比较兴盛的省份之一。这里不仅有耶稣会、方济各会传教士活动，而且是天主教多明我会在华主要传教地区。其中，闽东福安县就是多明我会的活动中心。清代前期该县已有数以万计的天主教徒，当中女性信徒就占有相当大的比

---

① 《清中前期西洋天主教在华活动档案史料》第 1 册，第 70 页。

② 陈垣：《从教外典籍见明末清初之天主教》，《陈垣学术论文集》第 1 集，中华书局，1980，第 192～226 页。

③ Nicolas Standaert, "Creation of Christian Communities," in Nicolas Standaert, ed., *Handbook of Christianity in China*, *Volume One*: *635 - 1800*, pp. 555 - 575.

例。例如，多明我会士华敬曾在一份写于1733年的报告中谈到，十余年间，他与其他两位同会传教士在该县西部小镇穆洋及附近地区曾经为2000余人施洗，其中多数是女性。[①] 此外，多明我会传教档案中，另存有一份1733年福安县顶头村教徒登记表，该登记表记录了当时顶头村教会所属的47个家庭的名单，这47个家庭共有286个成员，其中有3位确定是外教人，1位是已故信徒，因此实际上有282位天主教徒。在这282位天主教徒中，男子为136人，女子为146人，女性信徒的比例占到了该天主教群体总数的半数以上。当地方志也曾记载该县"康熙间邑妇多从西洋邪教"，[②] 顶头村乃至福安县的例子表明，当地女性信仰天主教已是很普遍的现象。

由上可见，清代前期女性皈依天主教的人数虽在全国人口绝对数量中是微不足道的，但是在具体的天主教社区中其数目则不容忽视。甚至在一些城乡天主教群体中，有时会出现女性信徒的数量超过男性信徒的情况。由此说明在天主教信仰上，存在女性半边天的现象。

二 身份、阶层与皈依

在现有讨论女性与宗教关系的论著中，有一个比较明显的倾向，就是相当多的研究注意到了从各类宗教经典中考察性别议题，却忽略了关注女性在实际宗教组织中的地位、处境，由此一部分学者发出了"妇女在哪里"（Where are the women）的感慨。[③] 确实，如果妇女史或性别研究学者只注意从宗教经典上诠释女性与宗教的关系，女性作

---

① Jose Maria Gonzalez, *Misiones Dominicanas en China*（1700 – 1750），Tomo Ⅱ，Madrid：Consejo Superior de Investigaciones Cientificas，1952 – 58，pp. 339 – 340.

② 乾隆《福宁府志》卷三十一《人物志·列女》。

③ 李贞德：《最近中国宗教史研究中的女性问题》，李玉珍、林美玫编《妇女与宗教：跨领域的视野》，第24页。

为宗教组织一分子的真实生活将变得晦暗不明。因此，从女性生活史角度来考察清代前期女性教徒的身份、阶层与皈依动因、渠道，在女性与宗教关系研究上就具有不可或缺的意义。

据现有史料看，清代前期的女性教徒按其所处社会地位，大体可以分为两个大类，其中第一类是上层社会的女性。这个阶层既包括皇族宗室成员，也包括显宦妻室等传统社会中的统治阶层。

皇室、宫内人员信教，明代就已有之。利玛窦等耶稣会士最初就曾寄希望于通过皈依皇帝，进而利用皇权，实现其皈依整个中国的目的。因此，北京乃至皇城一直是耶稣会士希望能够驻留、传播天主教的处所。经过多年的努力，天主教信仰终于渗透进了紫禁城的深宫里。到崇祯末年，宫内已经形成了一个稳定的信仰天主教的小群体。据西文文献记载，皇城内皈依天主教的人数逐年递增，从1638年的21人到1639年的40人，至1640年，宫内至少有50人皈依了天主教。① 在这些皇室、宫内信教人员中，就有不少是身列妃、嫔的女性信徒，她们大多是通过奉教太监接受洗礼。② 北京明朝廷覆亡后，庞天寿等奉教太监以及瞿沙微等传教士继续在南明永历朝中活动。一时之间，永历宫中皈依天主教者数量很多，其中包括太后、妃嫔等数十位女性。③

入清以后，虽然较少皇室、宫内信仰天主教的记载，但是清初有不少宗室皈依了天主教，因此其女眷中也有一些人成为奉教者。例如，耶稣会士利类思曾经在四川传教，历经了明清鼎革之际的纷乱，

---

① Nicolas Standaert, ed., *Handbook of Christianity in China*, *Volume One*: *635 - 1800*, p. 439。

② 柏应理：《一位中国奉教太太——许母徐太夫人甘第大传略》，第65～66页；Nicolas Standaert, ed., *Handbook of Christianity in China*, *Volume One*: *635 - 1800*, p. 439.

③ 方豪：《中国天主教史人物传》上册，第294～301页。

1648 年他被清军带至京师。1655 年，利类思在北京建造了一所教堂，即后来的东堂。利氏之所以能够建造此堂，"盖由一名 Justa Tchao 之妇女及宗室一人出资所建也"。此赵氏妇女，应是肃亲王豪格的侧福晋，在豪格死后入教。① 同样，耶稣会士毕嘉"……初传教江南，得信教妇女赵氏布施，于一六六〇年在扬州建筑教堂和住宅各一所"。② 此赵姓女教徒，极有可能就是上述宗室豪格妻。1659 年，赵氏还与佟国器夫人亚加大联合出资建造杭州天主堂，"为中国全国最美丽之教堂"。③

耶稣会士白晋在一封 1710 年 7 月 10 日发于北京的书信中，也谈到另一位赵姓皇族贵妇皈依天主教的故事："这位贵妇嫁了一位出身皇族的老爷；为显示其高贵出身，他系的是红色腰带。这位贵妇叫赵太太（Tchao-Tai-Tai），取的是她夫君的姓氏，亦即整个皇族的共同姓氏。"④ 赵氏无法忍受丈夫痴迷其他女人，曾打算自杀，但是一位"神灵"降临救了她。几年后，当她去拜访一位信仰天主教的亲戚时，在其家祈祷室里看到了圣母像，马上认出"这幅像上画的便是时刻萦绕于她脑际的她的救星"。于是她立意信奉天主教，并在传教士及其他信徒的帮助下学习天主教义及祈祷礼仪，清除家中的其他信仰，终于在病危弃世前接受了洗礼入教。⑤

清代前期影响最大的奉教宗室当属苏努家族。⑥ 苏努为清太祖努尔哈赤之四世孙，与雍正帝为从兄弟。康熙时曾以辅国公、镇国公任

---

① 费赖之：《在华耶稣会士列传及书目》，第 241 页。
② 费赖之：《在华耶稣会士列传及书目》，第 321～322 页。
③ 费赖之：《在华耶稣会士列传及书目》，第 263 页。
④ 杜赫德编《书简集》（2），第 45 页。
⑤ 杜赫德编《书简集》（2），第 46～47 页。
⑥ 关于苏努家族奉教事，见陈垣《雍乾间奉天主教之宗室》，《陈垣学术论文集》第 1 集。

都统，宗人府左宗人及纂修玉牒总裁等职，并封贝勒。苏努本人可能没有奉教，[①] 但是在他的十余位儿子中，大多数信奉天主教，是康雍年间著名的奉教旗人家族。苏努家族中的女眷也大多皈依了天主教，如苏努正房夫人，洗名安娜；[②] 苏努诸子的妻室、儿女很多是天主教徒，如苏努第三子苏尔金，"他于1721年圣母升天节受了洗。他的教名是若望（Jean）。他的独子同时受洗，教名是依纳斯（Ignace）。他全家都已经受过教导，不久，也都受了洗。其中有他的福晋，教名是赛西莉（Cecile）。她又动员了其他夫人们，有她的妯娌们及她的儿媳妇。她的儿媳妇教名是阿涅斯（Agnes），指导她的人称她为基督教中的女英雄。他的两个孙子托马斯（Thomas）和玛窦（Matthieu），一个六岁，另一个七岁，还有他的两个孙女都受了洗"。[③] 除了上述诸人，见于教会文献中苏努家族的女性天主教徒还有特雷沙（Therese）福晋，苏努长子妻；乌尔绪尔·李（Ursule Ly），苏努五子妻；弗朗索瓦兹福晋，苏努第十二子乌尔陈（洗名若瑟）妻。此外，据文献记载，苏努的第十子书尔陈（洗名保禄）和第六子勒什亨（洗名类思），及两人的妻子也都受洗了。[④] 其他见于文献记载的苏努家族女教徒还有卡特丽娜·南（Catherine Nan）、玛丽·库（Marie Cou）、阿涅丝·贝（Agnes Pe）、米歇尔·贝（Michelle Pe）、卡特琳娜·苏（Catherine Sou）、卡特琳娜·胡（Catherine Hou）、吕西·黄（Luce Hoang）、玛丽·鲁（Marie Lou）、阿涅丝·赵（Agnes Tchao）、苏珊娜·刘（Suzanne Leou）等。[⑤]

　　关于苏努家族女教徒数目，目前没有确切的数据。但是，当书

---

① 苏努死于1725年1月2日，在西文文献中并未明言苏努的天主教徒身份。
② 杜赫德编《书简集》（3），第63页。
③ 杜赫德编《书简集》（3），第9页。
④ 以上记载见杜赫德编《书简集》（3），第35、63、145～146页。
⑤ 杜赫德编《书简集》（3），第89页。

尔陈请耶稣会士苏霖圣三节到其府邸内小教堂为"不能出门的基督徒福晋们做弥撒"时，苏霖在那里"让五十九位他以前奠定过思想基础的妇女领圣餐，还给其他好几位妇女付了洗，这是在这个神圣的地方收获的第一批果实"。① 由此可见，苏努家族女性信教人数当不少于 59 人。耶稣会士巴多明也曾提到当苏努和他的子孙们被下令流放时，"一共有三十七人，福晋和格格们不计在内，她们人数也有这么多。男女家人有三百左右，他们大部分受了洗"。②

除了苏努家族，清代前期宗室女性成员信奉天主教者亦不乏其人。例如，在耶稣会士巴多明的一封信中，曾记载康雍年间的一位洗名为"约瑟夫（或译若瑟）的亲王，他的福晋叫玛丽亚，他的女儿叫波拉（或译保辣）。约瑟夫亲王深居简出，为人师表，他对基督教很了解，很郑重其事地讲授基督教理，老亲王的儿子们称他为叔叔，因为从清朝奠基皇帝算起，他和他们的父亲是同辈的，他的年龄和身份在老亲王的眼中有着子侄们不可与之相比的说服力"。③ 据陈垣先生考证，该奉教亲王应是简亲王德沛。④ 德沛，字济斋，康熙二十七年（1688）生，雍正帝从兄弟，雍正十三年（1735）五月封三等镇国将军，八月授兵部左侍郎。乾隆元年（1736）任古北口提督，二年二月授甘肃巡抚，九月擢湖广总督。四年七月调任闽浙总督，六年七月兼理浙江巡抚。七年四月调任两江总督。八年六月授吏部侍郎。此后，相继任户部左侍郎、吏部尚书等职。乾隆十三年七月以疾卸职，九月袭封和硕简亲王，十七年七月薨，年六十五，谥曰仪。从上

① 杜赫德编《书简集》（3），第 25 页。
② 杜赫德编《书简集》（3），第 39 页。
③ 杜赫德编《书简集》（3），第 16 页。
④ 陈垣：《雍乾间奉天主教之宗室》，《陈垣学术论文集》第 1 集。

引文中可见，德沛一家归教，其夫人、女儿皆受洗，为宗室贵妇信徒。此外，清代嘉庆二十二年曾发生一起宗室女性成员信教案。是年十一月十二日，四等侍卫、宗室绵律向宗人府宗令、和硕庄亲王绵课呈报"多罗果简郡王永璜之滕妾爱玉等三人住房内见有西洋教十字木架、铜像等件"。由于此时正值禁教时期，绵课等宗人府王公急忙将此事上奏，嘉庆帝下旨传讯贝子绵倜、果简郡王永璜侧室爱玉等人，爱玉等三人承认"曾于嘉庆三四年间，听信女医郭氏传习西洋教"，并给有"十字木架、铜像等物"。爱玉房中佣妇、天主教徒李氏也证明"宝奶奶（指爱玉）并老王爷的姨娘桂奶奶、福奶奶从前跟随府内太监郝三学习西洋教"。尽管爱玉等人自供嘉庆六年间"因受老福晋的教导，业经改悔"，不再习教，但此例亦反映了前述清前期宗室女眷信奉天主教的情况。①

清前期的上层社会女性天主教徒，除了上述宗室成员，还有一些属于显宦妻室。一个典型的例子是徐太夫人。徐氏为明末著名天主教徒徐光启孙女，嫁与松江望族许家子弟许远渡。徐氏自幼受洗，洗名甘弟大（Candida），因此在早期教会文献中，徐氏被称为徐甘弟大。其子许缵曾（洗名巴西略），顺治六年（1649）进士，历任翰林院庶吉士、检讨、右春坊右中允兼内翰林秘书院编修、江西驿传道副使、四川布政使司分守上下川东道参政、豫东按察司使、云南按察使等职。② 徐氏以子显，故又被称为许母徐太夫人。

徐氏奉教极为虔诚，对清初天主教的发展贡献很大。她曾多次资助在华传教士日用，并在各地广建天主教堂，数目达四十余所。在清初杨光先反教案发生后，徐氏亦曾派人赠送银两给被驱逐至广州的各

---

① 以上引文均出自《清中前期西洋天主教在华活动档案史料》第 3 册，第 1102 页。
② 关于许缵曾事迹，见陈垣《华亭许缵曾传》，《陈垣学术论文集》第 1 集；方豪《中国天主教史人物传》中册，第 71~80 页。

地传教士。当耶稣会上柏应理返回欧洲时，徐氏"率松江全体女教友捐制金圣爵一尊，亲绣祭衣数袭，并教士所著中文书数百册，献呈教宗"。① 柏应理曾在欧洲以拉丁文撰写了徐氏传记，内中极力赞扬徐氏对中国天主教会的贡献，认为"在全国，几没有一圣堂、一祷所、一教区、一善会，不曾沾她恩惠的"。② 清初来华传教士将徐氏看作"中国的宗徒，有如圣女德加辣"，③ 对她颇为感恩，以至于在徐氏生前身后，耶稣会总会长曾令该会所有神父及其他神职人员为她举弥撒三台、诵玫瑰经三串，以报其种种恩施。④

清前期类似徐太夫人的显宦妻室奉教者还有佟国器之妻（洗名阿加斯，或译亚加大，Agathe）。费赖之在有关耶稣会士成际理的传记中提到，"（成）际理谪后重还南京。一六七四年为著名巡抚佟国器授洗。国器妻阿加斯（Agathe）先已入教，与许夫人同为女界信教者之楷模，至是劝化其夫、其子、其亲属悉皆入教"。⑤ 此外，耶稣会士柏应理所著上述徐甘第大一书中，也有一节专记阿加斯事迹，兹录如下：

> 其时南京城中有位太太，是总督（佟国器）的夫人。这位太太热心圣教，正与太夫人相同。她洗名亚加大，先行感化丈夫。佟公历官四省，常勤求圣教道义，只因娶有偏室，不能领洗，但却造了几座圣堂，安顿教士；教难时，因他扶教甚力，押解北京，仍竭力保障圣教，与奉教之人，一般无二。天主鉴其诚心，默助他退却嬖妾，只留正配，率领家人三百名一同领洗，成

① 方豪：《中国天主教史人物传》中册，第69~70页。
② 柏应理：《一位中国奉教太太——许母徐太夫人甘第大传略》，第75页。
③ 柏应理：《一位中国奉教太太——许母徐太夫人甘第大传略》，第34页。
④ 柏应理：《一位中国奉教太太——许母徐太夫人甘第大传略》，第89页。
⑤ 费赖之：《在华耶稣会士列传及书目》，第284页。

了个圣善家庭；每日晚上，公同念经，佟公长跪前列，诚心拜主，作合家表率。领洗时取名弥额尔，正效此总领天神，到处捍卫圣教。太夫人闻知此事，深慕总督与夫人的热心，虽依俗例，妇女不能与外人通函问候，但却与佟夫人交识，就备了信札与礼物，托神师转寄南京。佟夫人回函作谢，情脏意恳，大有圣教初创时，众信友一心一德之概。[1]

佟国器，字恩远，号汇白，出生于辽东望族佟氏，父佟卜年因被控通敌，于天启二年（1622）被明廷下狱赐死。佟国器随母陈氏迁居武昌，中秀才，又迁于南京，顺治二年移家宁波。清军入浙，佟国器投入军中，因佟图赖之荐，得以编入汉军正蓝旗，并步入仕途。顺治二年授浙江嘉湖兵备道，继迁巡抚福建、南赣、浙江等地，上引文"历官四省"即指此事。佟国器是清初天主教史上重要人物，耶稣会士何大化曾对佟氏扶教之举大加颂扬，称后者："弘功济世，大德匡时，捐俸建堂，崇尚天学，广搜西书，表彰正道。"[2] 佟氏顺治十二年夏于福州重修天主堂，为之立碑存记，又相继为何大化《天主圣教蒙引要览》（1655）、阳玛诺《十诫真诠》（1659）、贾宜睦《提正编》（1659）等西教士著作撰序，褒扬西教西学。康熙初，杨光先反西教，控告朝中与西士过从甚密官员，佟国器亦列名其中。

从上引文可见，佟国器扶植天主教主要受其夫人的影响。佟夫人早年即受洗入教，为虔诚女教徒。正是在她的劝化下，佟国器不仅在任所建堂兴教，而且最后还于康熙十三年在南京由耶稣会士成际理付洗，阖家成为天主教徒。佟夫人也成为明清之际与杨廷筠女亚格内

---

① 柏应理：《一位中国奉教太太——许母徐太夫人甘第大传略》，第74页。
② 何大化：《天主圣教蒙引要览》，"自序"。

斯、徐光启孙女甘第大一样，名闻中国教会历史的奉教女性。①

耶稣会士书信中还记载了其他一些家世、声名虽不如徐甘弟大、佟夫人显要，但也属于官宦人家的女性基督徒。如殷弘绪1726年7月26日写于北京致杜赫德神父的一封信中，就精心描绘了一位女基督徒，她的丈夫是一位非基督徒，一个"官位较高"的官员，这位女基督徒用自己的"耐心和德行"影响了丈夫，使他同意让他们的四个孩子受洗。②

殷弘绪的同一封信还提到，因为受苏努家族虔诚奉教的影响，不少新信徒坚定了信仰，其中有两位他熟悉的旗人女性。

> 她们像真正的修女一样住在自己的兄弟家，平常按时祈祷，做女红、守斋、浸身，遵循其他最严格的斋戒。每天，我们教堂做祈祷时，她们就在耶稣受难像前做祈祷，她们不能经常如愿地到教堂去参加领受圣餐，她们就在精神上进行她们所熟悉的领受圣餐。这两位圣洁的小姐有时到她们的基督徒姨妈家去，有时我也在那里，她们就进行忏悔和领受圣餐，她们因此很欣慰。她们经常向我坚决要求让她们以更特殊的方式发愿终生献身上帝。她们几乎三句不离为耶稣基督流尽鲜血的幸福，她们每次和我告别前总是祈求我祈祷上帝赐给她们这种恩宠。③

上述二人，应当也是来自社会上层的奉教旗人女性。

另外，下层社会也有不少女性信徒。这类女信徒生活在城乡之

---

① Arthur W. Hummel, ed., *Eminent Chinese of the Ch'ing Period* (*1644 - 1912*), Washington: United States Government Printing office, 1943, p. 793.
② 杜赫德编《书简集》(3)，第206页。
③ 杜赫德编《书简集》(3)，第207页。

间，大多是从事各种职业的普通女性。如耶稣会士彭加德在一封1712年9月1日发自江苏崇明岛的书信中，谈到他管辖的江南传教区天主教会情况。

> 岛屿的位置或许让人们以为其多数居民从事渔业，其实专业渔民很少。……有些时节里有大批运鱼船来到这里，其中总有10至12艘船上载有分属大陆不同教堂管辖的基督徒，他们总会找我忏悔并领圣餐。男人们通常在耶稣升天节这一天来我教堂。我则于翌日或数日后前往一名基督徒家中，女基督徒们汇集于此，我为她们举行圣事。她们的信仰和虔诚令我高兴，使我确信这些在尘世间受男人蔑视的可怜人一旦上了天堂将同样高贵。①

彭加德上述信中提到的崇明岛及附近地域渔民女性基督徒，就是典型的基层奉教女性。

此外，在雍正以降的禁教案中，我们还可发现更多有关下层社会奉教女性的记载，兹将禁教案中所见部分基层社会女性信徒名氏列成表4－1。

表4－1　禁教案中所见部分基层社会女性信徒名氏

案发时间	案发地点	女性信徒名氏	资料出处
雍正十年七月	广州	谭氏、刘氏、陈氏、梁氏、何氏、余氏、苏氏、戴氏、卢氏、唐氏	清档1:70
乾隆十一年五月	福建福安	郭全使、缪喜使	清档1:85

---

① 杜赫德编《书简集》（2），第74页。

案发时间	案发地点	女性信徒名氏	资料出处
乾隆十一年	江苏苏州	沈陶氏、伊曹氏、吴伊氏、周玛利亚、王三姑、沈七姑、许四姑、王大姑、王二姑	方豪书：下，120～121
乾隆十七年十月	福建龙溪后坂	李阙娘	清档1：187
乾隆四十九年七月	湖南湘潭县十五都社埠	唐氏	清档1：349
嘉庆五年闰四月	贵州省城六广门外	罗宋氏	清档2：813
嘉庆十年	海淀海甸杨家井	陈杨氏	清档2：835
嘉庆十九年九月	福建闽侯、侯官	陈郑氏、何淑玉、何珠	清档3：1008
嘉庆十九年十月	贵州贵筑县	陈幺妹、邓三妹、张杨氏、王韩氏、王梅氏、赵张氏、周王氏、余康氏、李杨氏、王赖氏、孙洪氏、刘谢氏、顾王氏、廖杨氏、王朱氏、勾李氏、邓钟氏、张陈氏	清档3：1013
嘉庆二十年	四川宜宾、彭山等县	李尹氏、李谢氏、尹李氏、尹梁氏、李四妹	清档3：1054
嘉庆二十一年七月	四川合州什邡县	罗王氏	清档3：1088
嘉庆二十二年	京城	李氏	清档3：1103
嘉庆二十二年十二月	京城炕儿胡同	李邵氏	清档3：1107
道光十八年二月	京城西直门外正福寺	唐孔氏、李孔氏	清档3：1224
道光十九年二月	贵州贵筑县	徐王氏、彭王氏、周邹氏、朱裴氏、朱徐氏、王黄氏、李刘氏、王李氏、尹张氏、顾王氏、李王氏、王刘氏、王四寡婆、周王氏、倪尹氏、刘谢氏、王罗氏、廖徐氏	清档3：1241～1242
道光十九年	福建福安县	刘黄氏、刘陈氏、陈郭氏、刘潘氏、孙钟氏	清档3：1238
道光二十年	京城	李氏、赵氏、马氏、关氏、王氏	清档3：1276

案发时间	案发地点	女信徒名氏	资料出处
道光二十二年	京城	王郑氏、郑刘氏、王王氏、杨杨氏、张二妞	清档3∶1287

注：“清档”指《清中前期西洋天主教在华活动档案史料》，“1∶70”指该书第1册，第70页；“方豪书”指《中国天主教史人物传》。

资料来源：《清中前期西洋天主教在华活动档案史料》；方豪《中国天主教史人物传》。

表4-1所列禁教案中所见的女性信徒，为了解清代前期基层奉教女性诸面相提供了一些十分难得的线索。从有关记载我们发现，这些女性信徒大多出自贫寒人家，从事佣工等工作。如嘉庆二十二年爱玉案中，爱玉房中佣工妇人李氏就是“于五十岁时跟随行医的童真郭氏学习西洋教，供奉天主耶稣。六十四岁时，郭氏将我荐给侗贝子府内佣工”。[1] 其中许多人还是夫死守寡的孀妇。如罗宋氏，洗名保辣，夫家原为富有商人，乾隆三十八年夫亡后，罗宋氏即“一心为主服务，至各地访问教友”，往来活动于川黔各地，“屡受诸苦，稍不以辞”，为教会中人赞扬。[2] 此外，嘉庆二十二年案中之李邵氏自供为“直隶深州人，年六十六岁，来京在崇文门外炕儿胡同居住。我从十七岁上父亲邵永清主婚娉给固安县人李国珍为妻，并无生育，我公公李大，婆婆李张氏，男人李国珍在日原都奉天主教。我过门后，男人教我天主真言，就时常念诵，我也奉这教”。[3] 道光十八年二月，京城西直门外正福寺等处发生王二等人习教案，内中唐孔氏“系已故民人唐四之妻，与伊胞姐李孔氏俱习天主教，吃斋已有数

---

[1] 《清中前期西洋天主教在华活动档案史料》第3册，第1103页。
[2] 方豪：《中国天主教史人物传》下册，第152页。
[3] 《清中前期西洋天主教在华活动档案史料》第3册，第1107页。

年，均不肯出教"。①

从上述分析可见，清代前期信奉天主教的女性构成是十分复杂的，她们身处社会各个阶层，既有来自宗室显贵和官宦妻室等上层社会，也有相当多数来自社会下层普通人家。那么，应该如何理解清代前期上述诸阶层女性皈依天主教的情况，她们又是通过什么样的渠道皈依的呢？

刘易斯·兰博（Lewis Rambo）在探讨宗教皈依问题时指出，皈依是一个包含了个人、文化、社会及宗教等多重维度在内复杂多面的过程。② 清代前期妇女皈依天主教的原因也是复杂多面的，要归纳出她们的皈依类型，无疑困难重重。下面，笔者只能依据目前所见的史料，暂时将女性皈依的原因简单归纳为以下两个要素。

其一，家庭影响。清代前期不少女性出生在天主教家庭，她们从小就接受洗礼，成为天主教徒。如前述徐甘第大，从其祖父徐光启开始，徐家就皈依了天主教，其后代自然容易跟从这种信仰。在清代禁教期间，我们发现相当大比例的女性信徒，她们之所以信仰天主教，也是因为天主教是其祖传宗教，她们只是被动地延续这种宗教，这是天主教家族性传播非常明显的一个特点。除此之外，家庭影响还表现在，当丈夫或家中其他亲属皈依了天主教后，女性也极易受其影响，逐渐主动或被动地接受天主教。如前述苏努家族中，许多女眷就是因为丈夫信仰了天主教，本身也改宗该信仰。类似的例子还有许多。例如耶稣会士殷弘绪在他发自1726年的一封信中，谈到北京有一位新皈依的教徒，"这位新入教者一受洗礼，就只想着让他母亲和他妻子也入教"。他的妻子很快听从他的话皈依入教，其母亲最初虽然顽固

---

① 《清中前期西洋天主教在华活动档案史料》第3册，第1224页。
② Lewis R. Rambo, *Understanding Religious Conversion*, New Haven: Yale University Press, 1993, p. 165.

不从，但最后也被该教徒感动，最后全家都进了教。① 前述嘉庆二十二年北京炕儿胡同民妇李邵氏的信教，也是因为夫家是教徒家庭，受其影响，李邵氏也很快入教。女性信教受家庭方面的影响，在清代前期女性信教中占有相当大的比例，其原因可能与女性对男性的依赖程度较高有关。在三从四德的礼制规范约束下，女性很容易在宗教信仰上做出让步。

其二，女性个人基于灵魂救赎、疾病医治等各种需求而主动皈依也是一个相当重要的因素。清代前期，相当部分女性为天主教的天堂地狱说教所打动，她们希望通过自己生前信教以博得死后得救、灵魂升天堂享永福，因此接受洗礼成为天主教徒。前述赵姓贵族夫人的皈依就是一个典型的例子。该赵姓夫人因为丈夫宠爱其他女人，内心愁苦。当她在信奉天主教的亲戚家中看到了圣母像，认出圣母就是解救她的恩人，于是开始"学习天主教义的主要条文及基督徒的常规祈祷"。后来，她领养的一位小女孩去世，她悲痛万分，上述天主教徒亲戚告诉她，因为这位女孩是天主教徒，死后灵魂得救、上天堂，如果她想和她重逢的话，就看她是否愿意接受天主教洗礼了。最后，鉴于长期患病而身体日衰，她弃绝了原来的佛教信仰，接受洗礼，成为天主教徒。② 很显然，赵氏的皈依是由于相信入教灵魂可以得救上天堂。

如果说追求灵魂的得救只是女性信徒对死后虚幻世界的一种精神寄托，那么，清代前期还有相当部分女性信徒的入教，是希望在现实社会中能够通过信仰天主教获得实在的回报，如医治疾病等。一个典型的例子是乾隆四十九年禁教案中被捕的湖南湘潭县十五都社埠唐宋

---

① 杜赫德编《书简集》（3），第 199 页。
② 杜赫德编《书简集》（2），第 46~47 页。

氏，她之所以信仰天主教，就是相信"吃天主斋"可以医治所患病病。①

无论是希望灵魂得救，还是疾病的医治，在清代前期，由于受限于社会地位，女性生活中的各种悲苦常常无处可诉，因此她们有时比男性更需要宗教上的慰藉。天主教恰好可以填补她们的这种信仰需求空间。而且我们还注意到，当时的天主教传教士也曾有意识地通过塑造圣母等女性圣灵，从而使女性更贴近天主教信仰，增加她们的皈依引力。关于这一点，我在下节将做进一步分析。

女性皈依的渠道，实际上是与上述女性皈依的原因密不可分的。女性皈依的原因，主要反映的是女性归信宗教的内在动力，而女性皈依的渠道则反映了女性归信宗教的外在方式。清代前期女性皈依天主教的渠道也可概括为两种。第一，信仰上的直接继承。这与上述家庭影响原因是紧密联系的，一部分女性由于出生在天主教家庭，从小就受洗为天主教徒，从而直接继承了信仰。第二，传教士、本土传道者或周围亲朋的劝化。传教士来华，其主要工作就是传播天主教。这些传教士不遗余力地在各个传教区巡视，劝说人们皈依。在此背景下，不少女性就在传教士的劝化下信仰了天主教。耶稣会士顾铎泽曾谈到一个皈依女性信徒的例子。康熙末年，他前往河南唐河、南阳一带传教。当地一个传教区教会首领的年迈母亲坚持不信仰天主教，很多人劝导她都无济于事。鉴于"这位夫人出身于当地的名门望族，她的归信将会造成对基督教会很有利的反响"，顾铎泽亲自向她传教，试图劝导她皈依。在他的努力下，该妇女最后"当着全家人的面宣布她愿意入教"。②

①　《清中前期西洋天主教在华活动档案史料》第 1 册，第 349 页。
②　杜赫德编《书简集》（3），第 294 页。

除了传教士，清代前期活跃于基层社会的本土传道者在皈依女性方面也起到了重要的作用。这些本土传道者熟谙当地地理环境、人文风习，常常穿乡过村，宣传天主教义，劝导人们信教。例如，耶稣会士殷弘绪就曾谈到康熙末年一个本土传道员努力劝化女性信教的故事。该传道员受耶稣会士的指派，到陕西一带"巡视分散在各地的基督徒，让他们坚定信仰，并且争取非基督徒归信耶稣基督"。当地有一位八十岁的妇人，该传道员多次向她传教，希望她入教，但她总是推迟入教，使该传道员颇为沮丧。但该传道员并没有放弃，不断前往妇人家传播要理，最后这位妇人终于受洗入教。①

三　礼教与习教

康熙末年在江西活动的耶稣会士沙守信曾经在一封致同会郭弼恩神父的信中，谈到阻碍中国女性奉教的社会礼俗因素。

> 下面我要讲的是中国妇女的一些风俗壅塞了妇女皈依基督教的道路。中国的妇女从不走出家门，也不接待男士们的访问。妇女不准在公共场合露面，不准过问外面的事务，是这个帝国一条基本的伦理纲常。更有甚者，为了能使妇女们更好地遵守这一伦理纲常，人们使她们相信，女人的美不在于颜面的线条，而在于脚的纤细。以至于她们最为关心的是将脚缠小，自己剥夺自己行走的权利。一个刚满月孩子的脚都要比一位四十岁妇女的脚大。②

---

① 杜赫德编《书简集》（3），第203页。
② 杜赫德编《书简集》（1），第244～245页。

上述沙守信的观察可说是正误参半。他所说的清前期社会上流行的女子缠足习俗大抵不差，但是他把女性闭门不出绝对化了。女主内、男主外，诚然是当时普遍流行的社会分工，然而正如本章开首所引的一段文字表明，其时女性也不可能幽闭到完全与外界隔绝的程度。除了少部分上层社会的女子常常深锁闺房，绝大多数人家的女子应该是享有较大活动空间的，她们不仅可以出外佣工，亦可往来寺庙宫观从事念经礼佛等宗教活动。这一点在明清时期有关社会风情的文人作品中都有十分细致的刻画描绘，由此也可看出传教士的观察与中国当时的社会现实之间存在某些差距。

然而，社会上"严男女之防"的传统礼教规定，也确实在一定程度上影响了清前期女性皈依天主教。成年女子常常被教导尽量减少与户外男子之间的接触，否则便会被视为轻佻不安分，违反社会伦理。女性前往寺庙烧香拜佛，与僧侣之间的往来往往成为世人猜忌的焦点，怀疑二者之间有各种不良的勾当，遭到社会舆论的强烈谴责。在这一点上，来华西教士有着深刻的认识。他们甚至还利用世人的这种猜忌，作为攻击佛教的利器，谴责佛寺僧侣勾引女性，品行败坏。例如，耶稣会士利国安就曾在一封书信中精心描述福州某一寺庙的僧侣劫持进香女性，最后遭到惩治的故事。① 然而，世人对女性与宗教僧侣之间往来的猜忌也直接影响到女性传习天主教，"因为不信教的妇女每次去拜完和尚庙所产生的混乱都会使我们的聚会变得令人怀疑，并总是给异教徒提供一个诋毁宗教的似是而非的借口"。② 按照世俗观点，女性与成年异性之间的接触令人怀疑，女性与独身的宗教僧侣之间的接触更让人怀疑，至于女性与面貌迥异国人的西方传教士

---

① 杜赫德编《书简集》（2），第130～131页。
② 李明：《中国近事报道（1687～1692）》，第308页。

接触，则更是令人难以容忍，因为此举不仅关系到男女之防，而且攸关华夷之辨。

面对这种来自传统礼教对天主教传播的挑战，清代前期传教士在女性习教问题上进行了不少变通，主要反映在以下几个方面。

第一，女性传教。传教士意识到女性自身性别在宗教传播方面的独特作用，因此他们充分鼓励女性向同性传教，下引一封 1702 年 11 月 26 日耶稣会士傅圣泽发自江西南昌的书信，清楚地表明了这一点。

> 主要的困难是使这里的妇女皈依基督教。在老教堂，入教的妇女负责教导同性别的人，使她们接受洗礼。这样做在中国是必要的，因为中国的女人们天生羞怯拘谨，她们几乎不敢在一个男人面前露面，更不用说对一个外国男人说话，听他的教导了。耶稣基督拆除了这个巨大的障碍。有几名基督教妇女经水路和她们的丈夫一起从湖广省来到这里，开始对饶州的妇女进行基督教的教育。他们的船很快成为人们聚集的地点。神父到那里去为七名他认为已经获得足够教育的人施行了洗礼，这七名妇女此后又去教导许多其他的妇女。饶州教堂就有了这样的开端，现在教堂已拥有一些非常热忱的基督教徒。①

从上引文我们看到，在清代前期江西饶州耶稣会传教区的发展过程中，七位早期的女性教徒起到了十分重要的作用。而这些早期女性信徒，相当多是年老守寡的妇女。例如前面所引广州城中的孀妇，因为年老的妇女与传教士的接触，相对而言更不易引起外界的猜忌。再加上老年妇女在信仰上的独特虔诚性，使她们能够保持十分旺盛的传教

---

① 杜赫德编《书简集》（1），第 209 ~ 226 页。

热情。

第二，设女堂，组织女性宗教集会。明清时代泾渭分明的男女礼教边界，促使传教士在处理女性习教问题上必须时刻保持高度谨慎的态度。女性与户外男子之间的见面会被视为不合礼法。此外，明清时期，"男女混杂，夜聚晓散"一直被视为邪教标志，受到国家律法的明令禁止，不少民间宗教即因此遭受朝廷的镇压。天主教入华活动，如果没有注意到这一点，就很容易引起外界的误解。明代末年沈㴶等人掀起南京教案，其反教理由之一即是天主教混聚男女念经。但天主教作为一个宗教团体，又需要定期在宗教场所聚集习教。那么，应当如何避免社会上的猜忌呢？清初传教士在此方面颇费了一番心思。他们不仅尽量发展女性传教人员，作为针对女性传教的帮手，在地方天主教会运作过程中也十分注意男女分离习教，让女性单独组成自己的教会团体，拥有自己的教堂（女堂）。如康熙末年传教士马国贤谈及他在京畿附近活动。

> 回到北京后，我在一个住在宫殿附近的忏悔者的房子里建了一所小教堂，这样，附近的天主教妇女就可以履行她们的宗教职责了。这个计划的成功，出乎我的意料。我还在北京建了另一所小教堂，地址是在畅春园，两所小教堂都是专为妇女设立的。因为过分的嫉妒和戒备，她们被严加看护，不能进入专为男人设立的崇拜场所。耶稣会士在北京有一个专为妇女的教堂，但是六个月才开放一次。[1]

---

① 马国贤：《清廷十三年：马国贤在华回忆录》，李天纲译，上海古籍出版社，2004，第84~85页。

同样，其他一些耶稣会士也谈到了相同的情况，如魏方济在谈到华北一带传教区的情况时说：

> 葡萄牙神父在保定、正定以及其他一些未曾传教过的城市得到了一些屋宇。在帝国京城北京他们建造了一所妇女的教堂。这样的教堂在当地是十分需要的，也是人们企盼已久的，因为中国的情况和欧洲不一样，欧洲的教堂是男女共享的，而中国的礼节和风俗不允许男女相处在同一个地方，人们认为男女混杂是不正常的。因此妇女有她们特殊的小教堂，传教士们去那里要格外小心谨慎，隔着栅栏向妇女传教，给她们行圣事。①

耶稣会士沙守信也曾提到在他的传教区里女性受洗后，"不能和男人们相聚在同一座教堂"，而是"在妇女专用的教堂"里聚集习教。②此外，耶稣会士李明在强调对中国女性传教的困难时，也提到女性拥有她们自己的教堂。③ 嘉庆年间京师官员同样注意到北京"西洋四堂各于附近置有女堂，或六七间，八九间不等"。④

由上可见，清代前期女性一般在专门的女堂进行天主教崇拜活动，即使一些地区无力建造专门的教堂供女性习教，也会采取男女错开使用教堂的办法，如马国贤提到在康熙初年京畿附近地区"另外地方的两个教堂里，不允许男女同时进教堂，但不同的时间是可以的。在专门指定给妇女的那一天，还有两个卫兵把门，防止男人闯入"。⑤

---

① 杜赫德编《书简集》（1），第 231 页。
② 杜赫德编《书简集》（1），第 244～245 页。
③ 李明：《中国近事报道（1687～1692）》，第 308 页。
④ 《清代中前期西洋天主教在华活动档案史料》第 2 册，第 854 页。
⑤ 马国贤：《清廷十三年：马国贤在华回忆录》，第 84～85 页。

清代奉教女性不仅有专门的女堂供习教使用，同时女性还组成了许多单独的信仰小团体，定期举行以女性为主的习教集会。不少耶稣会士谈到了此类女性宗教集会，如耶稣会士李明谈到在他所管理的传教区，"我们可以在她们的教堂同她们交谈，在那里，我们可以每半个月一次把她们聚集起来为她们讲弥撒、行圣事。她们不敢更经常地来，害怕引人非议。当地的法律甚至不允许她们来教堂这么多次"。①有关此类反映女性集会习教的其他史料记载还有很多，如耶稣会士沙守信谈到他在江西抚州府传教。

　　　　到目前为止，我们每年召集妇女六七次，有时在妇女专用的教堂，有时在某位基督教徒的家里，以行圣事。在这样的聚会上，我们为那些条件成熟的妇女施洗。不久我将为十五人施洗。②

耶稣会士傅圣泽在江西南丰、建昌传教时，也曾多次组织女性进行此类宗教集会。

　　　　我们在封斋期前几天到达南丰。由于我们不可能在那里呆很长的时间，我敦促男人们领受圣事，催促妇女们举行集会。……在妇女的集会上，传教士特别需要耐心和始终不渝的平等态度。我们在那里为一些孩子施了洗礼，有时受洗的还有些姑娘和成年女子。她们通常是不信教的人，在有幸踏进一位基督教徒的家后，不久就接受了基督教教育，希望受洗。在封斋期间，我主持

----

①　李明：《中国近事报道（1687~1692）》，第308页。
②　杜赫德编《书简集》（1），第244~245页。

了六七次这样的集会。……我在南丰为五十五名成员施洗以后，不得不前往建昌，我在那里所做的事大致相同，我出席了七八次基督教妇女的集会，我跑遍了所有有基督教徒的村庄。①

北京也是如此，如传教士罗秉忠在北京传教时，也许因为他是华人，因此，"当在教妇女在私宅集会时，有时或须派人访问，则常遣秉中往"。② 乾隆末年，耶稣会士晁俊秀在北京传教时，负责管理女性习教者，"城内有小礼拜堂十余所，女信徒常集会于其中。每次集会时必于前一日先来通知，次日昧爽余即赴之。接受告解二十五至三十次。举行弥撒圣事后，常有领洗或结婚典礼"。③ 此外，类似提到女性集会习教的还有广州附近、湖北磨盘山等地，如耶稣会士杨嘉禄就曾提到他所知道的广州附近当地女性集会情况。

> 在上次封斋期期间，我刚说起过的传教士中的一位在距此不几天路程的一个小城中发现了一小批基督教修女，她们自动聚在一起过修院生活。上帝在这个修会中极受敬奉。信奉基督的妇人和姑娘们聚在这里从事虔诚的宗教活动：她们把尚未信教的亲属和女邻居领到这里，让她们接受有益的教育。④

湖北磨盘山是清初发展起来的一个天主教聚集区，当地女性集会习教的情况也很明显："此山分为十四区。每月第三星期四特别集会，举行圣体瞻礼，俵散是月格言于男子。每月第三星期六则为女子集会

---

① 杜赫德编《书简集》(1)，第 223 ~ 225 页。
② 费赖之：《在华耶稣会士列传及书目》，第 755 页。
③ 费赖之：《在华耶稣会士列传及书目》，第 999 页。
④ 杜赫德编《书简集》(2)，第 273 ~ 274 页。

期，唯女子别有集会之所。"①

从上引文可以看出，清代前期女性集会习教是天主教在女性群体中传播的一个典型方式，这种女性教徒集会具有一些值得注意的特点。第一，集会的时间可能不同地方有一定差异。从上引文可见，有的地方是每半个月一次，间隔时间很短；有的地方则一年只有五六次，间隔时间较长。之所以存在这种差异，可能是与传教士人手、所处地区的外部环境等诸多因素有关。清初传教士人手较少，而要服务的教区又十分广大，传教士有时只能每隔一定时间才能巡视到一地，因此，传教士自身能否有足够的时间巡视到当地，组织女性集会是一个重要的条件。此外，女性集会频繁与否，也要视当地的外部环境而定。一些地方如乡村，女性享有较多的自由，因此集会次数相对就较多；而另一些地方，特别是城市因为女性受到的限制较多，为了避免猜疑，可能集会次数就较少。第二，女性集会的场所多样化。除了教堂，通常还有一些私人宅所，或是其他地点，甚至一条船等。

清代女性的这类宗教集会，有时还表现在她们组成各种名称各异的善会组织上，如圣母会、苦难会等。早在明末时，在华传教士就开始鼓励男女信徒组成各种善会，如耶稣会士费乐德"曾设立贞女会一所，命一有德行之嫠妇主之。其后此会在南京赖杨庭筠女教名阿格奈斯（Agnes）者之力延存数年"。② 入清以后，这种善会组织也很多，如耶稣会士白晋谈到他在北京传教时，建立了男子的善会组织"至圣善会"，同时他还谈道："等我们为女子建造一个单独的教堂后，我们希望根据教廷赋予的权限，为她们创办类似的善会。"③
1664年耶稣会士潘国光在上海附近传教时设有修道会六所，其中有

---

① 费赖之：《在华耶稣会士列传及书目》，第 751 页。
② 费赖之：《在华耶稣会士列传及书目》，第 165 页。
③ 杜赫德编《书简集》（2），第 33 页。

圣母会，"此会为女子设立，内有会团一百四十"。①

女性教徒的此类宗教集会，是清代前期天主教在基层社会自立性
发展的一个典型反映。女性定期宗教集会，使分散的女性信徒能够在
一定时间聚合起来，进行集体的习教活动。此举在巩固女性的宗教信
仰，促进一个区域内天主教的发展上无疑起到了重要的作用。②

第三，变通礼仪。清代前期传教士在天主教各项圣事礼仪上，也
针对女性在一定程度上进行了变通。如鉴于男女授受不亲的社会礼
制，传教士在施行圣事时采取了非常谨慎的做法。以告解为例："听
妇女告解时，先张大帏一幅，两两相隔：盖中国风俗，男女不通闻
问，不容睹面相谈，为此缘故，有数处讲道时，神父竟面对祭台，不
向妇女发言。"③ 至于洗礼、终傅等涉及男女身体接触的礼仪，也在
实际过程中做了适应性修改。

由上可见，基于对女性性别身份在传统中国社会思想观念中特殊
地位的认识，传教士与女性信徒双方在传习天主教上做出了不少适应
性的变通，如男女分堂，女性组成女性宗教集会，在一定程度上采用
适应中国习俗文化的礼仪等。这种在女性传教问题上针对传统礼教而
进行的变通，是清代前期中国天主教本地化的一种深刻反映。

四 圣母、救赎与虔修

清代前期女性习教的一个突出表现是其虔诚性。女性在天主教信
仰上的这种虔修现象，曾经引起了清初在华传教士的广泛注意，在西
方教会史料中留下了许多此类反映妇女虔诚习教的文字记载，典型者

---

① 费赖之：《在华耶稣会士列传及书目》，第 232 页。
② 杜赫德编《书简集》（1），第 234 页。
③ 柏应理：《一位中国奉教太太——许母徐太夫人甘第大传略》，第 67 页。

如下引耶稣会士李明的一段描绘。

> ……礼拜六上午，我为那些未能在前一天参加的妇女补做弥撒。她们几乎每个人都忏悔，如果有这个自由的话，她们情愿每天都自我忏悔。要么是由于内心的温柔，要么是由于对圣事的重视，或是由于其他某种特殊原因，她们总是没有足够的时间来发现自己的缺点。……她们谦恭地接受神父的训导，不加考虑地听从他的意见，我们从未给予她们过多的惩罚；尽管我们有时为纠正一些普通的错误令她们感到为难，但她们不觉得痛悔前非有什么困难。

> 她们极少堕入重大罪孽的错误中，因为她们的社会地位使她们躲开了大多数危险的时机；如果能够使她们保持家中的安宁，她们的生活将会非常纯洁无瑕。我见到过几个怀有近乎圣洁崇拜的信徒，她们总是投身于劳动或祈祷，关心子女的教育或自身的完善，一丝不苟地遵从所有基督教的宗教仪式；她们仁慈、苦修，特别热情于劝说偶像崇拜者改宗和专注于所有出现的可以行善的机会。因此，我经常听到那些最早期的传教士说，如果中国有一天成为基督教国家，那么几乎所有的妇女都将获得拯救。这并不是为中国妇女歌功颂德，我只是忠实地汇报我的所见，根据我管理的教堂来推断其他的教堂。[①]

耶稣会士魏方济在叙述北京的女性习教情况时，也指出当地女性习教十分热诚。

---

① 李明：《中国近事报道（1687～1692）》，第 308 页。

妇女天性善良纯朴，因此宗教很容易渗透到她们的心灵深处，她们十分热情忠实地履行她们的义务。北京的妇女用她们最值钱的物品充实新教堂，表现出特殊的热情，为装饰祭坛，有些人贡献出她们的珍珠、钻石和其他的首饰，就如以前旧律时的妇女之所为。①

上述引文典型地反映出清初女性虔诚奉教的一个侧面。女性的皈依与虔修，除了家庭、社会等外部环境的影响，也与其基于自身性别意识而产生的对天主教女性神灵崇拜有关。一个典型的例子是中国女性信徒对圣母玛利亚的特殊崇拜。清初耶稣会士清楚地察觉到圣母崇拜在中国教会特别是女性教徒中的独特地位。

除此之外，他们还对圣母玛利亚怀有敬仰之心，如果我们没有留心控制的话，或许这种情感已经引起了严重的后果。他们称她为圣母，在任何需要的时候都会祈求她的保佑。曾经受到过圣母庇佑的经历坚定了他们这种感人的崇拜；他们每天从圣母那里得到的恩惠使他们确信她是讨上帝喜欢的。

这种情感对妇女们的触动比对男人们还要深。她们称所有的教堂为圣母堂，即圣母的庙宇。妇女们总是在那里集会，因为她们从不踏进男人们的教堂，就如同男人们不会出现在她们的教堂一样。②

在天主教历史上，圣母玛利亚的地位与形象曾经经历多次演变，到

---

① 杜赫德编《书简集》（1），第231页。
② 李明：《中国近事报道（1687~1692）》，第307页。

16世纪传教士入华的年代，坶利亚已被塑造成谦卑、服从、静默、虔诚的圣洁形象。① 入华传教士亦在传教过程中广为宣传圣母的事迹，圣母逐渐被塑造成中华教会之母，由此形成了中国天主教女性对圣母玛利亚的特殊崇拜。一个突出的表现是，在清代教会史料中，一直记载着许多灵异故事，其中有一类就是主要在女性信徒中产生的"圣母救灵"故事。例如，在清初一份由本地信徒撰写的、记载湖北圣迹的手稿中，有则这样的故事：

> 莱基铺村有一教中圣名玛窦，其子圣名斐理伯，媳妇圣名玛利亚，阖家忽然俱有发热之病。其媳病重，一日失神如死。其夫斐理伯见妻忽死，心中惊骇，恐获罪未解，时虽病在榻，多行苦功，念经代祈天主赦免其妻之罪，救其灵魂也。后约个半时候，玛利亚蒙主赐其复醒，即时无恙，但见其大声发叹。其夫与教友便问其故，玛利亚答曰："我死后，我之神魂被两恶魔以链锁我，拖到一所深坑之边，闻圣母背后喝曰：'恶魔，你辈拖此妇何去！此妇我人。'恶魔闻之，惊畏抛我下坑。圣母躬亲援我起来，命我回家。"而玛利亚果蒙圣母之洪恩如此。但其平日事主懈怠。玛利亚既蒙圣母恩佑，得脱魔网，自后定志改迁，去其冷淡，加以热心，勤事上主，与旧日大相悬绝矣。②

同样，在耶稣会士书信中也出现了不少类似记载，如魏方济谈到江南的传教情况时，记载了这样一段故事：

---

① Donna Spivey Ellington, *From Sacred Body to Angelic Soul*: *Understanding Mary in Late Medieval and Earl Modern Europe*, Washington, D. C.: The Catholic University of America Press, 2001, p. 248.

② （清）佚名：《湖广圣迹》，钟鸣旦、杜鼎克编《罗马耶稣会档案馆明清天主教文献》第12册，第432~433页。

一位十二岁至十五岁的小女孩在上海附近病倒了。她母亲是位基督教徒，看到女儿生命垂危，请人为她施了洗，整夜陪伴在她身旁，不断地叮嘱她向圣母玛利亚请求帮助。小女孩照她的话做了，凌晨，她对她母亲说："我的请求见效了，我有幸见到了圣母。"她母亲对她说："快向她请求治好你的病呀，我的女儿！"小女孩回答道："啊！我亲爱的妈妈，圣母不是为此而来的，她是要带我去天堂。"①

此外，前述清初满族贵妇赵氏的故事中，也出现了圣母的身影。赵氏因丈夫宠爱其他侍妾决定自杀，正当她绝望地准备给自己致命一击时，她似乎看到一位自天而降的贵妇走进了她的房间。后者头上罩着垂及地面的薄纱，步态庄重，有一种难以名状的超人之感，后面跟着的另两位贵妇姿态毕恭毕敬。这位贵妇走近赵太太，用手轻柔地拍着她说道："什么也别怕，我的孩子，我来帮你摆脱这些会使你无救地死去的愁思。"言毕走了出去。五年后，当她去拜访一位笃信基督教的亲戚时，在亲戚家的祈祷室里见到了圣母像，马上认出了这幅像上画的便是时刻萦绕于她脑际的她的救星。她立刻跪在地上磕头而且高声说道："啊！就是她救了我的命。"从那刻起，她便起了信奉基督教的念头。②

上述圣母救灵故事，大致代表了清代中国传教区流传的圣母故事的几个主题：第一种是圣母驱魔的代表，第二种、第三种则可以看作圣母救赎灵魂的代表。其中都形象地反映了清代女性信徒中存在的圣母崇拜现象。那么，应当如何理解此类故事背后隐藏的文化意义呢？

---

① 杜赫德编《书简集》（2），第236页。
② 杜赫德编《书简集》（2），第45~46页。

人类学家桑高仁（P. Steven Sangren）在研究中国宗教的女神崇拜及其象征意义时，发现在中国特别是女性群体中拥有广大信众的观音、妈祖、西王母等女性神祇，其象征意义多属于家庭事务或个人救赎等私的领域，而非如关帝、城隍等男性信众所主导的类似神灵一样，其象征意义多关乎国家、乡里祭典等公共领域。① 由此也反映了女性对神灵的要求，更多的是看重它们超出凡间的救赎功能与贴近女性的共情性。这一点，在明清时期兴盛的民间宗教运动中也有典型的反映。已有论者指出，明清民间宗教之所以能够吸引大批女信众，其中的一个原因是神灵的女性化。例如，弘阳教崇拜的无生老母在历代演变过程中，就被塑造成一个出嫁被弃、家离子散的孤苦女性，最后得道成圣、救赎众生。无生老母的悲苦形象与救赎功能特别容易获得女性信徒的认同。②

上述中国教会史上的圣母驱魔救灵故事揭示了清代天主教女性信徒圣母崇拜有类似的特点。清代女性本身的社会地位限制了她们参与国家、乡里祭典等公共领域的活动，使女性的宗教关怀大多围绕个人、家庭等私人领域展开。她们希望能够通过宗教信仰活动达到涤罪获福受救的目的。而天主教的圣母信仰，恰恰可以很好满足她们基于自身性别的这种需要。圣母是慈祥的、可亲的，不是高高在上的，而是可以随时贴近自己心灵的同性神灵。她如观世音一般，具有无上的法力，可以驱逐魔鬼的困扰，普救众生脱离千种愁、万般苦。正是天主教圣母的这种救赎功能，填补了清代女性希望获取同情救济的心理空位，从而吸引了为数甚多的女性投身天主教信仰。

---

① P. Steven Sangren, "Female Gender in Chinese Religious Symbols: Kuan Yin, Ma Tsu, and the Eternal Mother Signs," *Journal of Women in Culture and Society*, vol. 9, no. 1, 1983, pp. 4 – 25.

② 洪美华：《清代民间秘密宗教中的妇女》，硕士学位论文，台湾师范大学历史研究所，1992，第164页。

* * *

　　尽管近年来不少学者注意到了引入西方社会性别理论，以开展具有性别视角的妇女史研究。然而正如厄休拉·金（Ursula King）所批评的，时下研究界对宗教与性别之间的紧密联系仍然认识不足，存在着她所谓的双重盲点：一方面，绝大多数当代的性别研究仍然异乎寻常地存在着"宗教盲点"（religion-blind）；另一方面，许多宗教类研究也还是根深蒂固地保持着"性别盲点"（gender-blind）。①

　　厄休拉·金的观点不无道理，然而把它放置在中国妇女宗教史研究，尤其是明清基督教妇女史研究上衡量，则是说易行难。众所周知，历史研究最终要归结到文本史料的考察，而要在一个长期以来基本上由男子掌握书写权力的社会里，挖掘、寻找形于文字、反映信奉一种外来宗教的女性形象，在笔者看来，至少存在着三层边缘性。首先，女性本身是社会的一个边缘群体；其次，女性的宗教信仰生活更为边缘；再次，女性与基督教信仰之间的关系则是边缘中的边缘，因为基督教毕竟是非本土的一种外来的宗教信仰。这三层边缘大大加大了对中国女性与基督教关系历史的考察难度，所以也不难理解为何越来越多的学者会发出"妇女在哪里"的感慨了。

　　本章通过钩沉、分析中西文献史料，对清代前期社会中的女性天主教徒信仰与生活进行了初步探讨。文中分析了女性信徒阶层的复杂性，传统礼教对女子习教的影响以及传教士与女性教徒基于自身性别而做出的适应性变通，如男女分堂、女信徒的团体信仰特点等。这些

---

① Ursula King, "General Introduction：Gender-Critical Turns in the Study of Religion," in Ursula King and Tina Beattie, eds., *Gender*, *Religion and Diversity*：*Cross-Cultural Perspectives*, Landon & New York：Continuum, 2004, pp. 1 – 2.

都是以往我们在讨论清代前期基层天主教发展时未曾给予足够重视之处。

当然，由于目前的史料局限，我们对清代前期天主教女性信徒的认识仍然是不够全面的。例如，绝大多数女性信徒我们无法得知她们的真实身份，她们的名字或者被传统礼教习俗隐藏，成为"李邵氏""陈杨氏"一类带有很深男权色彩的性别符号；或者被宗教信仰遮蔽，成为"缪玛利亚""徐甘第大""佟亚加大"之类带有鲜明宗教信仰色彩的另一类符号。对于她们的真实姓名，反而无从知晓，更遑论从官方典章上勾勒她们自己的故事。此外，对于一些与女性习教紧密相关的问题，如清初禁教案中的性别因素还值得细加追究。

诚如学者所指出的，在研究中国宗教史的女性问题上，除了引入性别理论视角，还应当更多注意从真实的女性生活中去寻找有关女性与宗教关系的答案，"从性别研究回归妇女研究"。[①] 这样的思考，用于考察中国基督教女性的问题也很到位。如何拓展、挖掘女性信徒的各类史料，仍是当下的研究者需要加强之处。本章的研究从某种意义上说，只是为扑朔迷离的明清时期女性信奉天主教情况提供了一个研究概况，更加深入的研究还有待于更多的有心人。

---

① 李贞德：《最近中国宗教史研究中的女性问题》，李玉珍、林美玫编《妇女与宗教：跨领域的视野》，第4页。

第五章

刊书传教：清代禁教期天主教经卷在民间社会的流传[*]

在宗教发展史上，宗教经卷占有举足轻重的地位。所谓宗教经卷，指的是成文的宗教书籍，其作用主要在于解说该宗教的义理和习教的仪式。宗教经卷的产生往往与一种宗教在社会上的流播紧密相随，是该宗教系统化、成熟化的一种表现。中国是宗教经卷历史悠久且较为丰富的国度。如佛、道教在中古中国传播过程中，通过僧道的译经、创作，已经产生了数量众多的各类佛、道教经卷。宋元时期，活跃于民间社会的弥勒教、摩尼教等也涌现出了不少本教派的经卷。

明清时期是中国社会宗教经卷产出的高峰时期。一方面，佛、道等正统宗教继续大量刊刻本教经卷；另一方面，当时盛行基层社会的一些名目繁多的民间宗教，如弘阳教、八卦教、斋教等也刻印了丰富的经卷，在民间广为流传。① 与此同时，明清时代是天主教入华传教的高潮时期，当时入华的各个天主教修会多采取"刊书传教"② 的策

---

* 在清代禁教案中，官府用以记录查获汉文天主教书籍的名称主要有"经卷""经书""经文""经本""经典"等，其中使用最普遍的是"经卷"一词。有鉴于此，本书沿用"经卷"一词。

① 喻松青：《民间秘密宗教经卷研究》，联经出版公司，1994；马西沙、韩秉方：《中国民间宗教史》，上海人民出版社，1992；马西沙：《民间宗教志》，上海人民出版社，1998。

② 《清中前期西洋天主教在华活动档案史料》第 2 册，第 838 页。有关明清之际天主教书籍传教策略的初步分析，可参见 Nicolas Standaert, ed., *Handbook of Christianity in China*, Volume one: 635 – 1800, pp. 600 – 604.

略，因此也翻译、刻印了大量的教会书籍。这些天主教刻书的内容非常丰富，既涵盖阐释天主教神哲学的各种专书，也有很高比例是介绍具体的教会规程、礼仪的小册子，如瞻礼、日课、圣历、斋期表等，① 具有很强的针对性。它们散布民间，成为民间习教的重要指南。在清代禁教期民间社会中，天主教经卷流传极为普及，以致在清统治者中留下"凡习教之家，俱有经卷，男妇朝夕念诵"的印象。② 然而，迄今学术界对于清代禁教时期天主教经卷在民间社会传播的情况尚未给予应有的重视。天主教经卷在清代雍乾嘉道民间社会究竟是何种流传状况，主要有哪些天主教经卷流传民间，经卷流通的渠道如何，经卷在民间习教中起到了什么作用？这些重要问题都还没有专文深入探讨。

诚然，要回答上述问题并不容易，特别是相关资料分散不易寻获。不过，雍正以后，随着清廷逐步确立起全面禁教政策，下令抓捕仍然坚持传教、习教的传教士与教徒，由此涌现出了一系列查禁天主教的案件。在整理这些官府禁教案记录时，我们发现了不少有关天主教经卷的记载，从而为探索清代前期天主教经卷在民间社会的流传提供了重要的线索。本章即拟运用此类禁教案文献，结合相关的中西文献史料，探讨清代禁教期天主教经卷在民间社会的流传问题。

一　禁教案所见经卷流传情况

清初天主教在华传播经历过一段短暂的兴盛期，然而到了康熙

---

① 徐宗泽：《明清间耶稣会士译著提要》，中华书局，1989。
② 《清中前期西洋天主教在华活动档案史料》第 2 册，第 841 页。

后期，随着清廷对外政策的演进以及礼仪之争问题的扩大化，清政府逐渐改变了此前对天主教相对比较宽容的态度，开始采取措施限制天主教在华传播。雍正帝继位后，清廷更是确立起了全面禁教政策，由此揭开了所谓"百年禁教"的序幕。① 尽管迭遭严禁，天主教传教活动却并未因此中断，民间传习天主教的案件屡屡因官府查禁而暴露出来，其数目达到数百起之多。

由于清中央与地方政府常将天主教与其时同样活跃于基层社会的白莲、弘阳等民间宗教一起视为"邪教"，故而在查禁天主教手法上也常援用处理民间宗教的一套规例。白莲、弘阳等民间宗教在传习过程中，大多十分注重创制各类"宝卷"，② 散发民间，宣扬教义，甚至作为起事的舆论宣传工具，由此直接危害到了清统治者的利益。清廷不仅三令五申禁止一切宝卷流传，而且在查禁民间宗教活动中十分注意收缴此类宝卷，集中销毁，以之作为镇压民间宗教的一个重要手段。与此相似，清廷因为知道来华西教士"原系书写西洋字，内地民人无从传习"，而今"查出所造经卷，俱系刊刻汉字，其居心实不可问"，③ 因此在查禁天主教活动中也视查抄天主教经卷为办案要点，很注意收缴民间习教者持有的各类天主教经卷。如此一来，在清代前期的禁教案中常常可见查获习教者收存天主教经卷的各类记录。表 5 - 1 是笔者通过整理中国第一历史档案馆藏清代乾隆到道光年间见于记载的查获天主教经卷的 116 个案例。

---

① 关于清代禁教期的天主教活动，可参见张泽《清代禁教期的天主教》，光启出版社，1992；马钊《试论乾隆时期查禁天主教事件》，硕士学位论文，中国人民大学清史研究所，1999；庄吉发《故宫档案与清初天主教史研究》，庄吉发《清史论集》（十二），文史哲出版社，2003；吴伯娅《从新出版的清代档案看天主教传华史》，《清史论丛》2005 年号。

② 关于"宝卷"，请参见车锡伦《中国宝卷总目》，燕山出版社，2000。

③ 《清中前期西洋天主教在华活动档案史料》第 2 册，第 839 页。

表 5 - 1 清前期禁教案中查获天主教经卷情况

年代	案发地点	查获经卷情况	资料来源
乾隆十一年七月	保定府清苑县、河间府献县	拿获保定府清苑等县民人刘英儿等七名，起有经文、十字记、念珠等物；河间府献县村民周士俊、周宗家藏天主教画像、经文、十字架	1:94～95
乾隆十一年五月	山西霍州	于乡民张文明家获西洋人王若含，起出天主教经卷等项	1:97～98
乾隆十一年六月	湖南益阳县门楼山	查有郑必华、郑公干二人家藏天主教神像及经书等项	1:101
乾隆十一年八月	山东德州边临镇、鲍家庄	边临镇民王七、冯海若，鲍家庄民魏珩等数人被西洋人引诱入教，当于王七、魏珩家起获天主图像、经卷并西洋素珠等物	1:110
乾隆十一年七月	浙江海宁县	查有县民高维学、高天升等家存天主画像三张，西洋字一张，不全经书六本	1:122
乾隆十一年十月	兰州府属皋兰县、西宁府属西宁县、凉州府属武威县	查获兰州府属皋兰县民有王俊、李玉、朱珍等二十一人，西宁府属西宁县民有杨春禄及已故之宋文志，凉州府属武威县有兰州人流寓凉州居住之魏简及本地民人冯训、张明宣并已故之卢斌孙龙菊俱系当日在兰拜叶宗贤、麦传世为师吃斋诵经，各首出图像、经卷、念珠等物	1:124
乾隆十一年十一月	陕西	嗣据各属陆续报到民间旧存天主教经书，图像等物，一经出示，俱即自行缴送到官销毁	1:125～126
乾隆十一年九月	贵州思南府婺川县	民人蒋应举、蒋应榜、杨鼎首缴天主教经书一本，神像二张到县	1:128
乾隆十一年十二月	四川简州、金堂县属石板河、万县	在苏洪学家搜出番、汉书一百二十三本，图画七轴，书板六十三块；又万县民人王士美首缴七本经书，四张画条，两面铜牌	1:132

年代	案发地点	查获经卷情况	资料来源
乾隆十二年二月	直隶承德、海城县,盖平、开原、永吉、宁远四洲并义州同知所辖境内	官府将教堂改毁,书籍、画像焚烧	1:136~137
乾隆十二年三月	四川涪州	从游翠及、其子游端明家中搜有经书图像;又从该州民人孙凡英、伊子孙成家中搜有经卷一本	1:138
乾隆十二年三月	江西高安县、万安县、鄱阳县、浮梁县	查获胡柳、喻元捷、沈鸣凤、邹云章等三十一人奉教案,内有起获经书、图像各件	1:140
乾隆十二年五月	湖南益阳县	查出民人陈惟政等习天主教,各加责惩并焚毁经像,取具开斋出教	1:146
乾隆十三年	福建漳州龙溪后坂	从武生严登家搜获天主铜像并大小十字架又天主绣像画像、礼拜日期书册等件	1:165
乾隆十七年六月	湖北汉阳县	盘获住居汉镇之曹殿邦曾写西洋番字书札、番经并药方丸药等物,封交船户张天秀带赴襄阳县曾经入教之万一举	1:193~194
乾隆十七年十一月	福建海坛赤岑、莆田县	在民人魏长统家内拿获莆田县住民朱理观、翁彩二名,聚集男妇,念诵天主番经,当场搜获番像邪书、异服器具药物等件;又据莆田县知县高琦先后禀详于于曾经奉邪教之旧宅内会同营员访获民人张荣、黄汝琛仍有存留天主邪教经书等物,随搜出十字架、番像、经书、念珠等物	1:187
乾隆二十四年七月	福建邵武县禾坪	从吴永隆家起出已故西洋人丁迪我遗存经像箱笼	1:240
乾隆三十二年五月	广东义顺行店	拿获江西民人蒋日逵、刘芳名,西洋人安当呢都等五名,在蒋日逵包袱内搜出抄书六本、抄单二份,查系天主教经卷	1:257

年代	案发地点	查获经卷情况	资料来源
乾隆三十二年闰七月	江西庐陵县属厦下村、万安县	查获该村吴均尚父子、萧祥生等及万安县蒋云善等数人奉天主教,起出天主教经像	1:261~271
乾隆三十三年九月	河南南阳府桐柏县蜒蚰沟	查获民人刘天祥、冯明山等演传天主教,聚集多人,焚香念经,并搜获经卷、佛像各物	1:271
乾隆三十七年二月	贵州思南府婺川县毛田	从民人蒋登庸等人家中起出刊板新色书、瞻拜日期单、木十架、铜铸耶稣形象,并旧留天主经及抄经等	1:295
乾隆三十三年十月	湖广随州北乡泉儿沟、朱提沟、安居店、应城县、大凹沟	从教徒王象升等人家中起获经卷、斋单、孝单、通功单、素珠等物	1:283~287
乾隆三十四年六月	福建福安县	查获西洋人潘若色并随带番经、番像等物件	1:291~292
乾隆四十六年十二月	直隶宝坻县李家庄、县属朱家铺	查获县属李家庄民人李天一、朱家铺住民张全等习教案,起有经卷、图像等物	1:329~335
乾隆四十九年七月	湖北襄阳白家湾、湖南湘潭县上四都	查获欲往陕西传教西洋人四人,起有西洋经卷并纸画神像等物。又查获同案民人刘振宇等,从刘绘川、刘十七等家起获残破经本、像纸、铜牌、佛像	1:344~351
乾隆四十九年八月	广州	搜查艾球三、白衿观各家,俱有天主教经卷、画像	1:359~360
乾隆四十九年九月	湖南沅江县	在刘开寅等家查出天主教经卷	1:376
乾隆四十九年九月	湖北襄阳县	查获龙国珍等人,起获经卷	1:414~415
乾隆四十九年九月	湖南武陵县	拿获李馨远等三人,搜出天主教经卷	1:401
乾隆四十九年	湖南湘潭县	拿获龙国珍父龙成友,搜有经文、斋单	2:460
乾隆四十九年十月	湖南湘潭县	拿获柳三介等人,并查出天主经一本	2:467

年代	案发地点	查获经卷情况	资料来源
乾隆四十九年九月	陕西长安县、临潼县	查出杜兴智、唐列、曾伟等习教案,起获经卷画像等项	2:469
乾隆四十九年十月	四川巴东细纱河	查获居民王绍祖、蔡士胜等私习天主教,起获刊经、画像等	2:502~503
乾隆四十九年十月	四川成都县	拿获黄浈父子,并在其家起出经卷、念珠等物,究出同教之张万忠等多人,起出斋期单并抄本经卷等物	2:506~507
乾隆四十九年十一月	甘肃甘州石泉子	拿获刘必约之侄刘臣、刘刚及民人徐健等,从刘臣家搜出经卷一本,徐健家搜出经卷一本、画像三轴	2:522
乾隆四十九年十一月	山西浑源州	查获相沿传习天主教李培元等五犯,并于各犯家内搜出十字牌位、神像、经卷等项	2:524
乾隆四十九年十一月	湖南湘潭县	拿获张明文父子,并查获经卷五十一本及神像等物	2:527
乾隆四十九年十一月	陕西渭南县油河川韩家集	在徐宗福、韩奉材家搜获西洋人尼玛方济各即范主教及马诺二名,并起获洋字经本、画像、书信等物件	2:532
乾隆四十九年十一月	直隶东安县、永清县、固安县	访有民人王天德并子王瑞,寄居民人高国定、高国宗、高士亮、刘三住等均因父祖在日曾供奉天主教,起获图像、经卷、十字架、经幡等项。并据固安县民人韩世端首报伊故父韩宾曾奉天主教,将经卷一并呈缴前来	2:549
乾隆四十九年十一月	山西省城太原	拿获西洋人安多呢,随于该犯身边搜出十字铜像一个、洋经一卷、铜表一个、念珠一串、银二十余两、钱二百文,行李内并无他物	2:554
乾隆四十九年十二月	甘肃张掖县	拿获刘多明我即刘志虞、李胡子即李文辉并刘多明我之兄刘志唐及同行之临潼人牟亭漕,起出经卷、大小十字架等物	2:597

年代	案发地点	查获经卷情况	资料来源
乾隆四十九年十二月	四川金堂县	拿获刘必约之侄刘朝、刘锦,并起出画像、经本等物	2:606~607
乾隆四十九年十二月	广东广州	搜查哆啰住所往来字迹,共起出书信三十一张,西洋经文三十八本,零片十八张,每件盖用首县印篆	2:611
乾隆四十九年十二月	陕西城固县	拿获刘西满,并起获经本、画像等项	2:615
乾隆四十九年十二月	广东惠来县石门乡	拿获归教之戴则仁,于家中起出《天主实义》一本,《辟妄》一本,《义秤》一本,《初会问答》一本,《圣教日课》一本,《烛俗迷篇》一本,《涤罪正规》半本	2:641~642
乾隆五十年二月	江西万安县	访获县民彭彝叙私习天主教情事,搜有斋单、图像,究出西洋人现住桐木坪刘林桂山寮内。复同往该处将西洋人拿获,搜出经卷、图像、念珠、十字架、洋钱等物,并获刘林桂,在其家内搜有经卷、图像	2:669
乾隆五十年二月	山东历城县属城东谷家坟庄	拿获奉教县民李松,并在家中搜出《圣教四规》等项书板四十七块,《天主实义》等项经卷六十三本及十字木架、瞻礼单等物	2:676
乾隆五十年二月	山西	陆续查出入教各犯。各犯吃斋念经,刊刻一定日期,名曰瞻礼单,向系会首李时泰等六犯汇总分散	2:689~690
乾隆五十年三月	广东广州	拿获勾引洋人潜赴山东传教之鄂斯定,搜获圣教要经一本	2:701
乾隆五十年三月	广东南海、番禺、顺德、香山、高要、乐昌、海阳、潮阳、惠来、普宁、新兴各县	拿获吴广恬、刘志名、潘连第、姚万从、姚万德、张沛宗、吴瑜珍等八十二犯,均系祖父习教,或藏有遗存经卷、画像,或止口传经语	2:707

年代	案发地点	查获经卷情况	资料来源
乾隆五十年三月	四川巴县	拿获来川传教之西洋人额地夷德窝一犯,并窝留之唐正文及经卷等物	2:710
乾隆五十年二月	江西赣州	在赣州帮刘张金粮船上拿获舵工马士俊即马西满,起出经一帙像一纸	2:719
乾隆五十年二月	福建邵武	查获原习天主教犯案之吴永隆同子吴兴顺及黎国琚、朱见良等现在仍复持斋,搜出破旧经本并不全十字架	2:726
嘉庆五年闰四月	贵州六广门外	查获川民胡世禄借称西洋天主教创设经堂,惑众敛钱,并有罗宋氏宣讲因果,黔民罗忠、冯万粹、冷世爵、刘文元、周洪魁、吉文友接引传教,吴林、韩朝贵、聂胜朝、曾福等听从入伙,于经堂内起获经卷二本,骨像一具	2:813
嘉庆九年十二月	江西峡江县	盘获广东新会县人陈若望一名,搜有西洋字书信十九封、汉字书信七封,并刻本天主教经卷等项	2:830
嘉庆十年四月	京师海甸杨家井	查获周炳德、刘朝栋、赵廷畛、朱长泰、汪茂德、陈杨氏等习教事,起出经卷版片	2:835
嘉庆九年四月	陕西宝鸡县	访获民人刘世昌等,起意与戴禄在家私自诵经,讯明实系祖传天主教,并无开堂聚众,通信刊书情事,所传经卷销毁	2:871
嘉庆十年五月	广东乐昌县	拿获李如、西洋人若亚敬及伴送船户麦丙忠、倪若瑟,并起出番字经卷	2:877~878
嘉庆十六年一月	陕西扶风县	拿获张铎德,并起出经卷书籍及十字架等项	2:896
嘉庆十九年三月	四川顺庆府渠县、川东重庆府属之巴县	有县民周超珑、熊履安、张学圣等一百八十七户到案投悔,践踏十字架,呈缴经卷、牌位	2:908~909

年代	案发地点	查获经卷情况	资料来源
嘉庆十六年七月	直隶宛平县	查得县属近西山一带鹅房、立岱、苇甸三村有西洋人南北西等堂地亩、房屋，藏有十字架、经卷等项。在立岱村北堂内起出天主像，十字架三座，番汉字经二十八本，西洋衣帽十四件，药瓶三个，摇铃二个；又在鹅房村南堂内起出十字架一座，药瓶四个，番字经十二本；又在苇甸村堂内起出十字架二个，内有汉字圣教日课及药物七瓶	3：934～935
嘉庆十六年九月	贵州省城北门外（菜园）	查获周正敖等习教案，在于经堂内起获经卷二本，天主牌位一块，又于张大鹏家起获天主牌位一块	3：977
嘉庆十七年十月	湖北谷城县茶园木盘沟等处	查得该处习天主教民人有尚正国等十二人，并据孙瑞景呈缴祖遗刊刻《万物真原》《四末真论》二本，徐仁呈缴刊刻袖珍课教经三本、十字牌位二块、图像二幅	3：987～988
嘉庆十七年十一月	湖北京山县	县民刘义等九名先后赴县投案自首，具结改悔。并据刘义呈缴祖遗《省察规模》一本、《默想指掌》一本、《默想规程》一本、《圣号经》一本、《善生福终正路》一本、《圣母圣衣会恩谕》一本、《主经体味》一本、《占礼问要理问答》一纸，西洋小图像三纸，十字架一块	3：991
嘉庆十八年十一月	京师	盘获左文奎曾入西洋堂天主教，当由该犯家中起获经卷、木架、数珠等物	3：994
嘉庆十九年一月	山东新城县	拿获山东新城县民贺锡隆学习天主教，搜出经卷书籍等	3：999，1006
嘉庆十九年九月	福建闽侯、侯官	县民何承运、郑朝源等各赴县呈首，缴出经像五幅	3：1008

年代	案发地点	查获经卷情况	资料来源
嘉庆十九年十二月	贵州贵筑县、平越直隶县	查获张大鹏,据供先于嘉庆五年从已结之胡世禄分得西洋教经本;又据贵筑县续获同时传习之勾先科、康老五二名,各有经卷;又于平越县续获冯添庆并其子冯乔受二名,起出经卷	3:1013
嘉庆十九年十二月	江苏海门	拿获习教袁天佑等九名,起出图像、经卷等件	3:1017
嘉庆十九年七月	四川南充县	查出谢允清习教获案,并在谢允清家起获天主教经卷一本	3:1018
嘉庆二十年二月	直隶古北口	入习天主教之柴遇春、殷夏氏、殷承业等各带家藏画像、经卷、念珠、十字架等物,自行投首呈请销毁	3:1030
嘉庆二十年三月	四川宜宾、金堂等县、崇庆、灌县一带	拿获朱荣、童鳌及唐正红等共七十二犯,连呈缴及起获之经卷共五十三本,十字架共六百二十个,念珠三挂,图像四轴,教衣二副,教帽二顶,一并申解来省。崇庆州、灌县一带,随会同该州县将该犯(徐鉴牧)及唐正明等一并拿获,起出衣帽、经卷、十字架等物	3:1032
嘉庆二十年三月	直隶赤峰毛山丹及县属别啊沟	拿获赵仁(淳)等八名,起获天主图像、经本、十字架等物,又于县属别啊沟拿获常安等七名,起获图像、十字架送县……在赵淳家起出天主教邪书二部,一名《圣年广益全编》,远西耶稣会士冯秉正译述;一名《万物真源》,泰西艾儒略撰序,皇城首善堂重梓	3:1037~1038;1049
嘉庆二十年八月	四川彭山县	拿获藏匿彭山县属王文仲家之西洋人徐鉴牧,并起出经卷、教衣、念珠、十字架,一并解省	3:1052

年代	案发地点	查获经卷情况	资料来源
嘉庆二十年六月	湖南耒阳、衡阳、清泉县	拿获西洋人兰月旺，民人贺代贵、郭甫一、傅正伦、李三德、贺桢祥、蒋光彩、贺香山、贺本傅、陶智学、罗名发等十一名，同起获经卷、图像、十字架、教衣、教帽、念珠，委员解省	3：1058～1059
嘉庆二十年九月	湖北应城县属康宁、独槐、河阳等团	先后拿获习天主教民人张义盛、张大才、张大伦、方三多、何克振、何定潮、王立春、程品阶、丁昆玉等十名，并在张义盛家起获经卷二十一本、图像五幅、字幅一张、十字架二个、斋期刊单一张，正在查讯间，旋据民人张添赐、张石氏等七十八名口赴案自行投首，情愿改悔，并将收藏经卷十一本、图像十三幅、经卷七页、十字架六个一并呈缴	3：1063
嘉庆二十年九月	湖北江夏、汉阳、沔阳、天门等县	习教民人张万林等33名赴官自首，其有经卷及十字架等件均已缴出	3：1068
嘉庆二十年十月	陕西城固县小寨村	拿获王命举、梁贵、李世充、李世敬、李国义等，并究出念经处所，搜获西洋经十二本、十字架十四个、教衣二副、教帽二顶，又拿获习教发遣嗣经减释回籍之刘西满并习教之张义德等	3：1079
嘉庆二十年十月	湖北随州属塌石桥	访得有民户郭大建曾经习教，当即拘获，并在伊家起获十字木架一个、图像五轴、经卷一本	3：1083
嘉庆二十年十二月	山西屯留、凤台、汾阳县	拿获习教李成喜、王升、靳有余、郑根彤、郑贵兴等，起获经卷、图像等物	3：1085～1086
嘉庆二十一年七月	四川合州什邡县	拿获习教袁在德、卢全友等，搜出经卷十四本，铜像十字架两个，念珠二串，教衣一副，教帽一顶	3：1088

年代	案发地点	查获经卷情况	资料来源
嘉庆二十二年一月	山西绛州、忻州、汾阳县、榆次县、太原县各村庄	山西绛州傅照文等三十九名,忻州民人李宪伦等十四名,汾阳县民人张世元等三名,榆次县民王通治等十三名,太原县各村庄民人原进德等一百一名,陆续到案投称伊等祖父在日曾奉天主教,流传口授念经吃斋,冀图消灾获福。并据傅照文等呈缴经卷、图像、十字架到案	3:1095~1096
嘉庆二十二年九月	山西祁县、文水县	访获康宁忠、王建安等沿习天主教等情,查起十字架、经卷等物	3:1097
嘉庆二十二年六月	四川德阳县、绵州	访获自号神甫,拜从徐鉴牧习教传徒之刘汉作一犯,搜出洋字经一本,指掌经一本,经像一个,教帽一顶,教衣一副,念珠一串,十字架一个;又访获习教尤二一名,起获经卷、念珠	3:1104
嘉庆二十二年十二月	湖北均州西南乡	拿获习教刘作斌,起出经卷二部十八本,十字木架、铜人、图像等物二十九件;又查获同教之邓恒开、王槐、管文榜、唐选等四名,并在邓恒开、王槐家内起出经本三十三本,十字架、图像、字单等物十一件	3:1110,1173
嘉庆二十二年九月	山西平遥县	拿获习教县民侯奇太等,并起获天主图像、十字架、素珠、经卷等件	3:1117
嘉庆二十三年五月	湖北枣阳县	向习天主教之傅大才等四十人携带经卷、牌位、十字架,赴官呈缴,具结投悔	3:1120
嘉庆二十三年一月至四月	四川永川、邛州、渠县、安岳、大足等州县	先后具报拿获天主教罗恺、杨廷荣、曾九思、张以得、李大纪、蒋万源即蒋元相,并起获经卷等物	3:1122
嘉庆二十三年	山西平遥县	拿获沿习天主教民人任安命、安南阳等,在安南阳家搜获天主经三本,图像一张,十字架一个	3:1127

年代	案发地点	查获经卷情况	资料来源
嘉庆二十三年	江苏海门厅	习教民人丁驾凡闻拿投首,将经卷、瞻礼单呈缴到案。旋又有徐谨等习教男妇五十人陆续赴厅具呈投首,并将十字架、经本、瞻礼单尽行缴出	3∶1131～1132
嘉庆二十四年闰四月	河南南阳	访获西洋人刘方济各一名,并于容留之靳宁家内搜获十字架及习教书本	3∶1137
嘉庆二十四年一月	湖北襄阳	拿获天主教犯沈方济各等二十二犯,并搜获经卷等件	3∶1141,1164,1172
嘉庆二十四年十一月	河南南阳、唐县等县	拿获习教张麦贵、周观等犯,起获十字架、天主图像、天主牌位及收藏经本、素珠等	3∶1155～1156
嘉庆二十五年七月	京师报子街	拿获习教沈联升、程旭刚、陈庆等,起获十字架、牌位并要理问答书等物	3∶1173～1174
道光二年十月	四川乐至县	查获刘嗣坤家族习教案,起获图像、经卷、衣物	3∶1177
道光四年七月	直隶宛平县桑峪村	查获张文浩、杨继武等五十余家习教案,起获铜十字佛像、旧存经卷十一本,西洋教经二本	3∶1180～1181
道光八年六月	直隶宛平县桑峪村	于旧习天主教张文恭之子媳处起获天主教经卷三本	3∶1190
道光十五年六月	直隶宣化府属赤城县	拿获习教张庭扬、温学展等,并在温学展家搜出经卷、图像、十字木架	3∶1202
道光十五年五月	直隶宣化府属宣化县	访获传习天主教改悔复犯之刘书林等及各自踵习之张玉蓝等,并在刘书林等家搜出经卷、图像、十字木架	3∶1210
道光十八年一月	直隶良乡县	拿获传习天主教之山西人孔山林一名,并经文、铜人、洋画等物	3∶1219～1220
道光十八年二月	京师正福寺村、昌平州属燕子口	在习教图四家中起获经卷、铜人、十字架、图像等件,又在昌平州属燕子口访获习教之洪大、洪二、洪五三名,并起出经卷、图像	3∶1222

年代	案发地点	查获经卷情况	资料来源
道光十八年二月	京师西直门外正福寺等处	访获习天主教之王二即王先生王铃儿、黄三即黄钟洪、唐孔氏、孟二、孟三等六犯,接连起获教像、书籍、铜人、木十字架等	3:1223
道光十八年五月	山西岳阳县	拿获习教赵金义、郭强、张立盛等十三犯,起出钞经一本	3:1228
道光十八年九月	山西霍州	访获天主教人犯房振丰并其子房喜乐,起获太极图、十字架、旧经卷四本,并画像两轴	3:1234
道光十八年十月	山西赵城县	访获天主教犯李忠顺、李沆英等五犯,搜获经卷、图像、十字架等物	3:1236
道光十九年二月	福建福安县	会获教犯池贤义等六十一名,起获经卷、图像、十字架等件	3:1239
道光十九年二月	贵州贵筑县	拿获习教县民何开枝等三十一人,并在徐王氏家起获天主神像一幅,钞写经文一本	3:1241~1242
道光十九年九月	湖北荆州	拿获习教官禄等人,在官禄家起获汉字经卷、图像、十字架、念珠等件;又塔襄阿呈出图像一张、经卷七本,明升呈出戴姓所给劝人归教字一张	3:1245~1247
道光十九年九月	陕西长安县属塘坊村	拿获习教村民王浩等七名,并在王浩家起出钞经一本、十字木架一个	3:1255~1256
道光十九年八月	湖北谷城县茶园沟、南漳县新铺、枣阳县、荆门州、沔阳州钟祥县等	查获西洋人董文学及习教民人彭廷相等六十六犯,起获经卷、图像、十字架	3:1260

年代	案发地点	查获经卷情况	资料来源
道光二十年八月	京师正佛寺村、沙拉村	在正佛寺起出天主经卷大小六百一十本及十字架、小铜人、念珠、夷装衣服等件,在沙拉天主教坟地内访获积习天主教人犯文成即沈文成并厨人李方荣、佣工人刘成银到案,复搜出大小经卷二千六百九十二本,洋字经三百四十八部及十字架、铜人、象牙人、天主图像、镜象、夷装衣服等件。于复壁内搜出经卷板片一千五百一十二块	3:1266~1267
道光二十二年三月	京师	拿获传习天主教人犯张玉松等,起获经像、木十字架、书信等物	3:1287
道光二十六年四月	湖北潜江、京山等县	盘获传教之西洋人陆怀仁,起获经卷及十字木架	3:1319
道光二十六年七月	直隶固关	盘获传教西洋人牧若瑟及伴送习教民人程世直,起获天主教经卷、图像、夷字书信四封、汉字信一封	3:1327
道光二十七年十月	湖北江夏县	访获传教西洋人李若瑟等及内地习教民人马五芝等,起获经卷、天主神像、十字架等物	3:1333

注: 表中资料来源处 "1: 94~95" 指《清中前期西洋天主教在华活动档案史料》第1册,第94~95页。余皆类推。

从表5-1可见,天主教经卷与画像、十字架、铜人(圣牌)、念珠是官府在禁教案中查获的常见之物,由此反映出天主教经卷在清代禁教期民间社会的流传是非常普遍的。可以说绝大多数的习教者持有数量不等的天主教经卷。比较常见的情况是持有少量几本的经卷,典型者如乾隆十一年浙江海宁县民高维学、高天升习教案,内中查获高维学等"家存天主画像三张,西洋字一张,不全经书六本"。乾隆三十七年查获贵州思南府婺川县蒋登庸家族习教案,官府在蒋家"起出刊板新色书三本,浮签一名《辟妄》,一名《教要序论》,一名《万物真原》，……并旧留天主经及抄经二本，共五本"。乾隆四十九年查获四川成都县黄涢等人习教案，"在其家起出经卷、念珠等物。……李林川家起出抄本要理一本、十字架一个；郑明相家起出抄本日课一本"。同年查获广东惠来县石门乡戴则仁习教案，"该犯家内起出《天主实义》一本，《辟妄》一本，《义秤》一本，《初会问答》一本，《圣教日课》一本，《烛俗迷篇》一本，《涤罪正规》半本"。① 在这些案例中，一般天主教家庭收有少则一本，多则数本的天主教经卷。

但值得注意的是，被查获的习教者中时有出现持有经卷数量颇丰经，典型的例子如乾隆十一年查获四川金堂县苏洪学、苏文焕习教案，官府在苏家"搜出番、汉书一百二十三本"，另有"图画七轴，书板六十三块"。乾隆四十九年查获湘潭县张明文父子习教案，"查获经卷五十一本"。乾隆五十年查获山东历城县属城东谷家坟庄县民李松奉习天主教案，"在伊家搜出《圣教四规》等项书板四十七块，《天主实义》等项经卷六十三本，及十字木架、瞻礼单等物"。嘉庆二十二年查获湖北均州西南乡刘作斌沿习天主教案，官府在其家"起出经卷二部十八本，……又查获同教之邓恒开、王槐、管文榜、唐选等四名，并在邓恒开、王槐家内起出经本三十三本"。道光四年七月，查获直隶宛平县桑峪村张文浩、杨继武等五十余家习教案，在张文恭家起出"旧存经卷十本"。道光八年六月，官府又在张文恭儿媳处"起获天主教经卷三本"。② 上述习教者手中持有的天主教经卷，少则数本，多则上百本。这些身处社会底层的习教者存有如此数量的天主教经卷，实在是一个值得注意的现象。当然，这与天主教经卷来

---

① 本段中引文分别出自《清中前期西洋天主教在华活动档案史料》第1册，第122、295、505、642页。

② 本段中引文分别出自《清中前期西洋天主教在华活动档案史料》第3册，第132、527、676、1110～1112、1180、1190页。

源的多样性以及持有者身份的复杂性直接相关，关于这一点，笔者将在下文详述。

此外，应该特别说明的是，在清代前期禁教案中，也有一起是查获经卷三千本以上的大案。道光二十年八月二十四日，副指挥邹培经向巡视西城工科掌印给事中萨霖、掌云南道监察御史杜彦士报告，京师正佛寺有旗人文八、文六传习天主教，"住房内张挂天主图像数张，又有橱柜数个，封锁甚固，恐有藏匿违禁经卷，应行搜查"。萨霖、杜彦士等即亲往查看，果然在房内橱柜中"起出天主经卷大小六百一十本及十字架、小铜人、念珠、夷装衣服等件"。据看房人董林招供，这些东西都是文八、文六所藏物件。二十八日，官差抓获文八（文宽）。次日，邹培经等人又在"沙拉地方天主教坟地内访获积习天主教人犯文成即沈文成并厨人李方荣，佣工人刘成银到案，复搜出大小经卷二千六百九十二本，洋字经三百四十八部及十字架、铜人、象牙人、天主图像、镜象、夷装衣服等件"。此后又"于复壁内搜出经卷板片一千五百一十二块"。[①] 在这两次搜查行动中，官府除抓获了文八（文宽）、沈文成、马成、张四、赵大、王三应等一干习教人犯外，还查获了总计达3302本的各类经卷。这是目前有史料记载的、整个清代前期一次查获经卷数目最多的案件。但此案有特殊之处，因为据官府的进一步调查，上述藏于正佛寺及沙拉村天主教墓地住屋的天主教经卷，原来皆是遣使会士毕学源所管耶稣会遗留之物。在耶稣会被取缔后，遣使会接管了原耶稣会在北京的天主堂及各类产业。到毕学源任北京主教时，他在临终前处理了上述北京耶稣会产业。沙拉村坟屋毕氏留住，而原来正佛寺法国耶稣会墓地，则被他卖给清前期著名的奉教宗室苏努家族后人为业。他还将自己保留的

---

① 《清中前期西洋天主教在华活动档案史料》第3册，第1266～1268页。

"乾隆年间西洋堂所刻汉字经板并汉字洋字各种经卷及衣帽等物"，送给平常交好的苏努后人、文八的父亲图明阿一份，"作为异日纪念"。毕学源死后，图明阿即将书、物运至坟屋，常带家人前往，利用这些经卷、衣物进行习教活动。[①] 上述沙拉村坟屋及其所存经卷、板片、衣物等，则在毕氏死后由俄罗斯东正教士魏若明接管。魏氏雇沈文成前往沙拉村看管坟屋，"嘱令将板片烧毁。沈文成转雇同教之李芳荣在彼佣工。因经板太多，恐烧时火大，致人查问，将板片劈破煮饭，零星烧去数千块，存有一千四百余块未经烧毁"。[②] 由此可见，此次查获的天主教经卷实际上是北京天主堂遗存之物。我们在分析这起案例时，既要看到其所收存的经卷在反映清代禁教期天主教经卷流传状况的独特参考价值，同时要注意分析其来源的特殊性。

总之，除了上述道光二十年正佛寺、沙拉村经卷的例子比较特殊，其余的百余起经卷案例，主要是各级官府从民间习教群体及个人那里搜获，这些经卷大多数属习教者自备，由此反映出清代禁教期天主教经卷在民间社会的一种普及状况。

二　经卷的种类

那么，流传于清代禁教期民间社会的经卷主要有哪些呢？按照清代查禁民间教门活动的通行做法，在禁教案发生后，地方官员一般要将本案中查获的经卷誊录清单，缴交朝廷，或是送部验销，或是报送御览，然后集中销毁。[③] 在对待查抄天主教经卷的问题上，清代各级

① 《清中前期西洋天主教在华活动档案史料》第 3 册，第 1277 页。
② 《清中前期西洋天主教在华活动档案史料》第 3 册，第 1277～1278 页。
③ 参见车锡伦《中国宝卷总目》，第 391～406 页；马西沙、韩秉芳《中国民间宗教史》，"序言"，第 9 页。

官府的处理程序与查禁民间宗教大体相同，如乾隆五十年查拿四川巴县唐正文容留西洋人传教案，官府例将"起获经典开具清单，咨送军机处查收察核"。① 嘉庆十年陈若望案件中，对查获之传道人员周炳德等刊刻的经卷，其处理方式也是将"所刻汉字西洋经卷，开单进呈，请旨饬交内务府管理西洋堂务大臣查起版片，与已刻各书一体销毁"。② 由此看来，在清代档案中本应该是有不少上述记载天主教经卷的清单的。但可惜的是，由于清代档案迭遭损毁，档册流失现象十分严重，因此，目前所见能够保存下来的这类天主教经卷清单少之又少，这无疑为今人厘清其时流传于民间社会的天主教经卷种类增添了难度。

尽管如此，通过仔细梳理上述禁教案记录后，我们还是可以获得不少反映清代禁教期民间社会流行的天主教经卷种类的珍贵信息。下面根据禁教案中所见载有查获经卷名称的档案内容，将整理过的经卷种类分别开列如下三个表格（表5-2、表5-3、表5-4）。

表5-2　清代前期禁教案中所见天主教经卷名称（一）

经卷名	数量	起获地点	著者
辟妄	一本	贵州思南府属婺川县毛田居民蒋登庸家	徐光启
教要序论	一本	同上	南怀仁
万物真原	一本	同上	艾儒略
天学实义	一本	湖广随州天主教徒王象升家	利玛窦
涤罪正规略	一本	湖广随州陈尔华家	艾儒略
圣教日课	二本	同上	龙华民
抄讲十诫	一本	同上	
谢天主经	一本	同上	

---

① 《清中前期西洋天主教在华活动档案史料》第2册，第712页。
② 《清中前期西洋天主教在华活动档案史料》第2册，第837页。

经卷名	数量	起获地点	著者
抄《善生福终正路》	一本	同上	
抄《七祈求谢主》	一本	同上	
《教要序论》	一本	同上	南怀仁
抄《圣母会规》	一本	同上	
抄本要理	一本	四川成都县李林川家	
抄本日课	一本	四川成都郑明相家	
要理	一本	四川成都黄廷端家	
圣号经	一本	湖广湘潭县张明文父子家	
善终助攻规条	一本	同上	
圣教经言要理合刻	三本	同上	
八日默想经	一本	同上	
辅弥撒拉丁文	一本	同上	
涤罪正规经	一本	同上	艾儒略
圣教要经	一本	同上	
周岁警言	一本	同上	
圣母领报会小引	一本	同上	《圣母领报会规》苏霖
性理参证经	一本	同上	不详
天神规课经	一本	同上	
主前对联	一本	同上	
圣经早晚课	一本	同上	
三山论学记	二本	同上	艾儒略
圣会庆期规例	一本	同上	
每日路程	一本	同上	
天神会课	一本	同上	潘国光
七克经	一本	同上	庞迪我
恭圣母大益经	一本	同上	
真道自证经	一本	同上	沙守信
圣经直解经	一本	同上	阳玛诺
十诫劝论圣迹经	一本	同上	
谦爱抄经	一本	同上	
圣教日课上卷、中卷、下卷、续卷	六本	同上	龙华民
总牍汇要	六本	同上	阳玛诺

经卷名	数量	起获地点	著者
袖珍日课	一本	同上	
圣经要用	一本	同上	
易简祷艺经	一本	同上	沈东行
早课经	一本	同上	
庆贺圣母经	一本	同上	
永瞻礼表经	一本	同上	
四字经	一本	同上	
遇领洗原日诵经	一本	同上	
申正经	一本	同上	
圣母小日课	一本	同上	利类思
残经	一本	同上	不详
天主实义	一本	广东惠来县蓟门乡戴则仁家	利玛窦
辟妄	一本	同上	徐光启
义秤	一本	同上	利安当
初会问答	一本	同上	石铎禄
圣教日课	一本	同上	龙华民
烛俗迷篇	一本	同上	郭纳爵
涤罪正规	半本	同上	艾儒略
圣教四规等	四十七块	山东历城县城东谷家坟庄李松家	书板
天主实义等	六十三本	同上	利玛窦
万物真原		湖北谷城县茶园木盘沟等处孙瑞景家	艾儒略
四末真论	二本	同上	柏应理
袖珍日课教经	三本	谷城县茶园木盘沟等处徐仁家	
省察规模	一本	湖北京山县民刘义家	
默想指掌	一本	同上	
默想规程	一本	同上	《默想规矩》，陆安德
圣号经	一本	同上	
善生福终正路	一本	同上	陆安德
圣母圣衣会恩谕	一本	同上	
主经体味	一本	同上	殷洪绪
占礼问要理问答一纸	一本	同上	
朋来集	一本	山东新城县民贺锡隆家	冯秉正

经卷名	数量	起获地点	著者
圣经日课		同上	
苦己三会书	一本	同上	
圣年广益全编		山东新城县民赵淳家	冯禀正
万物真源		同上	艾儒略
真道自证	二本	湖广随州塌石桥民户郭大建	沙守信
要理问答	二本	湖北枣阳县傅大才家	
要理问答书		京师报子街沈联升、程旭刚、陈庆等剃头铺	

道光二十年，官府查抄了寄存在正佛寺村原北京天主堂中遗留的经卷，为我们留下了一份清单。

表 5-3　清代前期禁教案中所见天主教经卷名称（二）

经卷名	数量	著者
圣经直解	五十三部,每部八本	阳玛诺
真道自证	三部,每部四本又一本	沙守信
初会问答	一本	石铎禄
轻世金书	四本	阳玛诺
七克	一部四本	庞迪我
慎思指南	五部,每部四本	
圣教切要	十六本	
圣教序论	十三本	
圣教悔罪经解	一本	
圣教早晚日课	十本	
圣年广益	二十三本	冯秉正
圣经广益	二本	冯秉正
圣教日课	二十七本	龙华民
默想规程	三本	
要理问答	五本	
圣教要理问答	十八本	

经卷名	数量	著者
坚振要理问答	九本	
圣体问答	二本	
告解问答	四本	
默想指掌	一本	
天神会课	一本	潘国光
涤罪正规略	一本	艾儒略
圣神降临	一本	

　　同年在沙拉村起获大批中西文天主教经卷，包括"大小经卷二千六百九十二本，洋字经大小三百四十八部"。① 所获中文天主教经卷名称、数量可列成表5－4。

表5－4　清代前期禁教案中所见天主教经卷名称（三）

经卷名	数量	著者
圣母行实	五十五部，每部二本	高一志
圣经直解	二十三部，每部八本	阳玛诺
天主实义	五十八部，每部二本	利玛窦
默想规程	三百二十二本	
幼学四字文	二百三十五本	
天主圣教十诫真诠	五十三部，每部二本	阳玛诺
轻世全（金）书	二十二部，每部二本，又大小零碎八本	阳玛诺
圣教要理问答	三百零九本	
初会问答	二百六十本	石铎禄
早课小引	五百二十本	
善生福终正路	七部，每部二本	陆安德
轻世挈要	十本	
默想指掌	一百本	

---

① 《清中前期西洋天主教在华活动档案史料》第3册，第1267页。

经卷名	数量	著者
默想规程	三十一本	
慎思指南	二部,每部四本	
要理问答	三十三本	
立圣母始胎明道会	三本	
圣教日课	三十一部,每部三本,又九部,每部一本	龙华民
七克	二部,每部四本	庞迪我
明道会规	三十八本	
悔罪经解	七本	
涤罪正规	六本	艾儒略
圣教切要	二本	
真道自证	十本	沙守信
言行纪略	十七部,每部二本	艾儒略
盛世刍荛	八本	冯秉正
圣年广益	二十八本	冯秉正
圣经广益	一本	冯秉正
哀矜行诠	一本	罗雅谷
性理真诠	三本	孙璋
主教缘起	二本	汤若望
逆目忠言	一本	《忠言逆耳》,殷洪绪
圣母小日课	十四本	利类思
圣母圣衣会恩谕	三本	
圣母七苦会规	二本	
铎德要理	四本	

上述三个表格中,表5-2扣除重复经卷后,共得经卷68种。当然,在这些经卷中不排除某些经卷属于名称稍异而实同,如抄本《要理》《要理问答》《要理问答书》,尽管出现在不同的地方,但极有可能是同一种书。因此,该表格所记经卷实际种类可能要少于上述数字。表5-3有经卷23种,表5-4有经卷36种。

由于表5-2的经卷主要是官府从众多基层传习天主教者中盘获而来,故最能代表基层教会经卷流通情况。至于表5-3、表5-4情况则比较特殊，因为这些经卷都是原北京天主堂寄存的，尚未分散出去，严格而言不能视为流传民间的天主教经卷。但是，天主堂大量存贮上述复本经卷，其主要目的也是分发给民间传习者，故而这两个表格中的经卷情况也颇有参考价值。此处将以表5-2收录经卷为基础，同时参以表5-3、表5-4所列经卷，分析清代禁教期经卷流通的种类。

上述表中所收的天主教经卷主要可分为二类。第一类属于神学灵修书籍，比较常见的有《天主实义》《教要序论》《万物真原》《涤罪正规》《七克》《三山论学记》《性理参证》等。这类书籍或是解释天主教义，或是阐释天儒关系，主要的阅读对象一般是具有一定文化水平的基层儒学知识分子。这部分经卷在清代禁教期基层社会流通，表明其时社会上仍然有一部分儒学士人皈依天主教。

第二类属于具体习教规程书籍，常见的有《要理问答》《圣教日课》《谢天主经》《圣号经》《易简祷艺》等。这类书多是指导教徒习教的便捷小册子，或是摘录祈祷经文，或是描述各项圣事礼仪，言简意赅，没有晦涩难懂的神学要义，很适合普通百姓。这些经卷广泛流传于当时习教者当中，与清代禁教期这一特殊时代背景有着一定关联。由于清廷严厉禁教，屡屡查拿西方传教士，使在华传教的西方传教士人数锐减，[①] 而华籍传教士又正处于培养阶段。教士势单力薄，难以兼顾遍布各个省份的习教群体，因此在清代禁教期，基层天主教群体中比较普遍存在自立性习教现象。[②] 如此一来，民间习教者对这些字句简单、在指导具体习教礼仪方面具有突出作用的经卷的需求量无疑大大增加。这是清代禁教期基层天主教群体信仰值得我们重视的

---

① Nicolas Standaert, ed. , *Handbook of Christianity in China*, *Volume one*: 635 - 1800, p. 298.

② 张先清：《清中叶天主教在华的本土化问题》，《厦门大学学报》2006年第1期。

一个特点。

上述经卷大部分属于在华耶稣会士的著作，如利玛窦、艾儒略、龙华民、庞迪我、高一志、汤若望、冯秉正、沙守信等。耶稣会士入华，"其所怀抱之志，乃在传教救灵。书籍为宣传圣教之有效工具"，[①] 因此借助书籍传教一直是来华耶稣会的主导策略。从明末利玛窦始，到乾隆末年耶稣会被迫解散，抵华传教的耶稣会士群体出版了大量的中文书籍，其中相当部分属于"圣书"，成为流传于民间社会最主要的天主教经卷。[②]

清代禁教期民间流传的经卷中，应当还有一些是非耶稣会撰著、刊刻的书籍。我们注意到，在上述禁教案查获的经卷中，有一些不是广为人知的经卷名称，如《十诫劝论圣迹经》《恭圣母大益经》《义秤》《立圣母始胎明道会》等。这些经卷似不见于目前的耶稣会士著述条目，当中可能有不少是方济各会、多明我会等其他入华天主教修会传教士译著、刊刻的中文书籍。实际上，明清时期这些天主教修会同样十分重视书籍传教，如西班牙方济各会传教士李玛诺在传教过程中就采取分发经卷的办法。乾隆四十九年，他"往泰和县，有朱维干、朱乐廷归教，我送给图像、经本、斋单，住了两日"。[③] 来华多明我会传教士也出版了不少中文书籍，流行于东南传教地。[④]

此外，从上述查禁案中可见，当时基层天主教会还流传着数量不少的斋单、通功单、孝单。"斋单亦系天主堂按月吃斋日期。……通功单乃教内人身故，将法名写入单内，凡是同教不问何处何人传去，

---

① 徐宗泽：《明清间耶稣会士译著提要》，第 9 页。
② 徐宗泽：《明清间耶稣会士译著提要》，第 17 页。
③ 《清中前期西洋天主教在华活动档案史料》第 2 册，第 715 页。
④ 有关 17、18 世纪多明我会传教士的中文著述，参见张先清《传教、刻书与文化网络——十六至十八世纪多明我会传教士的中文著述》，《澳门理工学报》2021 年第 1 期。

代为念经超度。单内皆系另取法名，实不知本人名姓等。"① 斋单、通功单、孝单的作用，在于将天主教习教时间、礼仪更为通俗化、简单化，这些单子刻制、印刷均极便利，是习教者普遍持有之物。

三　经卷的流通渠道

如前所述，清代禁教期基层天主教会中，习教者持有经卷是很常见的现象，经卷的种类也比较多样。那么，这些被官府查获的种类各异的经卷来源有哪些呢？通过爬梳禁教案中关于经卷来源的记载，可知清代前期民间社会获得天主教经卷的主要渠道有传教士授予、祖上遗存、教徒自抄、习教者之间互传等几种。

第一，传教士授予。这是一个主要渠道。清代禁教期间，尽管传教环境相较未禁教前严峻，传教士屡遭查拿，民间传习天主教却未因朝廷禁令而中断，仍然有不少西方或华籍传教士活跃于基层社会。这些传教人员在传教过程中比较注重采取分发经卷扩教的做法，由此使相当数量的天主教经卷到了教徒手中。典型的例子如乾隆十一年四川万县查禁教徒王士美习教案，王士美"原籍湖广天门县人，于康熙五十六年间在湘潭县遇着西洋人张伯多，劝伊入教，给了七本经书，四张画条，两面铜牌，如钱大的，俱铸有像。今闻查拿遵法首缴，并无同教的人，亦无传授徒弟等情"。② 乾隆五十年吴广恬习教案，吴"祖籍闽省，流寓南海县属，向挑鸡鸭赴洋行发卖，谙晓洋语，与西洋人啰廉认识，该犯被惑入教。乾隆四十六年二月内，啰廉将纸画、十字架给犯带回供奉，并给经书三种，令其念诵"。③ 乾隆五十年查

---

① 《清中前期西洋天主教在华活动档案史料》第 1 册，第 272 页。
② 《清中前期西洋天主教在华活动档案史料》第 1 册，第 132 页。
③ 《清中前期西洋天主教在华活动档案史料》第 2 册，第 707 页。

获江西万安县李玛诺传教案，西班牙方济各会传教士李玛诺于乾隆三十七年抵达江西万安县刘添福家，其后以刘家为基地四出传教，在传教过程中分发经卷。如乾隆四十九年他"往泰和县，有朱维干、朱乐廷归教，我送给图像经本斋单，住了两日"。① 嘉庆二十年查获湖北随州民户郭大建习教案，在"伊家起获十字木架一个、图像五轴、经卷一本，查阅并无悖逆不法语句。讯据郭大建供称伊当年曾随伊父吃天主教，父故后，即已开斋。其原有十字架仍存家中，嗣于嘉庆七年八月内有西洋人兰月旺忽到伊家，复诱令入教，该犯随又听从吃斋。兰月旺当送给该犯画像五轴，一轴是天主，四轴是天主徒弟。又经二本，名《真道自证》"。② 道光十九年拿获陕西长安县属塘坊村民王浩等七名，并在王浩家起出抄经一本、十字木架一个，王浩之父王添荣"先于嘉庆十七八年间在四川贸易，拜从西洋人李多林即徐鉴牧学习天主教，李多林传给抄经一本，令其常年吃斋，早晚念诵礼拜十字木架，可以消灾却病，若无十字木架，即望空礼拜，王添荣照依奉行"。③

上面所举的是习教者从西方传教士处获得经卷的例子。同样，一部分经卷也来自华籍传教人员。典型的例子如乾隆四十九年湘潭县查获张明文父子习教案，官府在张家搜获经卷 51 本，此外还有神像等物。张明文父子供认："〔乾隆〕四十三年于唐安当家内入教，四十四年唐安当往四川寻子将遗存经卷交付至今未回，又陆续向周正、刘十七家借阅故有五十一本。"④ 引文中所提到的唐安当显然就是一位华籍传教人员，张明文父子手中持有的经卷相当部分就是来自唐氏。

---

① 《清中前期西洋天主教在华活动档案史料》第 2 册，第 715 页。
② 《清中前期西洋天主教在华活动档案史料》第 3 册，第 1083 页。
③ 《清中前期西洋天主教在华活动档案史料》第 3 册，第 1256 页。
④ 《清中前期西洋天主教在华活动档案史料》第 2 册，第 527 页。

同样的例子还有乾隆四十九年查获四川巴东王绍祖习教案。王氏供称："乾隆四十四年公安县已故运丁蔡文安叫小的传习天主教，与蔡如祥弟兄一同相好，现在起获刊经三本、画像七片，是蔡如祥给的；抄经一本，是蔡文安给的。"① 引文中的蔡如祥就是乾隆四十九年大教案中屡经乾隆帝点名追捕未获的蔡伯多禄，他是乾隆年间十分活跃的一位本土传教人员。② 此外，类似的情况还有乾隆五十年查获江西赣州刘张金粮船上舵工马士俊即马西满习教案，起出经一帙、像一纸。马西满"向在赣州帮粮船为舵工。乾隆三十一年七月内船至山东马士俊患病，适有搭船之陕西人娄姓习天主教名保禄，将马士俊之病治痊，劝令习教念经，消灾却病，马士俊即拜娄保禄为师，给与经一帙、像一纸，遂取教名西满。因马士俊目不识字，复将经语口授，令其记诵"。③ 此案中的娄保禄，无疑是一位华籍传教人员。

实际上，清代禁教期在民间传教的传教士往往随身储备有相当数量的经卷，特别是一些西方传教士，一般掌握着比较丰富的经卷。例如，康熙末年抵华传教的法国耶稣会士洪若翰在华北传教时就随身携带两箱书，重达 250 市斤。④ 乾隆十一年查获四川金堂县属石板河粤民苏洪学、苏文焕父子习教案，官府在苏家搜出番、汉书 123 本，图画 7 轴，书板 63 块。苏文焕供称："原籍广东南海县人，父亲苏洪学是天文生，向入天主教吃斋，家中的经书、图像听见父亲说是一个西洋人叫穆若翰寄放的，乾隆五年来川，殁有了，现葬在北门外。"⑤

---

① 《清中前期西洋天主教在华活动档案史料》第 2 册，第 517 页。

② 关于蔡伯多禄，见 J. De Moidrey, S. J., *Confesseurs de la Foi en Chine, 1784 – 1862*, p. 34。

③ 《清中前期西洋天主教在华活动档案史料》第 2 册，第 719 页。

④ 杜赫德编《书简集》(1)，第 273 页。

⑤ 《清中前期西洋天主教在华活动档案史料》第 1 册，第 132 页。

一些华籍传教士手中的经卷也常得自西方传教士。典型者如嘉庆二十一年七月，拿获四川合州什邡县袁在德、卢全友等一案，搜出经卷14本、铜像十字架两个、念珠二串、教衣一副、教帽一顶。据袁在德供："乾隆四十七年西洋人冯若望、李多林在宜宾县讲说天主教经义，劝人习教，袁在德即拜冯若望为师，冯若望与取教名袁若瑟，授给刻版经本、教衣、念珠、十字架等物。"① 嘉庆二十二年四川德阳县访获自号神甫，拜从徐鉴牧习教传徒之刘汉作，搜出洋字经一本、指掌经一本、经像一个、教帽一顶、教衣一副、念珠一串、十字架一个。据刘汉作供："拜从徐鉴牧为师，徐鉴牧为其取名刘保禄，传给洋字弥撒经书及默写指掌经书各一本，并经像、教帽、教衣、念珠、十字架等物。"② 嘉庆二十二年四川邛州、渠县、安岳、大足等州县先后具报拿获天主教罗恺、杨廷荣、曾九思、张以得、李大纪、蒋万源即蒋元相，并起获经卷等物。罗恺供称："徐鉴牧即封罗恺为铎德，并给与经卷、念珠，令往各教友家访询同教之人。"③ 在上述案例中，袁在德、刘汉作、罗恺等华籍神职人员均从西方传教士那里获得了数目不等的经卷。清政府禁教后，在华隐藏传教的西方传教士人数虽急剧减少，但基本属于教会的核心人物，他们不仅可以通过各种渠道与澳门、北京等地天主堂联系，从而获得各类必要的经卷，而且不少教堂在被封闭前，堂内所储存的经卷也是掌握在他们手中，故西方传教士往往拥有数量较多的经卷。

除了在民间传教的传教士授给经卷，清代禁教期天主教经卷还有相当高的比例是直接从天主堂流出。尤其北京各天主堂，更是清代禁教期间经卷输出的中心。

---

① 《清中前期西洋天主教在华活动档案史料》第 3 册，第 1089 页。
② 《清中前期西洋天主教在华活动档案史料》第 3 册，第 1104 页。
③ 《清中前期西洋天主教在华活动档案史料》第 3 册，第 1122 页。

明末利玛窦入华后，一直希望在北京立足，实现从上而下归化中国人信仰天主教的目的。此后，耶稣会在北京通过各种方式建立了数处天主堂，如南堂、北堂、东堂等。这些天主堂既是在京西方传教士的栖居之地，也是天主教在华的传播中心。清廷禁教后，京城外的天主堂大多被关闭、没收，或改作他用。而北京各主要天主堂，因为仍然需要一部分懂技艺的西方传教士服务宫廷及钦天监，因此得以保留。"凡该国情愿来京学艺者，均得在堂栖止。"① 这样，禁教期间这些天主堂就成为传播天主教的中心。正如嘉庆年间陕西巡抚董教增所云："是西洋堂乃天主教之根柢，不绝其根，无从铲其萌蘖。"② 天主教经卷也不断从这里流向民间。其流出方式主要有如下几类。

第一，直接向进堂习教者赠书。禁教期间，京城中的天主堂实际上成为北京及其附近地区的天主教传播中心，不仅是周围教徒习教的场所，而且传教士还利用各种时机，采取赠书的方式吸收那些过路者入教。典型的例子如乾隆十一年查获保定府清苑县民人刘英儿等习教案。据刘英儿等供，其经文、念珠得自京师天主堂。顺天府官员查问钦天监正刘松龄和傅作霖，傅承认"这天主教的经文是平常道理，向来凡有人要的，不拘何人就送给他是有的"。③ 鉴于"西洋人之在京者，每将经文、念珠、十字记给与民人，视为常事"，顺天府尹蒋炳曾奏请晓喻："在京之西洋人嗣后无得仍以经、像、念珠、十字记给与民人，致有入教情弊。倘有违犯，即行惩治。"④ 但是京城传教士对官府禁令阳奉阴违，向民人赠书传教如故。如嘉庆九年十二月，江西峡江县盘获广东新会县人陈若望，"搜有西洋字书信十九封、汉

① 《清中前期西洋天主教在华活动档案史料》第 2 册，第 839 页。
② 《清中前期西洋天主教在华活动档案史料》第 2 册，第 899 页。
③ 《清中前期西洋天主教在华活动档案史料》第 1 册，第 106 页。
④ 《清中前期西洋天主教在华活动档案史料》第 1 册，第 107 页。

字书信七封，并刻本天主教经卷等项"。据陈若望供称，是"索德超给伊盘费银……并给伊刻本天主教经卷带回自看"。① 嘉庆十八年十一月，据副指挥王均禀报，盘出左文奎曾入西洋堂天主教，当由该犯家中起获经卷、木架、数珠等物。"讯据左文奎并其父左大及程信等俱有教名，每月逢六逢七吃斋，到第七日进西洋堂向十字架跪着念经，人数很多，于本年四、五、六、七等月始不进堂，并起出十字架三个，讯系该犯自置，数珠七串，经卷三本，均系该堂所给等因。"② 再如嘉庆十九年查获山东新城县民贺锡隆学习天主教，搜出经卷书籍等件。据贺锡隆招供："伊于嘉庆十三年上曾在京抄报度日。继因路过天主堂门首，与看门人吴玛头（窦）闲谈，遂认识在堂之西洋人汤亚立山。与之讲论，给以书一本，名《朋来集》。伊拿回看完，复往即拜投汤亚立山为师，又给伊日课等经。内有《苦己三会书》一本，上有济南府天主堂字样。当问来历，据汤亚利山说是康熙年间有南怀德在山东济南府天主堂主教时候所刻。南怀德故后，山东天主堂也废，所有板片都送到京，在他堂里收存。并教伊好生学习。又给伊洋镜一面，内有天主画像，伊即回寓收藏。……于十七年又进京，到过天主堂，会见吴玛头（窦），又见管账之姜泽咏，说汤亚立山已于十四年夏间病故，又换一高姓掌教。……姜泽咏又给伊一本经书，两张瞻礼单，即于秋间回家。"③ 在这些案例中，官府从民间习教者那里查获的经卷都是北京天主堂直接给予进堂习教者。

第二，北京天主堂还充分利用其传教网络，向各地发放经卷。在禁教期间，北京天主堂无疑充当了天主教传播中心地。不仅培养本土传道人员，传递消息，而且还利用自身优势及传教网络向各地发放经

① 《清中前期西洋天主教在华活动档案史料》第 2 册，第 830 页。
② 《清中前期西洋天主教在华活动档案史料》第 3 册，第 994 页。
③ 《清中前期西洋天主教在华活动档案史料》第 3 册，第 999～1000 页。

卷。典型的例子如嘉庆十年四月查获京师海甸杨家井周炳德等人习教案，据周炳德、刘朝栋、赵廷畛、朱长泰、汪茂德、陈杨氏等供认："在堂讲经传教惑众属实。并据供出近年编造汉字西洋经卷三十一种，流传各处，冀图易于煽惑入教人众，其版片现在天主堂存贮。"①由引文可见，周炳德等人利用天主堂为掩护，协助传教士刊印大量经卷，传送各处。除了经书，京城天主堂还定期向外寄送各种瞻礼单等。如据张八相等供称："每年在京西天主堂有瞻礼单一项寄来等语。"② 乾隆三十三年九月查获河南南阳府桐柏县民人刘天祥、冯明山等演传天主教案，起获经卷、谕单、起名单、通功单等物，"其经书系祖上遗留，搜获监正谕单一张乃乾隆四年袁胡子自京带给湖广会长刘天相照抄收藏"。③ 乾隆四十九年查获西安杜玉乔习教案，所获斋单"是今年正月里曾学孔给付，问他说是京城天主堂里传来的"。④

第三，售卖经卷给习教者。一般认为，教会售卖书籍是清代后期新教传教士入华传教后才兴起，不少新教差会都在东南沿海地区开办了教会印书馆，印刷圣经及各类小册子，除一部分无偿分发外，还有相当部分售卖。而清代前期天主教传教士则更多地采取无偿分发的形式。然而从禁教案所见资料来看，清代前期天主堂也有刻书售卖的行为。如乾隆四十六年查获直隶宝坻县李家庄民人李天一私造天主教堂、聚众念经案："至三十五年间李天一在住房左近建造天主堂三间，赴京向天主堂买备天主经卷并一切图像。"⑤ 这种买卖经卷的问题，颇值得我们注意。

北京天主堂之所以成为经卷流出的中心地，其根本原因在于天主

---

① 《清中前期西洋天主教在华活动档案史料》第 2 册，第 835 页。
② 《清中前期西洋天主教在华活动档案史料》第 1 册，第 137 页。
③ 《清中前期西洋天主教在华活动档案史料》第 1 册，第 271 页。
④ 《清中前期西洋天主教在华活动档案史料》第 1 册，第 473 页。
⑤ 《清中前期西洋天主教在华活动档案史料》第 1 册，第 329～330 页。

堂本身就是明清时期天主教经卷的主要刻印地。从明末天主教再次入华以来，各地天主堂既是传教中心，又往往是刻书中心。① 明清时期许多汉文天主教典籍就是刻自天主堂。仅以福建为例，明末清初时期，有相当一部分天主教经卷是由福建教堂自刻，如晋江景教堂、温陵证学堂、福州钦一堂（或称闽中天主堂、景教堂、敕建闽中天主堂）清漳景教堂、长溪（福安）天主堂、罗源天主堂（景教堂）等，这些天主教堂都刻印了大量的教会经卷。北京天主堂中存有许多书籍板片，很容易翻刻，可说是明清时期最主要的天主教书籍刻印中心。如前述嘉庆十年海甸杨家井周炳德等人就曾刻印汉字西洋经卷 31 种，而这些经卷的板片就在天主堂存贮。而且，禁教时期各地天主堂还往往将板片随同其他教会产业运抵北京天主堂存放。如嘉庆十九年查获山东新城县民贺锡隆学习天主教，搜出经卷书籍等件。据贺锡隆招供，在传教士汤亚利山给他的书中，"内有《苦己三会书》一本，上有济南府天主堂字样，当问来历，据汤亚利山说是康熙年间有南怀德在山东济南府天主堂主教时候所刻。南怀德故后，山东天主堂也废，所有板片都送到京在他堂里收存"。②

由于清政府在禁教过程中发觉相当多经卷来自北京天主堂，引起朝廷对北京天主堂刻书的注意。特别是嘉庆十年因为陈若望私带书信案，引出北京天主堂周炳德等人私刻书籍案件。刑部为此上疏，请求"饬交内务府管理西洋堂务大臣查起版片，与已刻各书一体销毁。并由臣部行文各直省督抚、将军、提镇暨在京提督衙门、都察院、五城、顺天府一体严密搜查，如有前项经卷，即行销毁，毋任流传"。③

① 关于明清时期的天主堂，见 Nicolas Standaert, ed., *Handbook of Christianity in China*, *Volume one*: 635 – 1800, pp. 580 – 585.
② 《清中前期西洋天主教在华活动档案史料》第 3 册，第 999 ~ 1000 页。
③ 《清中前期西洋天主教在华活动档案史料》第 2 册，第 837 ~ 838 页。

御史蔡维钰也上奏请求严禁在京西洋人刊书传教。在此背景下，嘉庆十年四月十八日专发上谕，要求内阁督促管理西洋堂务大臣严禁天主堂刻书传教。

> 京师设立西洋堂，原因推算天文，参用西法，凡西洋人等情愿来京学艺者，均得在堂栖止。乃各堂西洋人，每与内地民人往来讲习，并有刊刻书籍，私自流传之事。在该国习俗相沿信奉天主教，伊等自行讲论，立说成书，原所不禁。至内地刊刻书籍，私与民人传习，向来本定有例禁，今奉行日久，未免懈驰，其中一二好事之徒，创其异说，妄思传播，而愚民无知，往往易为所惑，不可不申明旧例，以杜歧趋。嗣后着管理西洋堂务大臣留心稽察，如有西洋人私刊书籍，即行查出销毁。并随时谕知在京之西洋人等务当安分学艺，不得与内地民人往来交结，仍着提督衙门、五城、顺天府将坊肆私刊书籍一体查销，但不得任听胥役借端兹扰，至干咎戾。钦此。①

嘉庆十年四月三十日又发上谕，斥责传教士德天赐等"胆敢私行传播，讯明习教各犯，不惟愚民妇女被其煽惑，兼有旗人亦复信奉，并用汉字编造西洋经卷至三十一种之多。若不严行惩办，何以辟异说而杜歧趋。且该国原系书写西洋字，内地民人无从传习。今查出所造经卷，系刊刻汉字，其居心实不可问"。② 嘉庆十年五月初二日，鉴于御史韩鼎晋指责四川等地天主教流传甚广，"勾引习教之人日聚日多，省会郡县亦恬不为怪"，其因乃"实由在都中西洋堂习教民人常

---

① 《清中前期西洋天主教在华活动档案史料》第 2 册，第 838 页。
② 《清中前期西洋天主教在华活动档案史料》第 2 册，第 839 页。

出外省传道，亦有教师名目，遇贫寒人，随便资助银两，诱其入教，并令其转诱"，为此嘉庆帝再发上谕，严查天主堂刻书："都中设立西洋堂，原为西洋人来京推算天文，供其栖止。在该国人信奉其教，自相讲论，本所不禁，至勾引内地民人传习，私刊书籍，转相流播，向干例禁。……其所传之经卷，或私自刊刻之书籍、板片等，一并查出销毁。"① 此后，清廷传谕在京西教士索德超、汤士选、福文高，要求交出堂中天主教经卷并板片。②

在此次嘉庆十年搜查北京天主堂的行动中，清廷查获了大量的天主教经卷，仅据五月初七日的报告，除了已经查获的经卷，还"续经查到清、汉字书一百七十三种"。而且，直隶总督颜检等还展开对北京附近地区流传天主教经卷板片的搜查，"……其经卷书籍板片等物，均应查明起出送销，恐现不习教之区，亦不免有旧日流传之本，现令地方官收买解省销毁"。③

尽管朝廷严令禁止北京天主堂刻书，而且也采取订立《西洋堂事务章程》等专条措施来加强监督，④ 但还是不能阻止天主堂私刻书籍派送各处。前述嘉庆十九年山东新城县民贺锡隆的习教经历就是一个典型的例子。贺氏嘉庆十三年曾在京抄报度日，继因路过天主堂，被引见到传教士汤士选（即汤亚立山）面前，受洗入教。汤还给予他经卷、洋镜等物。贺氏回乡后，在嘉庆十七年又进京，"到过天主堂，会见吴玛头（窦），又见管账之姜泽咏，说汤亚立山已于十四年夏间病故，又换一高姓掌教。……姜泽咏又给伊一本经书，两张瞻礼单，即于秋间回家"。⑤ 由此案可见，经过嘉庆十年的严查，京城天

---

① 《清中前期西洋天主教在华活动档案史料》第 2 册，第 841 页。
② 《清中前期西洋天主教在华活动档案史料》第 2 册，第 843 页。
③ 《清中前期西洋天主教在华活动档案史料》第 2 册，第 845、851 页。
④ 《清中前期西洋天主教在华活动档案史料》第 2 册，第 852~855 页。
⑤ 《清中前期西洋天主教在华活动档案史料》第 3 册，第 999~1000 页。

主堂并非如西方传教士所云"已将各堂书籍板片尽数交出。嗣后惟当谨遵圣训，安分守法，不敢再与外人往来传教，私刻清、汉字书籍"，[1] 而是仍然刊印、存留天主教经卷，并且继续派送经卷给贺锡隆等习教者。为此，山东巡抚同兴奏报嘉庆帝，要求深入调查贺锡隆供出在京习教人，及"经卷、板片有无尚在天主堂存留"。[2] 在接到山东巡抚同兴的奏报后，嘉庆帝即责成管理西洋堂大臣英和、崇禄查讯此事。但居于南堂的钦天监监副高守谦坚称："自查禁以后，板片书籍业经官为销毁，现今堂内并无存有西洋教书传来。"[3] 高守谦此处显系虚捏言语，应付官府查问。实际上，当时北京天主堂仍然存有大量经卷及各种书板，而且也没有停止刻印书籍。道光二十年清廷查获京师正佛寺、沙拉村经卷案，从这两处地方起出的数千册经卷就是原来北京天主堂存留物。而且办案官吏在查获沙拉村两千余本天主教经卷中，发现不少经卷"俱系甫经印刷，显有藏匿板片情弊"，最后在"复壁内搜出经卷板片一千五百一十二块"。[4] 由此可见，传教士千方百计保存图书刻板，从而得以继续刊印书籍。北京天主堂也成为雍正禁教以后天主教经卷的一个重要输出地。

清代前期天主教经卷来自传教士，反映了在华天主教会积极推行书籍传教策略。来华传教士，尤其是耶稣会从利玛窦开始就十分重视利用书籍作为扩展宗教的手段。此后这种策略一直得到了有效的执行。清代前期活动于各地的耶稣会传教士普遍采用散发书籍的方式吸引民人入教从而扩大天主教的影响。在耶稣会士书信中，这方面的记载很多，如康熙年间耶稣会士傅圣泽在江西抚州传教，注

---

① 《清中前期西洋天主教在华活动档案史料》第 2 册，第 843 页。
② 《清中前期西洋天主教在华活动档案史料》第 3 册，第 1000 页。
③ 《清中前期西洋天主教在华活动档案史料》第 3 册，第 1001 页。
④ 《清中前期西洋天主教在华活动档案史料》第 3 册，第 1266 页。

意从当地文人中吸收教徒，其做法就是向文人散发书籍。

> ……当时正值他们的考试之时，城市里到处是文人，他们经常是成群结队而来，一次仅一个下午，我数了一下来了十五人。我向他们分发我们老一辈传教士的一些著作，其中有利玛窦神父的优秀著作，中文名为《天主实义》，就是天上的主人的真正思想的意思。这本书曾对中国知识阶层产生过奇妙的作用，凡是认真读过它的人，很少有不受它影响的。另一本我给过几个人的书是艾儒略神父的《万物真原》（一切事物的真正起源）。这位传教士在他的那个年代是传教团的中流砥柱之一，他的著作在中国传播十分广泛，而且内容感人，教育意义大，以至于我可以肯定，这本书皈依的信徒数比书中的词甚至字数都还要多。但愿每个传教士在他们传教的地方都能够播撒大量教育的种子。……我还不知道我所传播的这些书最终结果如何，我所能记起的是，这些书曾对一位文人皈依我们宗教作用巨大，他在我离开那里不久接受了洗礼。
>
> 正是由于读了著名的汤若望神父四十多年前送给一位中国官吏的一些宗教书，整整一家人皈依了基督教，今年我为他们九个人施了洗礼。……
>
> 这个事例和我还可以举出的其他事例表明了好书在这里是多么有用。当我在抚州时，由于经费所限不可能向所有的人提供这样的书，我就在星期天做完圣事后，借给一些基督教徒他们向我要求的书，然后由他们转借给他们的亲戚朋友，一般就会有人因此而信教。[1]

---

[1] 傅圣泽 1702 年书信，杜赫德编《书简集》（1），第 211～212 页。

同样，康熙年间在抚州传教的耶稣会士沙守信也谈到分发书籍传教的情况，如他提到"不久以前一位贫苦的、靠施舍为生的盲人来求我给他两三本书，他会有什么用呢？我百思不得其解。原来他是将书交给十多位非基督徒去读，对他们进行我们神圣宗教教义的初步教育"。① 耶稣会士马若瑟在江西建昌传教时亦采用散发书籍的做法，"我（马若瑟——引者）让传道员讲解了基督教的基本原则，我留了一些书给他们。我在那里没待多长时间，为十九位预备入教者施了洗礼后就离开了"。② 由于书籍传教具有突出的作用，清代前期基层教会堂口日常所获捐献的一部分往往花费在"印刷用于皈依异教徒和感化信徒的、外面又无处可买的宗教书籍"上。③ 可以说，分发书籍已经是清代前期传教士日常传教过程中的主要手法。如 1703 年耶稣会士魏方济曾在罗马向耶稣会总会长呈递过一份"关于中国传教会现状的汇报"，内中提到令人感兴趣的有关传教士在基层堂口的日常工作状况，其中，"分发教理的入门读物、宗教书籍、圣水、念珠、画像等所有用于维持信徒的虔敬和激发信徒信仰的东西"④ 就是一项重要的工作。

清代前期来华传教士对汉语的掌握已经不如其前辈。由于各地教徒的数量相比此前有了比较明显的增长，对传教士的需求日增。因此，不少传教士来华后，往往尚未获得充分的学习汉语的时间，就不得不被派遣到各个传教点去进行传教工作。而且，在南方各地方言区，传教士更不可能有充裕的时间去掌握形形色色的方言。在此情况下，向各类人群颁发经卷不失为一种有效的传教替代手段。典型的例

---

① 沙守信 1703 年书信，杜赫德编《书简集》（1），第 241 页。
② 傅圣泽 1702 年书信，杜赫德编《书简集》（1），第 226 页。
③ 魏方济 1703 年书信，杜赫德编《书简集》（1），第 234 页。
④ 魏方济 1703 年书信，杜赫德编《书简集》（1），第 237 页。

子如耶稣会士殷弘绪在江西饶州传教时，"由于不太懂他们的语言，他为不能向这些迫切需要教导的非基督徒解释我们神圣的宗教而感到真正的痛苦。……为此他尽可能采取一些补救措施，如通过他的佣人，使那些人专心听他的佣人讲解，因为佣人知道怎样使他们相信，另外向能够阅读的人分发书籍。有些人读了书以后，产生了一些疑问，回来提出问题"。①

第二，祖上遗存。清代前期官府搜获的天主教经卷，还有较大比例来自习教者祖上遗留。天主教自明万历年间重新入华后，到清雍正元年禁教，前后已历百余年，形成了不少累世信仰天主教的家族。这些家族因为信仰天主教的时间很长，天主教传统十分深刻，家庭中常留有不少有关天主教的物品。其中，天主教经卷就是普遍存留之物。这方面的例子很多，如乾隆十一年查获湖南益阳县门楼山郑必华、郑公干二人家藏天主教神像及经书等项，"祖上向从天主教，遗有经卷未毁"。② 乾隆三十二年八月查获江西庐陵萧祥生等习教案，萧氏"父手原奉天主教，遗有女像一幅又小像二幅、经一本已经起获。……蒋云善……万安县人，……祖上原奉天主教，遗有画像、经文、念珠等项。……刘云飞……祖上原奉天主教，遗下画像、经本、念珠，不曾销毁，小的不会念经，只每月随着父亲吃八天素。……吴端兴……祖上曾奉天主教，遗有经文十三本，小的不识字，收在箱里，不曾烧毁，已经起出"。③ 乾隆三十三年九月，河南南阳府桐柏县民人刘天祥、冯明山等演传天主教，聚集多人，焚香念经。官府前往查拿，所获经卷亦属刘天祥等"祖上遗留"。④ 同样，嘉庆十七年十月

---

① 傅圣泽 1702 年书信，杜赫德编《书简集》（1），第 208 页。
② 《清中前期西洋天主教在华活动档案史料》第 1 册，第 101 页。
③ 《清中前期西洋天主教在华活动档案史料》第 1 册，第 265 页。
④ 《清中前期西洋天主教在华活动档案史料》第 1 册，第 271 页。

间湖北谷城县茶园木盘沟等处民人孙瑞景呈缴"祖遗刊刻《万物真原》《四末真论》二本"。① 嘉庆十七年十一月，湖北京山县民刘义、刘科、刘青等九人"祖上均习天主教"，在看到禁教示谕后，先后赴县投案自首，具结改悔。刘义呈缴了《省察规模》《默想指掌》《默想规程》《圣号经》《善生福终正路》《圣母圣衣会恩谕》《主经体味》《占礼问要理问答》，以及西洋小图像三纸、十字架一个等祖上遗留经卷、物件。② 嘉庆二十年九月，湖北应城县查获县属康宁、独槐、河阳等处民人张义盛等习教案，在张义盛家"起获经卷二十一本、图像五幅、字幅一张、十字架二个、斋期刊单一张。正在查讯间，旋据民人张添赐、张石氏等七十八名口赴案自行投首，情愿改悔，并将收藏经卷十一本、图像十三幅、经卷七页、十字架六个，一并呈缴"。张义盛等人均系祖上沿习天主教，"留有经像并供奉十字架，迨后各姓子孙均相沿习教，茹素念经，历年已久"。③ 嘉庆二十二年九月山西祁县访获康宁忠、王建安等沿习天主教等情。"缘康宁忠等均籍隶祁县，贸易佣工度日，各有祖传天主教经本，每逢七日吃斋念经，敬奉十字架，并无设立讲会惑众敛钱情事。"④ 嘉庆二十四年山西平遥县拿获县民安南阳等习教案，官府在"安南阳家搜获天主经三本、图像一张、十字架一个"，讯供均系祖父流传沿习天主教，安南阳家所存经卷、图像、十字架等物亦系"祖遗"。⑤ 嘉庆二十四年，河南南阳、唐县等县拿获张麦贵、周观等习教者，"各随其父祖相传习天主教，口授十戒经，……各犯家内或供奉十字架、天主

① 《清中前期西洋天主教在华活动档案史料》第 3 册，第 987~988 页。
② 《清中前期西洋天主教在华活动档案史料》第 3 册，第 991 页。
③ 《清中前期西洋天主教在华活动档案史料》第 3 册，第 1064 页。
④ 《清中前期西洋天主教在华活动档案史料》第 3 册，第 1097 页。
⑤ 《清中前期西洋天主教在华活动档案史料》第 3 册，第 1127 页。

图像，天主牌位及收藏经本、素珠，讯系祖辈所遗，并非刘方济各传授"。① 道光二年四川乐至县刘嗣坤家族习教案中，刘家的经卷、图像也是"祖上留传"之物。②

第三，教徒自抄、自刻。从禁教案资料可见，清代禁教期还有一些天主教经卷系由教徒自抄、自刻。在官府查抄记录中，我们注意到不少经卷特意注明为"抄经"③。所谓抄经，应是与刻经相对而言的由教徒自行抄写流传的经卷。清代前期并非所有的习教者都能轻而易举地获得刻印经卷。经卷刻印成本较高，印数也有限，散发的范围也非无远弗届。尤其是那些地处偏僻乡村的习教者，获得刻印经卷自然要比通衢大道的居民费时费力。而抄写经卷不仅成本低，且便捷易行，因此，一些习教者就采取抄写的办法来置备天主教经卷。有关清代禁教期教徒抄写经卷的例子也有不少，如乾隆五十年三月查获乐昌县民刘志名传习天主教案。刘氏不但自己吃斋念经，并招引潘连第、姚万从、姚万德至其家一同学习，"复将经卷、斋单交给抄录，希冀广传徒众"。再如嘉庆十九年十二月贵州查获张大鹏传习天主教案。在该案中，官府先后抓获张大鹏等一干习教者。据张大鹏招供，他在嘉庆五年从先前被抓获的传道人胡世禄处"分得西洋教经本"。而同案被获的习教者勾先科的经卷则是在"嘉庆十六年间向顾占鳌抄得"。又据署平樾直隶知县张琚续获冯添发并其子冯乔受二名，"讯系十七年间在已获审结之冉汉发家偷得抄录经本"，而"张大鹏、康老五之经均系刊刻小板，与勾先科、冯添发所抄字句相同"。同样的例子还有嘉庆十九年十二月江苏海门查获袁昌习教案。据袁昌供称他的经卷亦是抄录得来："嘉庆十四年间有山东人不知住居何县之周嘉

---

① 《清中前期西洋天主教在华活动档案史料》第 3 册，第 1013 页。
② 《清中前期西洋天主教在华活动档案史料》第 3 册，第 1177 页。
③ 《清中前期西洋天主教在华活动档案史料》第 3 册，第 1227 页。

禄来到海门传习西洋天主教，声言有人信奉天主教即可消灾免罪。该犯与叔袁天佑、兄袁茂芳并亲戚顾献廷、黄献邦、郁正芳……先后信从入教，周嘉禄即将天主、圣母等经抄给各犯，常在袁茂芳等家悬挂图像、诵习经卷。"①

　　曾有学者指出，清代活跃于基层社会的其他民间教门的普通信众以抄传各类宝卷为善行，故而教徒以抄写方式传递经卷的现象很普遍。② 清廷查禁弘阳教时，从民间习教者中起出的该教派经卷不少就是抄写而得。典型的例子如嘉庆二十年直隶通州，"起出抄写《了言经》十五页"；嘉庆二十二年直隶献县，"杜学成家起出抄本《三藏经》一本、不全《十字经》一本……王宋氏家起出抄本《道场总抄》一本、《阳宅起首》一本……又有地藏王庙一间，庙内起出经卷一捆，计二十八本，并零星不全抄本经数篇"。③ 与之极为相似的是，天主教习教者也常以抄写方式获得经卷，由此或可反映出天主教与民间宗教之间在基层传播方式上存在的相互影响。

　　除了抄写经卷，从禁教案中我们亦发现清代前期民间习教者还曾自刻经卷。清代禁教期间，各地官府从天主教家庭中搜获不少经卷板片，这说明习教者当中存在自刻经卷的行为。④ 根据禁教案资料，民间刷印最普遍的是斋单、通功单、孝单等各类单子。这些单子与其他民间宗教内部流传的一些斋期表、灵符等较为类似，带有很强的民间色彩，不仅从内容上容易被民间社会接受，而且由于翻刻简便易行，即使是普通的乡村刻字小作坊也可以较大批量生产，因此在民间流传较普遍。如乾隆四十九年川省教徒张万忠"因教内念经吃斋，各有

---

① 本段引文分别出自《清中前期西洋天主教在华活动档案史料》第 3 册，第 707、1013～1014、1017 页。

② 车锡伦：《中国宝卷文献的几个问题》，《中国宝卷总目》，第 13 页。

③ 宋军：《清代弘阳教研究》，社会科学文献出版社，2002，第 135 页。

④ 《清中前期西洋天主教在华活动档案史料》第 2 册，第 676 页。

日期，遂按照宪书节气，交刻字之胡相昭刊有斋期单板片，即送同教熟识之人，以便彼此记识"。① 而且值得注意的是，鉴于民间对上述斋单存在需求，不少地方习教者还刻印斋单以售卖图利。如嘉庆二十年间江苏海门厅教徒邱小方因教徒蒋星源"曾刊有封斋开斋日期单，系随春分节候排算，该犯存有单底，起意刊卖图利。照是年节气算准，令不识姓名刻字人照样刊刷，陆续卖给陈文等四五十张，每张得钱十余文不等"。② 道光十七年，习教者李成信因其故父说过，每逢房虚昴星之日系天主生日，因此"从宪书内查明作为斋戒日期，嘱侨寓洪洞县之四川人王姓刻板刷印数十张，房喜盛亦向买回一张"。③

实际上，有一些习教者就是刻工。这些操印刷职业者，不仅很容易如前述邱小方等利用自己的技术来翻印书籍、"刻卖瞻礼单"，甚至有一些习教刻工还伪刻"准奉天主教报文"等官府公文售卖图利。典型的例子如嘉庆十九年七月四川邻水县拿获"捏造准奉天主教报文"王幅一案。据王幅供称："籍隶湖南衡山县，幼时随其祖父学习天主教，后又学习刻字匠生理。嘉庆十九年间，王幅游荡来川，在邻水县贫难度日，因闻川省向有学习天主教，经屡次查禁，改悔者甚多，其有尚未悔改之家，必然不愿查禁，起意假充提塘报差，捏称奉文准奉天主教，向习教者报喜骗钱使用。随买木板，私刻提塘钤记一颗并报条照票板式各一块，用纸刷印，盖用伪造钤记，欲往习教之家报喜。"④

除了上述几个渠道，清代民间习教者所持有的天主教经卷，一部分还来自习教者之间的互相传递。这些经卷，或是亲友间互相借

① 《清中前期西洋天主教在华活动档案史料》第 2 册，第 507 页。
② 《清中前期西洋天主教在华活动档案史料》第 3 册，第 1133 页。
③ 《清中前期西洋天主教在华活动档案史料》第 3 册，第 1234 页。
④ 《清中前期西洋天主教在华活动档案史料》第 3 册，第 1019~1020 页。

阅而来，如乾隆十一年十一月查获贵州思南府婺川县民人蒋应举、蒋应榜等习教案中，蒋应举缴交的一本天主教经卷就是其父蒋世远从住居四川涪州黑塘的岳父游翠及处讨要而来。① 嘉庆二十年山西汾阳县查获王青等习教案，教徒王青之父王正帼曾皈依天主教，在乾隆四十九年间，王正帼因奉官查禁，"悔悟出教，将祖遗十字架、经卷等物烧毁"。嘉庆二十年三月间，王青至教徒王原善家，见王原善供有十字架诵经，"询系天主教劝人为善，尊敬长上之事"，因为"伊祖上本系入教，仍欲沿习"，就向王原善"讨取经本，私相诵习，并造十字架在房供奉，嘱伊妻不告知其父母"。② 嘉庆二十四年查获江苏海门厅袁昌案内被捕之郁正芳、黄献邦继续习教案，所缴获的两本经卷，"系向在厅境佣趁之崇明县人张天益送给"。③ 或是直接向其他习教者购买而得。如乾隆四十九年查获四川成都县黄涓父子习教案，黄廷端就曾于"乾隆四十六年向湖北麻城人来川贸易之刘内斯买得要理一本，俱存在家"。④ 道光十八年，山西霍州访获天主教人犯房振丰家族习教案，"起获图像、经卷并十字架等物"。其中，其子房喜盛曾在道光十六年间"到洪洞县地方在已获究办之教犯李成信家买得天主教中卷一本"。⑤

四 经卷与清代禁教期天主教的本土化

作为一种外来宗教，天主教入华传播后，面临的一个核心问题是

---

① 《清中前期西洋天主教在华活动档案史料》第3册，第128、138页。
② 《清中前期西洋天主教在华活动档案史料》第3册，第1086页。
③ 《清中前期西洋天主教在华活动档案史料》第3册，第1131页。
④ 《清中前期西洋天主教在华活动档案史料》第1册，第505页。
⑤ 《清中前期西洋天主教在华活动档案史料》第3册，第1234页。

如何逐渐本土化，使之成为被中国社会普遍接受的一种宗教信仰。[①]
而要完成这种本土化，一个重要前提就是应当尽可能地将原为西方语言的诸多天主教书籍翻译成中文。一方面，使中外传教士能运用这些书籍向中国人解说教理；另一方面，也便于中国的习教者阅读。这与佛教在中古中国的传播状况是很相似的。大量的梵文佛经在那个时代通过僧人的努力逐渐被译为汉文，从而推动了佛教在华的深刻本土化。[②] 明末天主教传教士入华后，在儒家天主教徒的协助下，也翻译、刻印了大量的中文天主教经卷，努力推进天主教本土化。清代禁教时期，这些天主教经卷即在推动基层教会发展过程中扮演了重要角色。

在官府禁教期间，流传民间的天主教经卷往往在维持基层教会信仰上起到了重要作用。一个基层天主教群体的建立与维系，除了应有传道员、习教者及比较固定的习教处所，有无经卷是一个十分重要的条件。一般情况下，当地习教者会设法置备一定数量的天主教经卷，以之作为聚众习教的工具。典型的例子如嘉庆五年查获贵州城六广门外胡世禄传习天主教案。胡世禄"籍称西洋天主教，创设经堂，惑众敛钱，并有罗宋氏宣讲因果，黔民罗忠、冯万粹、冷世爵、刘文元、周洪魁、吉文友接引传教，吴林、韩朝贵、聂胜朝、曾福等听从入伙"。地方官府侦知后，派委差役抓捕胡世禄等习教者，并在"经堂内起获经卷二本、骨像一具"。据胡世禄供认：

---

① 钟鸣旦：《本地化：谈福音与文化》，陈宽薇译，光启出版社，1993；Nicolas Standaert，"Christianity as a Religion in China, Insights from the Handbook of Christianity in China, Volume one（635 – 1800），" *Cahiers d'Extrême – Asie* 12（2001）：1 – 21；张先清：《清中叶天主教在华的本土化问题》，《厦门大学学报》2006 年第 1 期。

② 关于佛教在中古中国的传播，参见汤用彤《汉魏两晋南北朝佛教史》，中华书局，1983；许理和《佛教征服中国》，李四龙等译，江苏人民出版社，2003。

原籍湖广，寄居四川，并无父母、兄弟、妻室、子女。因伊祖胡可珍存日，曾奉天主洋教，后值身故，奉禁，将经像留存邻妇罗宋氏家中。该犯来黔贸易，将本消折，于本年正月内，在罗忠铺内会见冯万粹、冷世爵、刘文元、周洪魁、吉文友，各道贫难，该犯起意传教敛钱，罗忠等各皆欣允。冯万粹并以家有空屋，可建经堂，商令回川取经，于三月二十九日自川返省。先因罗宋氏孤寡无依，该犯劝令同来，并将该氏养老银八两，借作盘费，许以得财清偿。同寓冯万粹后屋，将中间该设经堂，择期四月十五日开讲，该犯称大师长，罗忠等六人称为大徒弟，各出接引。有附近民人吴林、韩朝贵及在黔贸易之江西人聂胜朝、曾福等听从入教，并出银数钱不等，称为小徒弟，夜聚晓散，奉诵经典，即被访闻拿获，此外实无另有辗转传授及知情容隐之人。[①]

本案中的胡世禄是一位华籍传教人员，他利用贵州偏远、朝廷控制不严等有利条件，在女传道员罗宋氏的协助下伺机传教，以民屋为教堂，并且从四川带来了必需的经卷，在当地建立了一个习教小群体。

清代禁教期间，教徒往往因为住居邻近而组成大小不一的习教群体以保存宗教信仰，在这些由教徒自己组成的习教小群体中，教徒的日常习教活动一般是聚集在持有经卷者家中进行。典型的例子如嘉庆二十年十二月山西屯留、凤台县查获靳有余、李成喜、王升等习教案。靳有余等"均由祖父相传沿习西洋天主教"，其中，李成喜"家有祖父传留天主教经本、图像、木十字架。李成喜之妹王李氏亦自幼随同习教，嫁与凤台县人王升为妻。王升之祖亦有传留天主教经本、

---

① 《清中前期西洋天主教在华活动档案史料》第 2 册，第 814 页。

神像、木十字架，其余靳有余等俱无经卷、图像等物。李成喜于嘉庆二十年十二月间向靳有余租赁房屋，同院居住。靳有余、罗景云、郑根形、郑贵兴、张摇不动、宋保幅因李成喜存有经卷，每逢七日斋期，各往李成喜家中念经。孔传芳同子孔文成与王升邻居，因王升家有经卷，亦遇七日斋期，前往念经。均无倡立讲会煽惑传徒以及符咒蛊惑情事"。① 在该案中，李成喜与王升因为拥有祖上流传的经卷这一重要的习教资源，其住所自然成为联系周围教徒的一个信仰中心。同样的例子还有嘉庆二十二年九月山西平遥县查获侯奇太、任治世等沿习天主教案。侯奇太等人各由祖父相传沿习天主教。嘉庆二十年间，教徒许裕、王温新与任治世、侯奇太在县城内合伙开酱铺，因为侯奇太"有祖遗天主经卷、图像、念珠十字架"，许裕等人就与侯奇太"一同仍行沿习"。②

应该指出的是，在基层教会中，并非所有的习教者都持有经卷。尽管如此，清代禁教期间，一些手中没有经卷的习教者仍然可以通过口耳相传的方式，将一部分经卷内容牢记背诵，并且世代传递下来，从而达到维持基层习教群体信仰的功效。典型的例子如嘉庆二十二年正月山西阳曲县查获县属涧河等村民张成虎等 52 人、土乞料沟等村民高汉富等 49 人习教案。这些习教者俱为祖上奉行天主教，"流传口授念经、吃斋，冀图消灾获福"。③ 道光十八年六月查获山西洪洞县李成信等 7 人传习天主教案，也反映了类似的情况。李成信等人"素习天主教，各由祖父传授"，因"均不识字"，这些寻常教徒都是"口传经语，不时念诵，希冀求福消灾，并无一定念经日期，……亦

---

① 《清中前期西洋天主教在华活动档案史料》第 3 册，第 1086 页。
② 《清中前期西洋天主教在华活动档案史料》第 3 册，第 1117 页。
③ 《清中前期西洋天主教在华活动档案史料》第 3 册，第 1093 页。

无经卷、图像"。① 在这些案例中，口诵经卷成了习教者在日常生活中传习天主教的一种重要方式。

* * *

清代雍乾嘉道年间，天主教在华积淀已久，尽管频遭官府严禁，但民间传习天主教的活动仍然保持稳定的态势，习教者的绝对人数甚至达到前所未有的高峰。由于天主教信仰十分强调诵经礼拜，天主教经卷遂成为绝大多数基层习教者不可或缺的习教资源。为满足习教的现实需要，当时许多习教者手中持有一定数量的天主教经卷，以致在清代禁教期民间形成了一个比较普遍的经卷收藏状况。但是，以往研究者往往只注意到天主教堂藏书楼所藏的天主教书籍，再加上清代禁教期已经不是天主教经卷译刻的高潮时期，故而民间流传的这部分天主教经卷屡被忽略。实际上，考察清代禁教期天主教经卷在民间社会的流传，不仅可以弥补明清天主教文献史研究上的不足，更重要的是能够增强今人对于清代禁教时期分散、封闭的基层奉教群体习教活动的认识。②

从研究中可以看出，清代禁教期基层习教群体中普遍流传着数量不少的天主教经卷，其种类亦呈多样化，除了要理、日课等指导教徒日常习教规程、礼仪的书籍，一些带有深刻哲理论辩色彩的神学书籍此时也流传于民间。由此表明，尽管清代中叶主流儒学界对天主教秉持明显的批判态度，但是分布于城乡之间的天主教群体，仍然有一些是接受了天主教信仰的儒学士人。这些知识阶层的奉教者因为掌握了

---

① 《清中前期西洋天主教在华活动档案史料》第 3 册，第 1232 页。
② 有关明清时期基层天主教群体的概况，参见 Nicolas Standaert, ed., *Handbook of Christianity in China*, *Volume one*: *635 – 1800*, pp. 534 – 575.

经卷资源，常常成为一个基层习教群体中的核心人物。清代禁教期间天主教经卷的流通渠道也很多样，其中传教士授予是一个主要渠道。由此说明，作为知识传教策略的组成部分，向民众散发书籍仍然是清代前期天主教会在华传教的一个主要手段。习教者祖上遗留经卷的现象也很普遍，它反映了清代中叶天主教传播中的家族性特征。此外，天主教徒常以抄写方式来获得经卷，这与清代民间宗教信徒热衷抄传各类宝卷的情况极为相似，也表明了二者之间存在的某种关联。

总之，本章所揭示的天主教经卷在清代禁教期民间社会较为广泛地流行的情状，提醒我们在研究清代天主教时应当注意其在华活动的复杂面向。清代中叶是天主教在华本土化的重要阶段，在此期间，数量众多的天主教经卷通过各种渠道进入民间，在推动天主教的本土化进程中扮演了重要的角色，而围绕经卷流传也产生了许多值得我们继续深究的问题。

第六章

聚众诵经：清前期天主教会的集体信仰形式

正如涂尔干指出，宗教具有明显的社会性，[①] 由此使得人类宗教活动往往呈现出一种集体信仰形式的特征。这种集体信仰形式对于社会结构与宗教信仰本身都产生了重要的作用，它不仅提供了一种将社会组织起来的共同行动，也是推动宗教团体培植集体观念与集体情感的前提。[②] 因此，对于任何宗教来说，都十分重视集体信仰生活。作为一种典型的制度化宗教，天主教也特别强调集体信仰实践，教徒除了在个体家庭内部进行修行，更重要的是必须按照一定的时间规定，定期赴教堂等专门的宗教空间参加主日瞻礼等所在地方教会团体的公共信仰活动。

清代禁教期间，天主教会虽被禁止公开活动，但教众在城乡地方聚会习教的现象仍然十分普遍，以至于清代官府将"聚众诵经"当作天主教会的一个典型特征。显而易见，聚会习教这种集体信仰形式已成为这一时期各地天主教团体宗教生活的一个基本形式，在推动天主教本土化过程中发挥了重要作用。本章要考察的就是清代前期尤其是禁教期间天主教会组织集体信仰活动的问题，除了探讨聚众习教的

---

① 爱弥儿·涂尔干：《宗教生活的基本形式》，渠东、汲喆译，上海人民出版社，1999，第 11 页。

② 爱弥儿·涂尔干：《宗教生活的基本形式》，第 552 页。

状况，也侧重分析天主教会如何通过刊刻教历等方式，将天主教时间节奏引入清代民众社会生活中，并借以规范教徒的集体信仰及维系宗教认同，在此基础上进一步分析这种集体信仰形式及仪式在推动天主教本土化过程中的作用与影响。

一　聚众诵经与日常宗教生活

聚众诵经是人类社会主要宗教的基本形式之一，天主教也不例外，很早就将定期聚会习教作为重要的教规之一。明末天主教传教士入华后，也引入了这种集体习教的要求，并在日常信仰指导中突出强调有关集会习教的规定。例如，明末耶稣会士潘国光撰写了《圣教四规》，指明奉习天主教的四项重要规则，内中第一条就明确要求必须按照时间规定，定期聚会习教。

> 圣教定规，其要有四，一凡主日暨诸瞻礼日宜与弥撒，二遵守圣教所定斋期，三解罪至少者每年一次，四领圣体至少每年一次，宜于复活瞻礼前后。[①]

在该书中，潘国光进而指出定期参与瞻礼、弥撒等集体习教行为的宗教意义。

> 瞻礼日与弥撒，此天主十诫中第三诫，命受瞻礼之日，要世人常记始初天主专为吾人生天地万物感其大恩，因瞻礼而报本

---

① 潘国光：《圣教四规》，钟鸣旦、杜鼎克编《耶稣会罗马档案馆明清天主教文献》，第 267 页。

也。亦以此分别圣教之人，与不在圣教之人焉……且守瞻礼之事，不在别物，在于有形之礼仪，显我心内所感受天主之德，故守瞻礼之日，包含两义，一谓命，一谓禁。夫命者，命于瞻礼之日，献天主有形之圣功，如跪拜起伏、诵经祭礼等是也。禁者，禁于瞻礼之日，农工商贾，各罢本业也。……惟于瞻礼之日，教中人必宜赴堂敬与弥撒，若居恒无故而不与弥撒，则是日虽行别大圣功，必不作为守瞻礼之规而大得罪于天主。[1]

上述《圣教四规》的内容表明，天主教在刚入华后就已十分重视规范教徒习教活动，尤其强调要遵行一定的时间规定，到所在教堂进行集体的习教活动。而这种集体习教的瞻礼活动，不仅是区别教内人与教外人身份的一种重要标志，也是获得个人信仰回报的必由之路："圣教之人，必当殚力竭心，敬赴瞻礼，恭与弥撒而蒙天主赐无数之恩惠。"[2] 很显然，天主教会希望通过树立聚会习教这一集体信仰形式来凝聚教徒，巩固其信仰基础。在天主教传入中国的早期阶段，随着教徒数量的增加，在传教士的教导下，各地教徒也已逐渐接受这种聚众习教的方式。例如，当耶稣会士龙华民在韶州传教时，有个村庄已发展了一百名教徒，他就在当地教徒的帮助下建起了一座教堂，而且举行了第一次弥撒，"安放了一口铜钟用以召唤百姓去做礼拜"。[3] 实际上，由于传统中国的宗教活动都有定期聚会的传统，因此天主教传入后，尽管在具体的习教时间、仪式上有所不同，但教徒

---

① 潘国光：《圣教四规》，钟鸣旦、杜鼎克编《耶稣会罗马档案馆明清天主教文献》，第267~269页。

② 潘国光：《圣教四规》，钟鸣旦、杜鼎克编《耶稣会罗马档案馆明清天主教文献》，第273页。

③ 利玛窦、金尼阁：《利玛窦中国札记》，何高济等译，广西师范大学出版社，2001，第316页。

对这种聚众习教的方式并不陌生。

经过一段时间的传播，清代前期天主教的活动已经遍布内地的主要行省，各地都形成了许多大大小小的天主教团体。为了维持信仰，组织日常宗教集会这类集体信仰活动就十分必要。尤其是教徒云集的北京、南京等主要城市教会，传教士经常组织教徒聚会习教，开展集体信仰活动。即使在雍正初年清廷禁止天主教公开传播后，天主教会只能秘密传教，从而对这种宗教集会带来较大的影响，但天主教会的集体信仰活动并未中断。例如，雍正初年北京教徒仍然在主日和其他瞻礼日到教堂聚会习教："星期日或节日里，基督徒们仍继续来教堂，我们惟一要注意的就是让他们不要成群结队出去。"[①] 1746年乾隆朝大教案爆发期间，北京由法国传教士主持的北堂仍然组织教徒聚会，身处京师的传教士仍在节日和星期日布道和举行弥撒。

> 每个星期日，都在我们的教堂中作神圣的礼拜仪式，就如同在最正规的堂区教堂中一样。基督徒们都毫无恐惧持续地前来。他们用汉语在那里赞扬上帝，他们也听布道和参加大弥撒，其庄重程度就如同人们可以在欧洲所看到的一模一样。[②]

可以说，在乾嘉后期严厉禁教期间，北京的天主教会仍然经常开展聚会习教的集体信仰活动。每逢天主教节日，京城教堂中常常充满信徒；[③] 而在一些主要节日尤其是圣诞节等大瞻礼活动，参加聚会的教徒往往人数更多，仪式也十分隆重。例如1768年冬，北堂在清廷刚刚发布了一道禁教令后，仍然举行了一次圣诞节集体瞻礼活动。

---

① 杜赫德编《书简集》(3)，第150~151页。
② 杜赫德编《书简集》(4)，第381页。
③ 杜赫德编《书简集》(5)，第53页。

告示在圣诞日被张贴出来。这并不妨碍我们以某种热闹的形式庆祝这一节日。为了不刺激当局，也为了不让我们的主祭司们太多地担心，在晚上街上的栅栏还没有关闭的时候，基督教徒悄悄地来到我们教宅。屋子里已经有了另外一些人，他们来自山区。其中我看到一位七十二岁的老者，他为了能如愿参加节庆活动，在隆冬季节，不顾80法里的长途跋涉，来到这里。

午夜时分，我们的教堂亮如白昼。弥撒在器乐和声乐的伴奏下开始，伴奏音乐充满着中国情调，但也时不时使欧洲人感到一点愉悦。我们仅有二十名乐师，为了避免招来周围偶像教信徒的憎恨，我们舍弃了大鼓和其他一些声音太大的乐器。城市四周有街兵巡逻值夜，如果靠近时他们听到的声音就会如同他们在教堂里一样。好在没什么事情发生。天亮时，基督教徒们陆续离去，满心欢喜地返回家中。①

除了圣诞节，每逢另外一些重要的节日教会也定期举行聚会，如耶稣会士蒋友仁在一封信中谈到1770年在北京教堂中举行的一次圣体节瞻礼。

6月13日……，正值圣体瞻礼节的前夕，大批各种年龄、各种身份的基督徒聚集在我们教堂里庆祝这一节日。……这些官员依然一如既往地参加了最先的晚祷。节日那一天，他们一早就来教堂领圣体，还参加祈祷、讲道、大弥撒、仪式队伍及延续至下午的其他节日仪式。②

---

① 杜赫德编《书简集》（5），第154页。
② 杜赫德编《书简集》（5），第253页。

耶稣会士韩国英也描述了禁教时期许多教徒参加在北堂举行的耶稣圣心节日聚会的场景。

我们法国教堂是惟一庆祝耶稣圣心节的场所，有鉴于此，所有其他教堂管辖的新信徒都成群结队地来到这里；但令欧洲难以想象的是，我们看到有些新信徒来自五六十法里以外，甚至来自更远的地方——只要地里的活计允许他们这样做。见到这些善良的农民为了筹集此番长途跋涉的费用而在一个月前就已开始节衣缩食，……圣体节八日庆期之星期四的下午 2 时许，一切准备就绪，基督徒们集中到了一起，传教士们在小教堂做罢祈祷后来到帐篷里坐了下来，听乐师修会排练为第二天准备的经文歌、感恩歌和几段乐曲。[1]

一些重要的瞻礼节日，除了京城的教徒，也有一些外地的教徒赶来参加，有的时候人数多达数百人。[2] 尽管朝廷颁发了禁教令，但官府对于京城中教堂的集会有时监管并不十分严格，如此也给了传教士秘密传教的机会："全城所有十字路口多贴着禁教令，我们的新信徒们却照样来教堂，官府则佯装不知。"[3]

在北京之外的地方，这种定期集体习教的行为也很普遍。例如，耶稣会士傅圣泽曾经提到南京城教徒的聚会习教情景。

星期日，全体的集会人异乎寻常地多，本来很宽敞的教堂显得太小了，人们用圣枝、香料、蜡烛来感恩，经过一年时间，在

---

① 杜赫德编《书简集》(6)，第 3 页。
② 杜赫德编《书简集》(5)，第 246 页。
③ 杜赫德编《书简集》(5)，第 264 页。

圣像前点燃这些东西，信徒们早已习以为常了。周四建立圣体节，人们将盛圣体的圣爵收藏起来，就像在欧洲人们通常所做的那样，每次它被拿出来，基督教徒就分几批来瞻仰它，以至于整个下午和接下去的晚上，总是有人在祷告。他们手持念珠一小时一小时地高声诵读着祷文或若干长祷文形式的祷词，对圣体表示敬意。周五耶稣受难日，教堂依然显得十分拥挤。人们以我们在欧洲同样的方式对十字架表示崇敬。特别的地方在于，在神圣的仪式之后，这些热情的新入教者举行了严厉的苦鞭仪式。星期六，人们举行了教堂日常的仪式，复活节那天，一百多人来做弥撒，从早到晚，教堂几乎都是满满的。①

除了北京、南京这些大城市，一些中小城市的天主教团体集体信仰活动也十分活跃。耶稣会士沙守信长期在江西抚州传教，他记载了当地教徒定期到教堂参与集会的情况。

有些人每个星期天都徒步八到十法里来参加弥撒。许多人每个星期五都参加教堂的聚会，他们诵读一些对耶稣基督表示敬仰的祷词。他们在互相间求得对以往相互冒犯事情的谅解后，才会离去。②

在一些偏僻的地方，这类宗教集会有时候也会因为西方传教士巡视到这里而临时举行。清代前期尤其是禁教期间，不少地方因传教士被驱逐而长期缺乏神职人员。当西方传教士秘密潜入传教时，对于本

① 杜赫德编《书简集》(1)，第222页。
② 杜赫德编《书简集》(1)，第241页。

地天主教团体来说是件大事，鉴于一些重要的圣事只有神父才能进行，因此这种聚会往往也是集体补领圣事的场合。耶稣会士洪若翰记载了清前期在黄州简易教堂的一次复活节聚会。

> 　　我所说的坏天气使一大群从各地前来做生意的基督徒滞留在了黄州。由于这些人几乎长年在外，他们已有六七年没看到过传教士了。他们欣喜地得知我已经在黄州定居。于是，在耶稣受难日有不下二十名基督徒来到了教堂。为首的是一位八十二岁的老举人，他与其他人一样，为能在这样一个上帝还从未被敬拜过，或至少从未被以教会为这一圣日所规定的仪式敬拜过的地方敬拜被钉死在十字架上的耶稣基督而感到安慰。周围的基督徒们得知这一消息后，在以后几天也赶到教堂来隆重庆祝复活节。我为七位成人与两位儿童补行了洗礼仪式，这些人的圣事原来只是由教理讲授者授予的。其他的人则做了忏悔和领了圣体。节日过后，这些基督徒就离开了。我平静地呆在教堂里，分发大量的有关我们神圣宗教的书籍，并在机会出现时向众人宣讲耶稣基督。[①]

在开展瞻礼聚会这类集体信仰活动时，由于人数较多，往往需要特殊的集会场所。在禁教以前，天主教在中国各地建立的数量众多的天主堂是聚会的主要场所，但在天主教遭到禁止公开传教后，除了北京城，其他地方的教堂基本被没收改为他用，因此如何解决聚会习教的场所成为摆在天主教会面前的一道难题。一般而言，传教士首先会选择富裕教徒的房屋作为聚会的地点，这些富裕的教徒居住的深宅大院，既能提供比较宽敞的空间，同时较为安全，因此是比较理想的聚

---

① 　杜赫德编《书简集》（1），第327页。

会地点。这方面的例子很多，例如清代前期耶稣会士顾铎泽在湖广开展巡回传教，他就多次充分利用了这些地区富裕教徒的住宅，将其作为召集所在地区教徒会聚习教的场所。据他的记述，在汉口附近一个刘家口的村子里，一个富裕的教徒家庭"把房子借给传教士作聚会用并以此为荣"。① 老河口一位金姓教徒的大房子也是当地聚会的场所。② 同样的例子还有耶稣会士君丑尼，乾隆年间他在湖北谷城一个拥有200名左右教徒的天主教堂口传教时，也是借用当地一位教徒的住宅作为聚会处所。③

此外，有时传教士甚至依靠这些富裕教徒的支持，在当地建起临时教堂。顾铎泽提到他曾在湖北老河口光化县一位蔡姓教徒家中建了一座简易传教所。

> 我在光化县我上文提到过的姓蔡的基督徒家里也有类似的避难所，他为我盖了一间茅草顶生砖房卧室，旁边盖了一间大屋用来做弥撒和听忏悔。这两处房子是附近信徒们聚会的中心，也是我去看望不能来的信徒们的落脚处，这对传教士和基督徒们来说都很有利。④

在一些水上教会，穿行于河道的船只不仅是交通工具，也是传教士组织聚会习教的重要场所。在禁教时期，停泊在江上的大型船只往往充当了临时教堂的角色，船户或渔民教徒聚集在这样的船上，聚会习教。例如，乾隆年间汉口的船户教徒组成了一个特殊的水上教会，

---

① 杜赫德编《书简集》(3)，第304页。
② 杜赫德编《书简集》(3)，第307页。
③ 杜赫德编《书简集》(4)，第265页。
④ 杜赫德编《书简集》(3)，第306页。

他们聚会的时候一般选择在大型船只上进行。1727 年在湖广一带传教的耶稣会士顾铎泽就描述了一次特殊的船上聚会场景。

　　……载着基督徒们的船一批接一批地驶到我所在的船边或附近。河上大部分船只都是装载着基督徒来参加聚会的，好几个夜里，我都忙于听他们忏悔、主持弥撒和领圣体。一切都在天亮前结束。①

在组织这类日常宗教集会活动时，天主教会一般要依靠本地教会骨干的力量，尤其是本土传道员以及本地的会长，他们常常起到非常重要的组织者作用。传教士一般巡视到这里后，会第一时间通知会长，然后由会长组织宗教集会。顾铎泽很形象地提到了一次他在湖广传教时是如何通过当地的教会首领组织本地天主教徒聚会习教的过程，当他抵达后就"派人去告知这个群体的会长，或者说他们的首领来找我，一起约定这些新教徒们到我船上聚会的日子"。② 同样，耶稣会士赵圣修巡视汉口时，也是通过骨干教徒来组织本地教徒聚会。

　　当他到达一个拥有基督徒的地方，便派一名教经先生（传道员——引者）先行通报那里的主要基督徒，此人再通报其他所有信徒。他们都集聚于此人府上，该传教士于傍晚时前往那里。③

---

① 杜赫德编《书简集》（3），第 294 页。
② 杜赫德编《书简集》（3），第 303 页。
③ 杜赫德编《书简集》（4），第 268 页。

在维持日常集体信仰活动中，天主教会培养的本地传道员的作用十分明显，尤其是距离教堂远的地方，教会基本上要依赖传道员来组织日常的聚会习教活动。耶稣会士纽若翰就提到了湖广地区山中教会因为距离传教士驻扎的教堂较远，当地教会聚会活动基本上由传道员组织。

> 由于我们所处的地方距教堂较远，以及当时的危急处境，无法使所有信徒都能于所有的节日和星期日前往教堂。所以在每个居民点都有一名教经先生，或者是一名资深基督徒，他于这些日子将基督徒们聚集在一起。人们在那里作一般性的祈祷，也可以听到一种施教。这些山区共分成十四个居民点。每个月的第三个星期四，便有一次为圣礼节而举行特殊的聚会。①

此外，天主教会建立起的各种圣会组织在维系地方教会、推动集体宗教信仰活动方面的作用也十分显著。例如，乾隆年间法国耶稣会在湖广山区成立的圣礼会，就在组织当地教会习教方面发挥了突出的作用，是传教士依赖的重要力量。②

二　教历、时间与集体信仰

在清代前期天主教的这种聚众习教集体信仰活动中，作为时间要素的教历（圣历、日历，此处统称为教历）扮演了特殊的角色，它与教堂圣钟、自鸣钟这三个具有典型身份意义的时间符号，共同构成了天主教的时间体系，从而支配着天主教会的个体与集体信仰生活。

---

① 杜赫德编《书简集》（4），第 277～278 页。
② 杜赫德编《书简集》（4），第 275 页。

我们知道，时间在人类宗教中具有重要位置，不仅是宗教信仰活动得以有序开展的前提，甚至是区别宗教的一种特征。[①] 任何宗教都会制定出一套属于本宗教的习教时间，从而规范本宗教人员的日常习教行为，也借此与其他宗教相区分。由于群体信仰涉及要将分散的个体集合起来，只有建立在一定的时间规定之上才能进行，因此，天主教聚众诵经这类集体信仰生活，首先离不开天主教时间节奏的制造。天主教对于集体习教的时间规定，主要通过制定一个固定的历书来实现，这就是通行的教会圣历（Ecclesiastical Calendar），它是天主教会按照周年教会节日（瞻礼）排定的年历。16世纪格列历产生后，东西教会的历法分为两个系统，其中西部教会（包括天主教和新教）继续保留原定各节令日期，而历法则改以格列历为准。此后，天主教会的年历就用格列历固定下来。

宗教时间的制造，既代表了宗教体系的完善，也体现出一种宗教的权力。就天主教会而言，罗马教廷通过格列历在世界范围内以整齐规范的方式来完成信仰崇拜，并达到确保教廷权威的目的。作为教徒日常信仰生活的规训之一，这种集体时间安排在宗教传播中具有十分突出的功能。

伴随天主教向欧洲之外世界的扩张，教会也将这种时间文化推行到各个地方。例如，随着欧洲殖民者占领了拉丁美洲，西班牙天主教传教士在传教过程中就用天主教时间取代了当地印第安人的时间，而当地改宗的天主教徒，也必须面对这种新的宗教时间所带来的变化。从明末重新入华后，天主教会认识到教会时间与乡土中国时间的差异性，开始有意识地通过日常教导引入教历，逐渐培育起了一种天主教会专属的时间文化，从而指导教徒日常宗教信仰生活。例如，利玛窦

---

① William Gallois, *Time, Religion and History*, London and New York: Routledge, 2014.

在广东肇庆传教时，曾皈依了最早的一批当地教徒，但他被迫离开返回澳门时，为了确保这个新教会能够保持信仰活动，他教导他们聚会礼拜并亲自动手绘制了一张教历。

> 信徒们要取一尊救世主基督的像放在一个新入教的人家里，他们将在那里聚会进行圣日的礼拜。为了帮助他们回忆这些日子，利玛窦神父准备了一张教堂节日表，与按月亮盈亏制定的中国节日相对照。他提醒他们在这些聚会时，要共同祈祷，谈论神迹并做其他这类虔诚的基督教礼拜……①

从上述文字可知，当时刚刚在华南建立的这一地方天主教团体，其日常宗教时间主要是依赖利玛窦等传教士教导，当利玛窦不得不离开时，他绘制出一份习教时间表以供教徒自行习教使用。而这份时间表，可能是明代天主教的第一张教历（瞻礼斋期表）。此外，这张教历也反映出利玛窦为了适应中国时间而采取与农历相参照的方式，这种中西历对照的方式成为后世制定中国天主教教历的范本。很可惜的是，利玛窦在肇庆绘制的这份教历并没有留存下来。但在利玛窦之后，随着传教进一步开展，天主教的时间也日渐被导入，教会也刊刻了相应的教历以规范教徒的日常习教行为。例如，前述龙华民在韶州传教时就张贴过教历，② 以便教徒根据教历规定的时间习教。此后，天主教时间的引入与教历的刊刻进入了一个新的阶段，较早的这类教历主要有明代崇祯年间耶稣会士金尼阁在西安刊刻的《推定历年瞻礼日法》。这是明末清初天主教传入中国后最早刊刻的较为系统地介

---

① 利玛窦、金尼阁：《利玛窦中国札记》，第158页。
② 利玛窦、金尼阁：《利玛窦中国札记》，第316页。

绍天主教习教的时间指南。该书主旨是帮助教会中人根据大明历来推算教会习教的时间。不仅具体规定了集体习教的时间，而且将之与当时通行的大明历相对应，便利教徒推算集体习教的时间。例如书中规定"主日瞻礼，但依大明本历，凡逢房虚星昴日便是，不必更著西历"。此处"房、虚、星、昴"日对应一月中的四个星期日，也就是说在这四个星期日教会举行宗教集会。该书也列出了"西历列定瞻礼日"，并将之换算成农历从正月到十二月每月的重要瞻礼日，对几个重要的集会习教时间如主日、瞻礼日等做出规定，以便教会中人能记牢，要求在这些重大的节日，教徒们须进行集体礼拜活动。

　　清代前期城乡间分布着成百上千的教会群体。那么，如何来指导这些分散各处的天主教团体进行集体的宗教生活呢？尤其是禁教后，传教士无法公开传教。而像《推定历年瞻礼日法》之类历书不仅因为篇幅较大、刊刻不易，而且使用起来也过于复杂，对于绝大多数识字不多或不识字的基层教徒来说颇为不便。因此，制定更为简便易行的教历成为摆在天主教会面前的任务。而从现有资料来看，清代前期传教士已刊印了更为简便易懂的教历。如早在康熙年间，耶稣会士柏应理就刊刻了一份《天主圣教永瞻礼单》，这是较早的一份日常习教简易时间指南。这份瞻礼单对于在华天主教会来说意义重大，它解决了中西时间的对照问题与推算的难度，成为早期使用较广的一种教历，在清代天主教会中具有较大的影响。法国国家图书馆藏有一份《天主圣教永瞻礼单》抄本，书署"武林安当誊"。在瞻礼单后所附《天主圣教弥撒经典主保日期》一书中有提到"皇清康熙岁次壬辰孟夏之月上浣日　武林安当敬抄"，由此可知，到了康熙五十一年（1712），杭州一位洗名叫安当的教会人士还专门抄录了上诉柏应理的这份永瞻礼单。

　　但柏应理的上述瞻礼单篇幅仍然较长，不仅刊刻成本高，而且使用起来还是不够便利。清代前期天主教会进一步改进了教历的编写与刊刻方式，直接将其简化成一张表格，称为瞻礼斋期表，这也奠定了后来中国天主教传统教历通行的样式。目前有不少清代前期天主教瞻礼斋期表遗留下来，如比利时皇家图书馆藏有一份康熙二十五年的瞻礼斋期表，罗马梵蒂冈图书馆中保存有康熙三十四年至康熙三十六年、雍正三年（1725）等四份瞻礼斋期表。此外，原北堂图书馆也保存有一份康熙五十三年的瞻礼斋期表。通过考察这些瞻礼斋期表，可以认识清代前期天主教会有关集体习教的时间文化。就样式与内容而言，这些瞻礼斋期表基本一致，一般为版刻单页，首尾部分通常包含"天主圣教瞻礼斋期表"单行大字与中西年份。有的瞻礼单上也会书写刊刻修会和地点。正文部分都是采取中西历对照的方式，一般分上、下两栏，上栏列出从正月到六月之农历主要节气及相对应的天主教大小斋日及主要瞻礼日，下栏列出从七月到十二月的上述相应内容，十分简便明了。很显然，这些瞻礼斋期表在指导天主教徒个体与集体信仰生活中具有重要的时间指南作用。

由于教徒人数众多，当时教历的需求量很大，因此刊刻上述教历是一项十分重要甚至是不可或缺的工作。即使是在禁教时期，天主教会也从没有中断教历的刊刻，并用以指导教徒每年的宗教活动。上述保存在梵蒂冈档案馆中的雍正三年"天主圣教瞻礼斋期表"，末尾署有"雍正三年岁次乙巳年广城福音堂梓行"，可知这一瞻礼斋期表雍正三年刊刻于广州天主堂。而我们知道，早在雍正元年清廷已正式禁止天主教传播，由此表明尽管进入禁教时期，但天主教会仍然坚持刊刻教历，从事秘密传教活动。清代前期教历主要有北京、广州等天主教出版中心刻送及地方教会自刻两种方式。当时北京天主堂是一个重要的天主教书籍出版中心，相当多的教历就由这里提供。如乾隆三十三年河南官府查获桐柏县蜓蚰沟刘天祥等人习教案，当地教徒"所

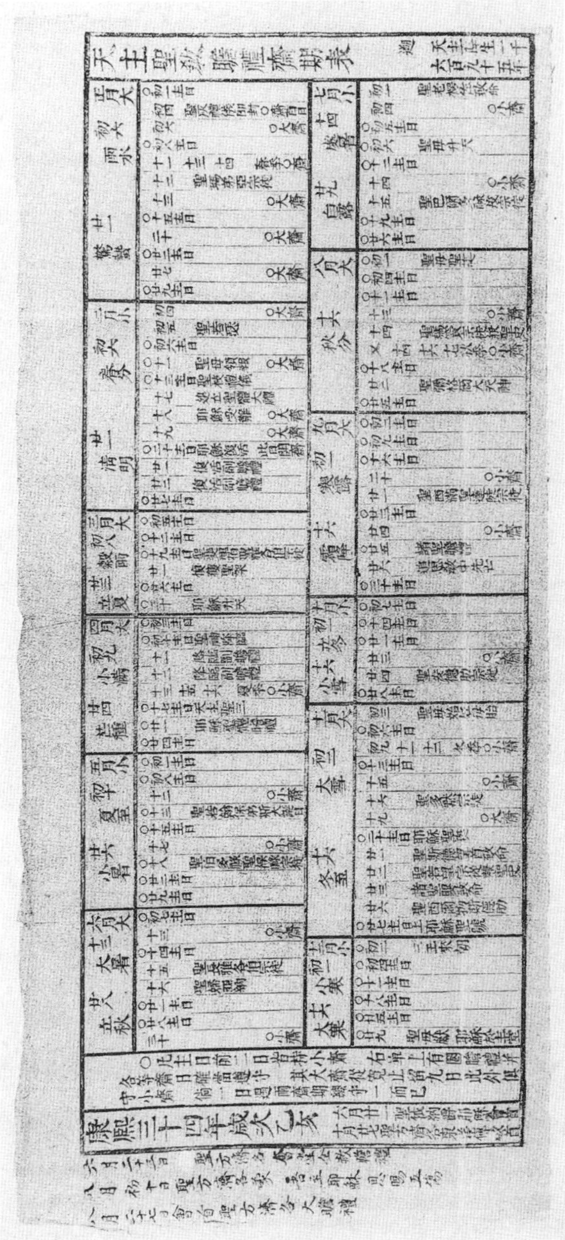

图 6-1 天主圣教瞻礼斋期表（1695）

资料来源：罗马梵蒂冈图书馆。

奉图像等物，并每年斋期单，据供总出京师天主堂传来"。① 除了北京、广州、澳门等天主教中心，明清时期地方印刷业十分发达，很容易找到刻工，因此一些地方也可自行刊刻教历。

传教士在实际传教过程中有一项工作内容就是发放教历，从而引导教徒习教。鉴于这些教历是指导基层教会习教的重要资源，尤其是在禁教时期，教历更是在指导教徒聚会习教方面发挥了重要作用。可以推想，如果没有瞻礼单，基层教会的个体与集体信仰生活将是十分不便的。例如，传教士就提到无锡一些教徒因没有瞻礼单，不知哪天是大斋日，为了避免违反四规，竟天天守大斋。② 由此也可看出瞻礼斋期单在指导基层教会团体信仰生活上的重要性。因此，教会把教历的刊刻和分发作为一项十分重要的工作，时时加以强调。例如，1729～1730 年，由于正处清廷严厉禁教时期，耶稣会士顾铎泽被迫返回广州，临行前他将教会工作布置给几个当地的骨干教徒，其中就包括分发教历。

> ……我吩咐找来几位信徒骨干，我向他们解释了我离开的原因，并且我还会回来的。我教他们怎样和弟兄们相处，我处理有关明年年历的印刷和分发问题。每年，我们都给基督徒们发一本年历，在年历上根据中国人使用的阴历注上星期日、（基督教）各节日、各守斋日等等。③

在日常生活中，传教士一般会要求教徒张贴教历，以确定能按照时间表的规定从事日常守斋和聚会习教活动。1703 年，耶稣会士魏

---

① 《清中前期西洋天主教在华活动档案史料》第 1 册，第 273 页。
② 费赖之：《在华耶稣会士列传及书目》，第 857 页。
③ 杜赫德编《书简集》（3），第 310 页。

方济在一封信中就谈到了这种情况。

> 每户人家，要求张贴全家人都得遵守的行为准则，要求张贴
> 日历，上面除了标明要聚会的星期五和节日之外，还标明应义务
> 遵守的斋戒日。最后，神父还分发教理的入门读物、宗教书籍、
> 圣水、念珠、画像等所有用于维持信徒的虔敬和激发信徒信仰的
> 东西。①

从实际情况来看，清代前期天主教会使用教历的情况是十分普遍
的，基本上各个天主教徒家庭都会获得一份。例如乾隆年间耶稣会士
嘉类思在湖广地区传教，当地教会每年都要印制、分发大量的庆贺新
年的教历，他甚至可以据之推断所管理的湖广地区教徒家户数目在
2000～3000 户。② 从这条资料可以推断当时天主教教历在各地天主教
群体中是广泛流通的，由此也反映了教历在指导教徒集体信仰生活中
具有重要作用。在禁教时期，清代各级官府查拿各地教徒习教时也都
发现了不少的这类圣历，这也从一个侧面证明了当时地方教会群体中
教历的流行及其在维持信仰方面的重要功能。例如，乾隆十三年地方
官府从漳州龙溪武生严登家搜获有"礼拜日期书册等件"，此处提到
的礼拜日期书册，应该就是教历。同样，乾隆三十七年二月，地方官
府也从贵州思南府婺川县毛田蒋登庸等人家中起出"瞻拜日期单"，
这里所谓的瞻拜日期单也指的是教历。同样的例子还有乾隆五十年二
月地方官府在山东历城县属城东谷家坟庄拿获奉教县民李松，在其家
中搜出"瞻礼单等物"。同年二月在山西等地也相继查获天主教李时

---

① 杜赫德编《书简集》(1)，第 237 页。
② 杜赫德编《书简集》(5)，第 77 页。

泰等习教案，也搜出了"瞻礼单"。

涂尔干指出，日历表达了集体活动的节奏，同时又具有保证这些活动规则性的功能。[①] 清代前期天主教教历的使用，除了规范教徒个体修行，更重要的是为各地教会群体的集体习教提供了一个共同的时间，通过教历中对每个主日及其他瞻礼日的规定，建立起了聚会习教的天主教传统。原本处于分散的教徒，通过这种固定的和被确认的日期，得以完成聚众诵经这类基于教历时间的集体信仰活动。尤其是当处于禁教时期，面临不利的传教环境时，如果没有教历这一统一的时间规定，是难以将教徒聚拢起来从事集体信仰生活的，当然也就无法维持天主教的传播。毫无疑问，上文中提到的清代前期集体聚会十分普遍的情况，都是通过教历的广泛使用才得以实现。

三 仪式、边界与认同感

在人类社会中，作为集体信仰形式的宗教聚会通常也是一种仪式展示的过程，而宗教仪式往往产生两个作用，即信仰与归属。通过一定的宗教仪式，不仅可以强化信众的信仰，也是一种最为直接而有效的边界区分。因此，包含着烦琐仪式过程的每一次宗教聚会，也是坚定信仰与推动集体认同的场合。天主教是一种十分重视仪式的宗教，在历经长时期的发展后，其信仰仪式十分丰富，尤其是不同的瞻礼日都形成了相关的仪式规定。这些瞻礼仪式，在明末以后经过传教士的努力而被介绍到中国天主教团体中并逐渐推广，在相当长时间内，天主教会也刊刻了许多关于瞻礼仪式规定的书籍。例如耶稣会士利类思清代康熙年间在北京出版了《圣事礼典》一书，这类瞻礼仪式的书

---

① 爱弥儿·涂尔干：《宗教生活的基本形式》，第12页。

籍不仅便于培训本土传教士，而且在日常习教过程中也有助于推广这种瞻礼仪式，要求各个天主教团体严格遵守规范。

在传教过程中，传教士十分重视集体信仰活动中仪式的展示。这方面例子很多，清代前期位于湖广山区的耶稣会传教区将一位在法国山区传教的传教士雷吉思确立为本教区的主保，为了纪念其封圣日特别组织了一次夜间宗教聚会。这一圣人纪念日的聚会，也是一种仪式展示过程。

> 因为只有在夜间，我们才能谨慎地把自己的基督徒聚集起来。一幅巨大的圣像展现出来了，人们诵读我为了崇拜它而谱写的连祷经。其中有三种山上宝训，其一是有关忏悔的，其二是有关领圣体的，最后一种是有关圣人之赞美诗的。经过弥撒之后，我分发了圣人的圣牌与圣像，我以隆重的礼仪为他们祝福。①

同样，耶稣会士韩国英描绘了禁教时期在北京圣体修会教堂中举行的一次耶稣圣心节的仪式。相传 1673～1675 年，耶稣曾三次显献给法国修女玛加利大，启示她推动圣心敬礼，此后法国教会首先将其确定为瞻礼日，时间在圣体节八日后的星期五，成为一个具有隆重仪式的宗教节日。在法国传教会入华传教后，也在其教区推广耶稣圣心节。通过韩国英民族志般的细致描述，我们可以了解清代天主教瞻礼仪式文化的内容。在瞻礼开始前，教堂被教会精心布置，教会挑选了40 名年轻教徒作为典礼班子成员，由一位长者负责教育这些年轻教徒各种礼仪，并预先精心进行了排练。

---

① 杜赫德编《书简集》（4），第 274～275 页。

圣体节八日庆期之星期四的下午2时许，一切准备就绪，基督徒们集中到了一起，传教士们在小教堂做罢祈祷后来到帐篷里坐了下来，听乐师修会排练为第二天准备的经文歌、感恩歌和几段乐曲。排练延续一个多小时……音乐排练结束后，新信徒们便用中文背诵祷文，其中还有几小段反复吟唱的声乐曲，这是他们最早的晚祷，不过通常要长得多。这种时刻，所有人都寂静无声，毕恭毕敬地跪着。……在公开张贴的人名录上，每人事先都可看到自己应在哪个位置以及应做什么。人们可看到唱经班那些十至十二岁的小歌手，其虔敬程度丝毫不亚于最热忱的初学修士，这些小歌手还被指定在圣体前投放鲜花。①

在晚餐后，教徒开始进入晚祷与告解时间。到了第二天凌晨四时，正式的瞻礼开始了，首先是第一场大弥撒。

帐篷内的乐师们于弥撒间歇时演奏乐曲，小教堂中的乐师则于每场弥撒的规定时间演奏。乐师们身穿宽袖白色法衣在圣餐桌下方跪成两行。弥撒结束后，人们庄严地咏唱大祷文；此时，帐篷内和小教堂里都挤满了人。②

此后第二场大弥撒在六时前后举行，结束后伴以祷告和布道。接着举行了第三场大弥撒。最后是圣体游行。

最前面是十字架，紧随其后的是身穿紫色丝袍、头戴宗教礼

---

① 杜赫德编《书简集》（6），第3页。
② 杜赫德编《书简集》（6），第4页。

帽的四名唱经班的孩子，随后是部分世俗服饰打扮的乐师，再后面是圣心修会成员，还有身穿宽袖白色法衣的乐师和穿着白色长衣的四名唱经班的孩子——他们结着各种颜色的丝腰带，披挂着金黄色的饰带和穗饰。两名拿着手提香炉的信徒，两名手持船形香炉的信徒及两名身穿白色长衣、披着丝饰带的孩子紧跟在他们后面，这两个孩子拿着花篮，不断把花撒在圣体前面。奉香者和撒花人按固定不变的节奏轮流上香、撒花。典礼官穿着宽袖白色法衣尾随其后，他的职责只是主持。修会主要成员中的两个人拉着华盖上的细饰带，华盖下面便是圣体；护送圣体的司铎周围是他的几名辅祭，后面还跟着每人手里拿着一根大蜡烛的传教士。[1]

当抬着十字架的队伍行进到教堂时，鼓乐声大作。圣体经过之处，人们纷纷下跪礼敬。圣体最后被安放在祭坛上，五十多位身穿宽袖白色法衣的教徒在正祭台前列队守护。人们诵经、上香、祷告，乐曲声此伏彼起，整个场面十分肃穆壮观。

很显然，天主教会之所以如此重视在瞻礼等集体信仰活动时精心地操持各种仪式，是因为这些集体场合举行的仪式具有很强的公共性。不仅是天主教举行信仰崇拜的内容，还提供了一个可供公众参观的社会剧场。因此，通过集体场合的仪式展演，既能推动教徒对自身信仰的神圣性认识，增强凝聚力，同时可以起到传播宗教、吸引人群加入教会的作用。耶稣会士傅圣泽在江西传教时就专门谈到了聚会中展示宗教仪式在激发教徒认同感方面具有的重要功能。

---

① 杜赫德编《书简集》（6），第4页。

我始终认为，根据我对中国人天性的了解，如果我们将宗教仪式搞得更辉煌亮丽，一定会对中国人更有吸引力。我们在南丰有三个耶稣会士，我们决定在圣周举行所有的仪式。星期四，我们的仪式开始。这一天有四十个人来领圣餐，我们的弥撒配有助祭和副助祭。在领圣餐之前，我高声宣布了接领圣体的行为规范。尽管我的汉语还不足于表达我的情感，但却获得了很大的成功。也许是出于新鲜，也许是由于仪式进行的方式和气氛，我在这些优秀的基督徒脸上看到了我从未看到过的虔敬。中国人现在还只会将祷词挂在嘴上，但我相信首先将他们不会自发产生的思想和行为准则高声地告诉他们是十分有益的，最终会慢慢地促使他们用心灵去祈祷。我们放置圣体的教堂被装饰一新，今年从法国带来的那些美丽的宗教画像使所有的基督教徒深有感触。……中国人特别注意这些细节，这样的细节使他们对宗教仪式肃然起敬。此外，我和其他神父所穿的圣服，点燃的大蜡烛，用汉语和拉丁语做的祷告，在这样的场合我认为比其他地方更显必要的端庄朴实，这一切都给他们留下了强烈的印象，使他们认为他们应该焕发出比从前更大的热情，应该向他们有幸代表的十二圣徒学习。①

弥撒、瞻礼等集体信仰仪式可以有效地激发教徒的认同感，使得参加集会的教徒得以分享一种共同的宗教文化，从而确立其身份认同边界。1703 年魏方济曾直接指出："经常参加弥撒也有助于巩固热忱的新入教者们的信仰和虔诚。"② 集体信仰中所呈现的这种仪式的神

---

① 杜赫德编《书简集》(1)，第 224~225 页。
② 杜赫德编《书简集》(1)，第 234 页。

圣感往往也最能激发教徒的宗教感，从而起到巩固信仰的作用。在前述圣心节的仪式展示中，韩国英就指出仪式对于教徒信仰的积极触动。

即使有人心肠较硬，看到在迫害之剑时刻悬于我们头顶的世间最崇拜偶像的城市里举行如此的仪式而不掉泪，但到（仪式的）最后一刻，尤其是如果他能听到音乐声掩盖下的叹息和呜咽，他的泪水也会止不住的。①

此外，通过集体信仰场合展示宗教仪式，也可以发挥宗教皈依的功能，达到吸引人入教的作用。清代前期一位北京的教徒陈多禄就是在跟随一位教徒朋友参加聚会后，被聚会中的仪式打动，从而皈依了天主教。

在看到其朋友走进葡萄牙耶稣会士的两个教堂之一后，他在并不知道此为何处的情况下也跟了进去。由于那天人们在此庆祝一个神圣的节日，大批基督徒已经汇集在那里，并共同高声朗读弥撒前的普通祈祷文。他头一次非常惊奇地看到一个布置得极好的祭台、一个放置在中间的十字架、大量已被点燃的蜡烛以及众多跪着的人。尤其让他震惊的是，他看到人们在划十字。他丝毫不理解这一整套排场，这种排场与在寺庙里搞的那一套玩意儿大相径庭。……同时，他心中暗暗打定主意，要深入了解这些表示奥义的仪式。②

---

① 杜赫德编《书简集》（6），第5页。
② 杜赫德编《书简集》（5），第10~11页。

不仅普通教徒如此，即使是一些权贵人物也不乏被瞻礼仪式吸引。例如清初苏努家族因为家中许多成员皈依天主教，在儿子的介绍下，苏努也曾经参加了一次瞻礼活动，他很快被吸引。"那次弥撒的排场比平时大，教堂装饰得异常辉煌，他很高兴，从此以后，他经常到教堂来，跪在祭台前向基督耶稣致意。"① 尽管苏努最终没有信奉天主教，但从上述记载可以看出仪式在打动参加者方面所具有的特殊效用。

* * *

清代前期天主教的一种主要习教传统就是聚众诵经。教会通过组织教徒定期聚会等手段，可以达到强化教徒集体情感及增进教徒集体认同的功能。在聚会的场合，原本分散的信仰个体被紧密地联系起来，进而加深了作为天主教成员的共同情感。而在瞻礼等聚会过程中举行的各种集体习教仪式，对教徒的宗教生活维系起到了积极的作用，同时成为一种吸引外人入教的展示活动。

人类的宗教活动与时间紧密联系，天主教上述聚众诵经集体活动需要一个统一的时间才能进行。清代前期天主教会主要通过刊刻教历的方式，将天主教时间节奏积极输入教徒群体，这些教历不仅规定了集体习教的时间节奏，而且相应地确认了天主教的仪式周期，由此在中国制造了一个有别于以往乡土社会的天主教时间文化。这种宗教时间往往在各地天主教会集体习教过程中得到强化，反过来也成为加强天主教认同感的要素。与此同时，因为时间具有政治性，天主教教历也得以超越仅仅作为组合时间单元的工具，成了一种权力工具，甚至

---

① 杜赫德编《书简集》（3），第17页。

与自鸣钟的输入一起构成了天主教重要的时间标志，体现出一种时间权力，即用精确刻画的时间来确保教会集体习教步骤，同时强化了聚会传统的神圣性。当主日或节庆瞻礼等集体习教活动随着教堂自鸣钟响起而进行时，也就在向世人表明天主教会的宗教信仰已经确定无疑地存在这里了。

天主教聚众诵经这类集体习教行为，也不可避免地受到了中国本土元素的影响，如同白莲教等民间宗教一样，天主教会聚会习教的行为也发展出对经卷的膜拜、禁食持斋等传统。这与当时流行于乡土社会中的民间宗教颇为类似，而后者被帝国视为叛逆而遭到严密控制，如此一来，天主教聚会诵经的行为也常在清代禁教时期被外界指控为不法行径，从而引发了天主教与民间宗教的一段复杂关系。

第七章

鸮鸾不并鸣：清前期天主教与民间宗教的关系

> 或问：近世邪愿盛行，明坐左道惑众，王法所必诛也。乃有举西国天主教与之同类，而非然乎？否乎？居士曰：否。大谬不然。凡事涉疑似，可就其疑似处议之。若白之与黑，火之与水，昼之与夜，判然为二，愚夫愚妇，不能惑之。今无为、白莲，邪教也，乱道也，每事与天学相反，正可参伍比拟。
>
> ——（明）杨廷筠《鸮鸾不并鸣说》

万历三十九年（1611），已届天命之年的杨廷筠终于下定决心要对此前纠缠自己许久的个人宗教信仰问题做个了断，他决意彻底告别追随多年的佛教信仰，转而皈依天主教。对于杨廷筠来说，做出这样的决定并非易事。如同大多数晚明江南文士一样，佛学与寺院曾经在他的读书和仕宦生涯中占有重要的位置。他一度着迷于琳宫宝刹、坛经梵音，以一名佛教居士为荣。但自从在一个偶然的机会下接触了利玛窦、郭居静、金尼阁等耶稣会士之后，他逐渐为这些由欧洲远道而来的传教士及他们宣扬的天主教义吸引。经过长时期的学习及一番深思熟虑后，他终于接受了洗礼，成为中国天主教史上与徐光启、李之藻并称"三柱石"的著名天主教徒。[1]

---

[1] 关于杨廷筠的生平及其从信仰佛教转奉天主教的历史，可参见钟鸣旦《杨廷筠：明末天主教儒者》，香港圣神研究中心译，社会科学文献出版社，2002。

皈依天主教后，杨廷筠很快成为江南天主教团体的活跃人物，积极投入传播天主教信仰活动。作为一位杰出的护教士，为了划清天主教与佛教的界限，他甚至撰写了《天释明辨》一书，对佛教反戈一击。与此同时，为了回应当时社会上屡屡将天主教与民间宗教信仰①相混淆的情况，杨廷筠也撰写了《鸮鸾不并鸣说》一文，以表明天主教"正教"的立场。从杨廷筠的上述著述可知，天主教传入明代中国后，当时的社会大众对这一入华的西方宗教存在不少误解，尤其是很容易因其传教表象而与民间宗教相混淆，由此也成为社会上攻击天主教的一个理由。在明代后期发生的几次较大规模反教事件中，当时的反教人士都是以"邪教"罪名指控天主教的。典型的例子如万历四十四年沈潅在南京发起的反教案，就是将天主教视为无为教之类"邪教"加以攻击。也许是认识到有必要为自己所虔心尊奉的天主教信仰正本清源，杨廷筠才专门撰写、刊刻了上述《鸮鸾不并鸣说》一文，以向朝野解释天主教与民间宗教之间存在的本质区别。然而，杨廷筠的苦心似乎收效甚微。在他生活的明代中国，各地仍然普遍存在将天主教视为民间宗教的看法，甚至进入清代以后，这样的误解有过之而无不及，由此也对清代前期天主教在华本土化产生了重要影响。

一 "夜聚男女于密室"：令人生疑的"教派"

当明末清初天主教再次传入中国时，恰逢中国基层社会民间宗教异常活跃的时代。明代嘉靖、万历以后，主要以白莲教及其衍生出来

---

① 本章涉及的民间宗教，系指与儒、释、道等所谓制度化宗教相对应的民间教派活动，关于中国民间宗教发展史的研究，见马西沙、韩秉方《中国民间宗教史》，上海人民出版社，1992。

的各种教派相继涌现，其组织和势力遍及全国各地，从而形成了一场空前的下层民众宗教运动，对明清时期的社会生活各方面都产生了深远的影响。而此时天主教传入，由于其习教活动与教义思想尚未被当时社会广泛认识，因此很容易被误解为同时期流行的民间宗教的同类，从而被贴上"邪教"的标签。

明清时期天主教与民间宗教的关系，存在一个逐步变化的过程。当明末利玛窦等耶稣会传教士费尽心机入华传教时，这批西方传教士首先选择的是"僧人"的角色，然而随着时间的推移，他们很快认识到其"西僧"面目对于传教颇为不利，必须尽快将天主教与佛教区分开来，因此采取了补儒易佛策略，摇身一变而为"西儒"，广为刊刻书籍，宣讲尊天敬天之说，以期获得士大夫阶层的支持。与此同时，随着传教的推进，他们也开始注意到此时期底层社会中广泛流传的民间宗教情况。由于明朝严禁民间教派活动，对于社会上"妄称弥勒佛、白莲社、明尊教、白云宗等会"之类行为，一概视为左道乱正之术，严加镇压。① 在此背景下，刚刚站稳脚跟的天主教会自然在传教过程中颇为注意与任何遭到儒家学派排斥的宗教保持距离，从而树立"正教"形象，而这种努力也取得了一定的效果。当时一些倾向天主教的士大夫甚至希望用天主教来抵御其时下层社会中蓬勃兴起的民间教派活动，如明代崇祯八年（1635）山西绛州知府雷翀鉴于本地区"无为、金蝉等教"活动日盛，专门发布告示，劝导本地民众脱离上述民间教派。他认为乡民"改邪归正"的一条出路就是皈依天主教。

　　　　而乡民有心向善，何不归于正道？乃甘从邪教，欲为善而反

---

① 刘惟谦：《大明律》卷十二《礼律》，日本影印明洪武刊本。

得恶耶？夫圣天子固天纵之聪明，而贤宰相以下皆孔圣之弟子也，岂见识不如尔乡民耶？尔等又何疑焉？而不弃邪归正哉？为此出示。明智之人，自能迁改。即见理未明，一时未能从教者，犹可由愚抵智，由顽化良，若不但执迷，敢从白莲、无为等教者，定行访拿，其有胁从之人，一并治罪不贷。[1]

随着天主教传播的深入，其与底层社会的接触也日益直接和频繁。在时人看来，天主教的习教方式与仪式庆典也呈现出与民间教派相类似的一些特点。首先，天主教要求教徒定期聚会瞻礼，而绝大多数民间宗教的一个突出特点也是"烧香聚会"，如这一时期引起官府广泛注意的"无为教"就是"轻田宅、混男女"，[2] 教众夜聚晓散，秘密结社。其次，天主教在教义上宣扬的尊奉唯一真神、末世论、救世主观念，也容易与民间宗教的相关宣传混淆。如天主教规定只拜天主，禁止祭祖，而无为教也是"禁人祀祖先神祇，以预绝其心，惟祀无为教主"。[3] 天主教宣扬末世论与救赎观念，而绝大多数的民间教派也鼓吹末日说，如万历年间"瓯宁吴建之乱，初亦以幻术诱众，妄言世界将更。令人照水，现出富贵冠服，动其心，人皆信之"。[4] 再次，这一时期，一些民间教派名号也与天主教存在一定相似性。民间教派的基础以天道为尊，因此普遍存在"天""主"等字，如先天教、黄天教、龙天教等，在社会大众看来都与天主教名号相似，容易混为一谈。最后，天主教与民间宗教在具体的一些习教仪式上也容易遭人误解，例如天主教最常见的洗礼仪式中需要擦圣油、圣水、行圣

---

① 钟鸣旦等编《徐家汇藏书楼明清天主教文献》第 3 册，第 1330～1333 页。
② 蔡献臣：《清白堂稿》卷十，明崇祯刻本。
③ 董应举：《崇相集》卷四，议二"录邪教防乱"，明崇祯刻本。
④ 朱国桢：《涌幢小品》卷三十二，明天启二年刻本。

号、口诵经文等，① 在那些不了解天主教的时人看来，这些仪式与在民间教派中流行的诵经礼忏等习教仪式十分相近。如清初魏裔介就批评天主教与民间教派一样，"以圣油傅顶，皆邪妄耳"。②

由上可见，因为二者之间存在容易混淆的一些表象，当时社会上对天主教与民间宗教的关系已颇有误解。即使是作为社会精英的官僚阶层，虽然不乏徐光启、李之藻、杨廷筠、雷翀这类与传教士接触较深者，但相当多人仍然对天主教认识十分有限。由于受到上述表象的误导，在这类官僚阶层的认识观中经常出现将天主教与民间宗教视同一类的情况。如明代崇祯初年，宁海知县宋奎光在谈到当地宗教状况时，就已把天主教与白莲教并列一处。

> 先正谓缁黄半于黎庶，非夸谝其盛，以其辟之不能，侫之不可也。蔓延迄今，遂与吾儒鼎立。迩复有白莲、天主，謷智惊愚，而儒而冠者，遑遑惑之，辄为黎庶倡首，遗祸世教，安有砥哉。③

入清以后，类似情况越来越多。如清初蓝鼎元治理潮州，大力整治当地社会习俗，也将天主教与白莲教等民间教派相提并论而列为共同的打击对象。

> 于是有白莲教、天主教、无为教，又有后天一教，独辟新奇，男称仙公，女称仙姑，书符咒水，治病求嗣，寡妇见夫，闷香迷药，毒流远近，其败坏风俗不可言也。④

---

① 利类思：《圣事礼典》，钟鸣旦、杜鼎克编《耶稣会罗马档案馆明清天主教文献》第11册，第359~387页。
② 梁显祖：《大呼集》卷八，《四库禁毁书丛刊》集部，第74册。
③ 宋奎光：《宁海县志》卷之十二《寺院》，明崇祯五年刻本。
④ 蓝鼎元：《鹿洲初集》卷十四，清文渊阁四库全书本。

可以说，自明末以后，由于统治阶层普遍将民间教派视为政治统治、社会秩序的重大威胁而加以严密防范。此时期天主教传入后，随着其在社会下层传播的推进，在一段时间内也逐渐被视为民间教派的同类，例如清代乾嘉时期的学者梁玉绳已将天主教与白莲教并列为难治的两大邪教。

> 邪教最易惑愚氓，其为乱蔓延连结，不能旦夕蔚除，大抵白莲、天主二教，传习更多，将何法以绝之？曰：是在平日有司严察，犯者必实重典，庶阴消窃发之祸，至其名号幻妄亦随时而异。陆渭南准诏条对状言邪人处处皆有，淮南谓之二桧子，两浙谓之牟尼教，江东谓之四果，江西谓之金刚禅，而福建之明教尤甚，白衣白帽，所在成社，经像刻板流布，以祭祖考为引鬼，永绝血食，以溺为法水，用以沐浴。其他妖滥，未易概举，观次则知世变民庞，古今同患也。①

由此可见，由于误解颇深，明清时期社会上混淆天主教与民间教派的情况十分严重，以至于相当多像梁玉绳这样的知识阶层也秉持类似观点。另一个典型的例子是洪亮吉，他在"上平邪教疏"中也将天主教视为白莲教、八卦教的同类，都属于亟待扑灭的"邪教"。

> 今者川楚之民，聚徒劫众，跳梁于一隅，逃死于暮刻，始入白莲、天主、八卦等教，欲以祈福；继由地方官挟制万端。又以黔省苗氛不靖，派及数省赋外加赋，横求无艺，忿不思患，欲借

---

① 梁学昌：《庭立记闻》卷一，《续修四库全书》第 1157 册。

起事以避祸，邪教起事之由如此。①

洪亮吉的这个看法曾在士人中广为流传，在清代产生了很大的影响。② 蓝鼎元、梁玉绳、洪亮吉都是清代前期士人群体中的佼佼者，他们竟然如此一致地将天主教视为与民间宗教同类的"邪教"，这也正反映了清代前期天主教在社会上与民间宗教存在纠葛难分的某种关系。

二 从"白莲教徒"到"天主教徒"

实际上，明清时人将天主教与白莲教等民间教派并列并非空穴来风。除了习教方式与当时流行的民间教派具有某种相似性，天主教在入华传教后，为了扩大教会在地方社会的影响，传教士也曾重视吸收、改造民间教派的信徒，将之转化为天主教徒。典型者如明末耶稣会士龙华民在山东传教时，就曾经劝化一位来自武定县名叫徐敬客的"无名教"教主。夏伯嘉最早发现了这段史料，根据他的研究，发生在明末山东的这个天主教传教士劝化民间教派首领的故事颇为奇异。龙华民抵达山东济南传播天主教后，当地不少人皈依了天主教，其中一位名叫陈许良的教友回到家乡武定县传教，打动了当地一位民间教派首领。经过一番思考，这位武定县的民间教派领袖决定冒险拜访龙华民。

这个叫徐敬客的人，是"无名教"的教主，手下有数百个

---

① 洪亮吉：《卷施阁集》卷十《文甲集》，清光绪三年洪氏授经堂刻洪北江全集增修本。
② 贺长龄辑《清经世文编》卷八十九，兵政二十，清光绪十二年思补楼重校本。

教徒。无名教主听闻神父已离开济南前往青州，便带了手下李商白上路寻道。为了路上躲避盗贼的耳目，两人衣衫褴褛，走了三四天，终于来到青州宁阳王府。听到了两人寻道之热心，龙华民吩咐仆人给他们换衣服带到王府中，于是，龙华民长篇大论，滔滔说道，演绎天主教的奥妙。

根据龙华民的记录，"两个学道者很满意，承认他们教中以'无名'一词代表神圣是错的，因为他们的教只演述事物之因由，而不知万物背后是创造天地万物的天主"。在龙华民的感化下，这位无名教教主欣然领洗入教，取洗名 Nazario；其徒弟取名 Celso，两人宣誓弃邪归正；徐教主更答应回到武定后会带领教中各人皈依天主真教。[1] 从龙华民皈依民间教派首领的这个例子可以看出，对于传教士而言，此时期中国各地兴盛的民间宗教信仰既是一种挑战，也可能是一种机遇。虽然民间宗教会对天主教的传播构成污名化威胁，但是一旦传教士能够接近民间宗教团体，吸引其骨干分子改奉天主教，就能起到不同寻常的示范效应，甚至产生一种集体皈依的现象。

入清以后，传教士与民间教派的接触更是时有发生。例如，耶稣会士顾铎泽就谈到，1727 年他秘密潜往湖北巡回传教，在枣阳县教徒家中遇到了一位白莲教首领，双方之间发生了宗教论争。

这位老人是刚断气的病人的族人，有八十多岁了，很有精神。他是白莲教的头目，白莲教在中国备受诋毁。他看到我那位讲授教理者很年轻，以为他对基督教会的攻击，可让年轻人哑口

---

[1] 夏伯嘉：《天主教与明末社会：崇祯朝龙华民山东传教的几个问题》，《历史研究》2009 年第 2 期，第 62 页。

无言。老人开口就攻击三位一体和耶稣降世的奥义。还好，几天前我训导过这个讲授教理者，教他如何去对付这个渎神的教派。他不去理会这个白莲教徒的反驳，他要求他说明白莲教的原则，他给他点明其中的荒谬和矛盾之处，然后他向他证明我们神圣教会的真理，顺便反驳了他那经不起辩驳的异议。我坐在草堆边听他们谈话，我祷告上帝来照亮这个心甘情愿盲目的人，但是他闭眼不看光明，作为回答，他告辞而去，他承认基督教理也同样很好。①

这段引文透露出一些值得注意的信息。从顾铎泽的上述书信内容可知，清代雍正年间法国传教士活动的湖广地区，一直是白莲教等民间教派活跃的地方，因此传教士在基层传教常常不得不与这些民间教派打交道。从书信中描述的情况来看，清初在华天主教会对于与民间教派的接触也早有准备，顾铎泽本人甚至可能认真研究过白莲教，并适时给予本地传教员相应的教导，以便他能够针对性地反驳白莲教徒的质疑问难。类似上述传教士与民间教派接触的案例还有不少。例如，一些天主教传教士甚至通过向白莲教徒发放教会书籍来扩大宣传，以期说服一些民间教派信众改宗天主教。顾铎泽在同一封信中提到了一个十分有意思的案例，他在汉口附近仙桃镇皈依了一位白莲教徒。

那位一家之主多年来一直是白莲教徒。在中国，白莲教是没有什么声望的，是被法律禁止的。白莲教徒们等待着一个全世界的征服者降临。

---

① 杜赫德编《书简集》（3），第 295～296 页。

那位白莲教徒的女婿是基督徒，他把利玛窦神父的书借给岳父看，那位岳父仔细读了利神父的书，在有关第一存在的问题上不再相信灵魂转生说了。他又读了南怀仁神父解释天主十诫和圣言的书，最终决定入基督教了。他已经放弃白莲教的活动好久了，经过很多次考验，我才让他受洗。他全家共有二十多人，我看到他们都受到良好的基督教理的训导，甚至连五六岁的孩子都能熟背祈祷词和教理问答。他的入教反响很大，在当地人所皆知。①

这段书信较详尽地记录了清代前期传教士劝化民间教派信徒的过程。从上述引文可以推断，当时的传教士在社会中曾经广为刊刻散发教会书籍以传播教义，内中这位白莲教信徒读到的天主教书籍应该是利玛窦的《天主实义》和南怀仁的《教要序论》，作为入华天主教会所刊刻的"辟邪崇正"之书，这两部书籍在向社会大众阐明天主教义方面扮演了重要的角色。这位仙桃镇白莲教徒就是阅读了这些书籍后转变了观念，决定转而皈依天主教。而传教士在接受民间宗教信徒入教时也颇为慎重，除了传授教理，还需经过多次信仰上的考验，最终才能将一位"白莲教徒"转化为一位"天主教徒"。

三 乾嘉年间的民间宗教起事对天主教传播的影响

清代前期活跃在民间社会的教派团体往往容易走上与朝廷对抗的道路，从而演化为此起彼伏的民间教派起事运动。由于天主教在基层传播时存在上述与民间教派相混淆的一面，也容易受到牵连。清代前

---

① 杜赫德编《书简集》(3)，第305页。

期发生了几次较大规模的民间宗教起事，例如乾隆十一年（1746）的大乘教起事，乾隆十三年闽北建安、瓯宁老官斋教起事，乾隆十七年的马朝柱案，乾隆三十九年山东王伦起事，嘉庆元年至嘉庆九年（1796～1804）蔓延川、陕等五省的白莲教起事，① 这几起民间教派事件都对天主教的传播造成了不同程度的影响。

乾隆十一年清廷曾经掀起一场在全国范围内查禁天主教的大举动，这次大教案导源于福建福安的白多禄案件。然而，就在这场大教案爆发前，因为大乘教起事给予清廷极大的震惊，由此加大了对民间社会的控制力度，严防民间教派活动，此举也间接牵连了天主教的传播。例如，在当年五月，四川江津官府查处了当地天主教徒骆有相家族，其原因就是有人举报骆家与白莲教有牵连。正如为首的官员所指出的："天主教是真教，本厅知道。但因有人说，你们这里有两个道人，所以本厅来查，这是奉上文，因白莲教连累你们。"② 同样，在后来知县问案中，也再次强调这次查禁活动是因为上峰要求严查白莲教而牵连到天主教："……说天主教，本县知道是真的。因上文严查白莲邪教，滚来滚去，滚到你们身上了……"③

乾隆十三年，鉴于罗教在南方一些地区活动日益兴盛，最后激发了闽北建安、瓯宁的老官斋教起事。此次起事引起清政府的注意，下令查禁镇压。此后清廷在闽浙两省搜捕民间宗教人士，这对天主教在当地的传播造成了一定的影响，当年六月福建巡抚喀尔吉善在一份奏折中提到福建查获民间宗教活动的情况。

臣等先后遵旨饬令各属查出及首报邪教如兴化府属莆田、仙

---

① 喻松青：《明清白莲教研究》，四川人民出版社，1987。

② 吴旻、韩琦编校《欧洲所藏雍正乾隆朝天主教文献汇编》，第160页。

③ 吴旻、韩琦编校《欧洲所藏雍正乾隆朝天主教文献汇编》，第161页。

游二县则有金童教供奉观音大士，男妇聚会吃斋；邵武府属邵武县则有天主、大乘二教，各在家内吃斋崇奉，并无经堂；建宁县则有罗教斋堂二处……凡此各种邪教斋堂每处在堂吃斋者，自二三十人至十余人不等。①

很显然，此次喀尔吉善在福建开展的查禁斋教行动也波及了当地天主教会，以致邵武的天主教会也被查处。而且从喀尔吉善的奏折中可以看出，他已经把天主教视为大乘教一类的邪教了。

乾隆十七年，湖北罗田发生了马朝柱领导的白莲教起事。他以湖北天堂寨为据点，利用白莲教吸引信众，酝酿起事，由于这次起事发生在湖北、安徽交界地区，并牵连河南、四川等地，引起清廷的恐慌，下令镇压。尽管这次起事很快被清军扑灭，但鉴于马朝柱一直下落不明，清政府下令在全国查拿马朝柱及白莲教教众，由此也极大地波及了天主教。通过当时隐藏各地传教的传教士书信，我们可以看到这场查拿潜逃教首马朝柱事件对天主教传播产生的深刻影响。例如，耶稣会士河弥德就在发回欧洲的书信中谈到湖广一带天主教会因为马朝柱案而备受牵连。

……然而，由于所有欧洲人都被当作三四年前在湖广一带造反的著名的马朝柱的同谋，人们在追捕马朝柱的同时也在追捕欧洲人，而这就是石若翰神父逃跑的原因。不过，有人在这里作出判断说，这些追捕活动即将结束。

在其他省份，情况要稍微缓和一些。然而人们始终在进行搜捕活动，以便抓住从未被抓到过的马朝柱，而在这一过程中，他

① 马西沙、韩秉方：《中国民间宗教史》，第 368 页。

们可能还会抓捕许多的传教士。但愿主宰着一切的上帝会去除这种迫害我们的理由。①

同样，在湖广山区传教的耶稣会士嘉类思也在1759年9月发出的一封信中谈到了马朝柱案件对天主教造成的影响。

> ……人们在整个帝国范围内大肆搜查的是一名著名的反叛分子。这名几年前出现，也许现在已不在人世的反叛分子曾经并且现在每天引起许多骚动。许多无辜的人因为有一点点可疑的迹象，就被逮捕、囚禁和审讯。只要有人在当地显得让人感到陌生，或者其举止、方式、语言等有点与众不同，就会遭到怀疑。只要有人以某种方式提起马朝柱（此为这次叛乱的首领的名字），就会使所有的人出现骚动，并把这种恐慌传播到周围的地区。看见马朝柱后未向官府告发，把马朝柱或者他的同伙留宿在自己家里，甚至连没有认出马朝柱，都将成为一项能使全家遭殃的罪名。由于我外表奇特，我曾经被作为马朝柱的同伙之一让人抓了二到三次。那些陪伴我的人都吓坏了，但幸运的是，这一切均未产生什么后果，尽管这些搜捕上百次地使我们感到恐慌。②

由上引文可知，清代湖广地区同为天主教与民间宗教的主要传播地之一，这里聚集了大量的天主教徒。尽管已经被严禁传教，但是河弥德、嘉类思等传教士仍然潜藏在此处秘密传教。当清廷下令搜捕下落不明的白莲教首领马朝柱时，很容易波及当地天主教会。尤其是长相

---

① 杜赫德编《书简集》（5），第61~62页。
② 杜赫德编《书简集》（5），第83~84页。

异于国人的西方传教士，往往会遭到严密的追捕，由此也极大地影响到了当地天主教会的活动。

乾隆三十九年，山东寿张一位白莲教首领王伦在当地发动了起事。[①] 尽管这次民间教派起事很快就被清廷镇压，但是也给天主教会造成了不小的恐慌。1775 年 5 月 15 日，就在王伦起事被镇压之后不久，北京耶稣会士晁俊秀在一封书信中就专门谈到了这次起事对天主教的冲击。从他的书信中得知，由于王伦起事活动区域所在的临清及其附近地区有许多天主教徒，传教士担心这些教徒卷入这次民间教派起事，从而殃及教会："万一有谁忘了自身职责或因受胁迫而不幸追随了反叛者，那就一切都完了。起初，有消息说三户基督徒家庭站到了王伦一边。"[②] 这让北京的晁俊秀等传教士惊恐万分，因为他们深知，如果天主教徒加入民间教派叛乱队伍，就会坐实天主教是图谋不轨的"邪教"的指控，势必会给因禁教而早已处境十分困难的教会造成灭顶之灾。这次白莲教起事不仅使得临清的一些天主教徒受到了不同程度的冲击，[③] 而且更严重的是促使乾隆帝再次发布谕旨，下令在全国范围内严查民间宗教活动。显而易见，此时期由于民间教派活动频繁，任何一次起事过后都会导致清政府加大查禁各种宗教活动的力度，从而使得在底层社会秘密传播的天主教会如惊弓之鸟，对自己的命运担心不已。

实际上，清代乾隆统治时期，正是白莲教活动十分活跃的阶段，因此各级官府都将查禁白莲教活动列为常态，而这种由地方随时发起的搜捕白莲教的行动，也往往会波及各地天主教会。例如，1775 年

---

① 韩书瑞：《山东叛乱：1774 年王伦起义》，刘平、唐雁超译，江苏人民出版社，2008。
② 杜赫德编《书简集》(6)，第 174 页。
③ 杜赫德编《书简集》(6)，第 174～175 页。

传教士汪达洪在一封书信中就谈到清廷查禁白莲教引发了一次在北京搜捕传教士和教徒的案件。

> 这些地区有一个称为白莲教的宗派，它被指控参与了几乎所有叛乱活动。官员们常进行搜查以便发现其宗派信徒。我已讲过的最近一次搜查进行得格外严格。鞑靼地区几名基督教徒也被抓了起来。该地区是皇帝或曰满洲鞑靼人的故乡，不管康熙帝当初如何对宗教有好感，也从未准许过欧洲传教士去该地布道。当地最主要的官员审问这几名基督徒：在离北京如此遥远的地方怎么会有基督徒的？后者既怯懦又轻率地答道，北京那些欧洲人每年都派中国教士来讲授教理和教导他们，甚至还说出了其中六名教士的姓名和别号。①

从引文中的记载可知，地方官府在搜捕东北地区的白莲教活动时，间接发现了当地有天主教会活动。鉴于东北地区是统治者的祖地，绝对不允许西方传教士在此传教，因此引起了清廷的警惕，很快就引发了一次抓捕北京教堂传教士和教徒的案件。同样的例子还有乾隆四十三年河北霸州天主教案。这一年的三月，当地官府发起了一次查禁天主教会的行动，抓捕了一批本地天主教徒。② 而据传教士留下的资料透露，这次天主教案件的发生，就是因为受到了临近陕西地区查禁白莲教活动的影响。

> 此类迫害总是由白莲教这个可悲的宗派或是其某个分支所引

---

① 杜赫德编《书简集》（6），第79页。
② 杜赫德编《书简集》（6），第94~95页。

起的。霸州这次迫害便是在陕西省出现的一件麻烦事之后发生的；这件麻烦事出现于离该省首府西安府几天路程的地方，离我们这里约300法里。

据传教士记述，时任陕甘总督勒尔谨得知辖境内的商州有秘密教派活动，就于1777年12月派兵进攻，杀死了一千五百余人，俘获五百余人，镇压了这次起事。在审讯被俘的教派信众时，勒尔谨得知当地有"相当数量的基督徒于上年圣诞节曾经集会而且一起祈祷了大半夜。他知道圣诞节是基督教重大节日之一，众基督徒（当年）可能还要集会庆祝"。因此就派兵前来抓捕。

圣诞节前一天的傍晚时分，毫不疑心任何事情的基督徒们相当公开地来到了住房宽敞的一个新信徒家中。等夜已较深时，他们开始祈祷，即有点像我们在欧洲唱晚祷那样唱了起来。突然，整幢房屋被士兵们围了起来。28名基督徒（甚至还有那些好奇地前来观看基督徒们是如何祈祷的非基督徒）都被带走并送往离他们仅10~12法里的西安府。[1]

很显然，这次查禁天主教事件指的就是乾隆四十二年底的商州镇安县天主教案。通过乾隆四十三年正月二十九日陕西巡抚毕沅的一份奏折，我们可以了解到该案件的更多详情。从毕沅的奏折可知，在这次查禁事件中，一共抓获了赵金城等一干天主教徒，随后赵金城、陈仲和二人被"比照左道惑众"罪名被判"发边远充军"，其余人等都

①　杜赫德编《书简集》(6)，第98页。

遭受了程度不—的责罚。毕沅并将查禁经过上奏乾隆帝。①

由传教士的记述可知这次商州教案的起因就是遭受到民间教派活动的牵连，而其后勒尔谨、毕沅等人向朝廷奏报了这次查禁天主教的事件，并请求严查天主教在华的活动，此举还引起了在京的西方传教士的惊恐。

> 我们直至 1778 年 3 月中旬才得到这份指控。起初，钦天监监正及与他一样是前耶稣会士的他的同道们发觉有些异常：官员中平常对他们最友好的那些人开始冷淡和疏远他们；这使他们向刑部的朋友们打听是否发生了什么新的反宗教的事情。于是，有人把（陕西）总督的诉状交给了他们。②

尽管此事最后没有扩大，但显然传教士十分担心朝廷查禁民间教派活动会波及天主教在华传播。

同样，乾隆三十四年，耶稣会士艾若望在四川荣昌县传教时，也被当地人误认为白莲教首而抓捕送官。在其后所撰写的一封书信中，他详细地披露了这次被捕的经过，内中特别提到其受到白莲教牵连的影响。当他被抓获送到县丞衙门的时候，县丞认定其所传播的"宗教与白莲教肯定是一丘之貉"。此后，当县丞搜捕到艾若望的传教物品时，更加坚信艾若望是白莲教首。

> 看到祭服时，他比任何时候都更相信我是白莲教中人了。祭披被当做我的"皇袍"，祭台前部成了我"御座"的饰物，烤圣

---

① 《清中前期西洋天主教在华活动档案史料》第 1 册，第 324~326 页。
② 杜赫德编《书简集》（6），第 99 页。

餐面饼的铁器成了造币工具，我的书籍则被视为巫书。①

在当地官员看来，天主教传教士艾若望所拥有的这些宗教服饰以及物件，颇符合民间对于白莲教派首领的各种想象。艾若望显然被当作一位具有灵异邪术的"巫师"，为了避免他施"巫术"逃跑，甚至还给他加戴了专门的锁链。在确保艾若望已被牢牢控制后，本地官员将案件上报，请求上级派员前来协助打击"已在该县露头的以一名欧洲人为首的白莲教徒"。此后，艾若望被辗转关押长达八年之久。艾若望的案件形象地揭示民间教派对天主教传播造成的直接影响。在一些地区，传教士因为相貌奇特、装束异常，常常被视为白莲教派领袖而遭到逮捕与关押。

值得注意的是，清代前期因为天主教在底层社会传教，由此不可避免地卷入地方社会矛盾，一部分乡民往往会利用官府对白莲教、天主教的这种混淆情况，以传习民间教派的罪名向官府告发本地的天主教活动，由此达到打压对方的目的，这也对清代前期天主教的传播造成了一定的影响。例如，雍正十年，四川安岳吴荣斌皈依天主教，洗名斐理伯，他因信教问题与族人产生矛盾，其族人"在县办公诬告斐理伯是白莲教，引差役到其家，扯毁圣像、经书、圣物等"。② 同样，上文提到的乾隆十一年四川江津县天主教徒骆有相案件也是典型的例子。从留存下来的几份记录当事双方控辩的文件中，我们可以还原这场发生在乾隆十一年四川江津县天主教徒被当地保长刘勉士等诬告为白莲教案的事件，并通过这些记录进一步了解事件背后的社会矛盾真相。

---

① 杜赫德编《书简集》(6)，第151页。
② 秦和平、申晓虎编《四川基督教资料辑要》，巴蜀书社，2008，第118页。

乾隆十一年六月十九日（1746 年 8 月 5 日），江津县当地有名的天主教家族骆家的家主骆有相向江津县彭知县投状控告本家族被当地保长刘勉士、周奇玉等人诬陷为白莲教后遭受的冲击。

> 为明冤存案，以免后害事。蚁本良农，落业多年，且奉天主教，公私匪犯，阖境周知。蚁兄骆有贵在日遭曾任木等诬以白莲斋教具报，蒙前宪王太爷审明诬报在案。不意本年五月内又遭豪棍刘勉士、周奇玉等充领地方农官、保长清查白莲之教，岂恶奉公不公，捏蚁白莲斋教谋叛等情，弊宪圣聪，致令捕厅张老爷率领捕班堂役协同营兵、地境党恶等，合计六十余人，于五月二十八日昧爽之时，兵役围宅，破门找搜，男子锁拘，妇女惊窜，凡家物便于匿者，俱皆侵掠。斯时也，仓皇东出，不知祸从何起。官役轮搜，实无可凭。①

很显然，此案中骆有相一家被查抄，其最初的原因在于骆家与当地乡保人员之间长期存在矛盾。从引文中可知，早在此案发生之前，骆有相的兄长骆有贵就曾被当作白莲教成员而被报官过，但经前任王知县审明后，断定是诬报。不料，不久之后，骆有相仍然没有逃脱被诬告为白莲教，在乡保人员刘勉士、周奇玉的告状文中，骆家再次被控告为白莲教成员。

> 刘勉士、周奇玉为查实回禀事。缘役奉宪檄查斋教，今奉恩主札谕清查，经管撮内斋人等领札前去，逐户清查。今有骆有余等，历来吃斋、拜佛，此乃白莲教。今奉仁思委查，若不禀，恐

---

① 吴旻、韩琦编校《欧洲所藏雍正乾隆朝天主教文献汇编》，第 162～163 页。

有后累，是以连名禀乞。计开斋犯骆有余、有相、有贵。①

　　随后，骆有相等人被锁拿到江津县衙，经"县主彭太爷亲讯，并非白莲，实是良农，释放尹家"。骆家多次被诬告为白莲教，家中频被骚扰，在查知是"豪棍刘勉士、周奇玉等连名妄报"后，骆有相认为刘、周二人明知其家是天主教徒，却仍然要将白莲教名号强加到其家族身上，此乃"暗处藏锋……欺心弊官，设阱陷良"，为了讨回公道，骆有相采取了发帖邀众人见证、公开辩论的办法。他张贴"投词"二十余张，使得"周围百里，无不知之"，约定在 1746 年 8 月 5 日这一天，在县城金龙庙与刘勉士、周奇玉公开对质。当日，刘勉士等人一到金龙庙，就被骆家戚族及围观者团团围住，骆有相等人"必欲辩驳情节"，刘勉士只好假说是旁人借用他的名字举报骆家，并声明一定会查访真相，给骆家一个交代，如此才得以脱身。而这一场发生在乾隆十一年四川江津县的天主教徒通过民间公开对质的方式来洗刷白莲教罪名事件，也真切地暴露了天主教与民间宗教卷入底层社会所激发的各种矛盾冲突。

　　有意思的是，在查拿上述涉及天主教与民间宗教的案件过程中，也间接地促使一部分官员逐渐认识到天主教与民间教派的区别。如乾隆十一年清廷军机处官员在查禁福安天主教白多禄案时，就指出："但天主教原系西洋本国之教，与近日奸民造为燃灯、大乘等教者，尚属有间，且系愚民自入其教，而绳之以国法，似于抚绥远人之义亦有未协。"② 因此，相较于民间宗教，清廷对传习天主教者处罚也较轻。比如，每次查获天主教经卷，地方督抚都会特别报告内中尚无悖

---

① 吴旻、韩琦编校《欧洲所藏雍正乾隆朝天主教文献汇编》，第 162 页。
② 《清中前期西洋天主教在华活动档案史料》第 1 册，第 115～116 页。

逆之言。此处"悖逆之言",指的是民间秘密宗教中倡导"换天"等危害朝廷统治地位的一些言辞。由于清政府逐渐认识到天主教与民间教派所造成的危害不同,尤其是在危及统治方面天主教显然不如民间教派那么具有威胁性,因此虽然仍强调禁止天主教传播,但在查拿过程中也逐渐在具体惩罚措施方面做出区分。例如乾隆十一年,湖广总督鄂弥达就曾上奏谈道:

> 臣等窃念楚北风俗如迎神赛会之事,民间常有,若将天主教一时并办,诚恐无知乡愚妄虑波累,致相惶骇。再该处天主教,皆系庄家佃户,并无西洋人,亦无诡秘不法情事,止须将教内为首之人严加究治,其余被惑者分别惩儆,取具连环保结,立法稽查,便可净其根诛。①

乾隆帝在奏折上批复"所见亦是,姑徐之",由此表明鄂弥达此奏得到了最高当权者的认可。由于清政府在实际查拿过程中对天主教秉持比较宽容的政策,甚至只要教徒当庭跨越十字架就可以免于治罪,以至于出现了一种情况,这就是一部分民间教派成员为了逃脱严酷的惩罚,有时会临时冒用天主教名义,伪造天主教徒身份,以图逃脱惩治。由此使得清代前期一段时间内曾出现了一种民间教派冒用天主教的状况。为了避免此类状况发生,一些官员要求加重对天主教案件的处罚,以达到打击民间教派的目的。例如,道光十九年十二月初四日,刑科给事中巫宜禊奏报:

> 再查教匪名号不同,溯源无异。臣闻向来习教之人,必先将

---

① 《清中前期西洋天主教在华活动档案史料》第 1 册,第 113 页。

其祖宗父母牌位破毁，因而不禁天地，不礼神明，惟其教主是奉。无论何教，均如此一律行为。律以十恶不孝之条，罪在不赦，乃外省办理天主教之案，往往因当堂跨越十字架，便谓真心改悔，予以自新，免其治罪。故教匪恃以不恐，其破案在未经酿事之先，皆认为天主教，以图避重就轻；破案在已经滋事之后，又复另立教名，以图脱其党羽。如山西曹顺一案，谓之先天教；山东马刚一案，谓之天柱教，其实皆天主教之支分派别也。伏思习教之人，执迷不悟者多，真心改悔者少，当其被获到官之时，刑戮在前，罪名在后，跨越十字架未必即为真心，诚恐案结之后，邪心复萌，迁徙他处，仍复传煽，是以屡有破案，终未净绝根株。查律载西洋人有在内地传习天主教，被诱入教之人，如能赴官始行悔悟者，于遣罪上减一等，杖一百，徒三年等语，应请嗣后被获到官习教之犯，均应按律惩办，毋稍宽纵，以售其奸诈之私，亦除恶于初萌之一道也。①

巫宜襈此奏显然针对的是当时一些民间教派巧妙利用天主教名号传教，并借机逃脱惩处的事实。他认为既然天主教也是被禁止传播的宗教，但因为在判罪时，常常用跨越十字架来判断是否"改过自新"，对于肯当庭跨过十字架者免于治罪。而一部分民间教派成员往往会假冒天主教徒，通过跨越十字架以逃避惩罚。为了避免这种情况发生，他希望能严格"按律惩办，毋稍宽纵"，这样一来就能达到打击天主教及民间教派的目的。但巫宜襈的这项建议遭到了一些官员的反对，认为此举将不利于劝化教徒。例如，大学士王鼎等人就认为：

---

① 《清中前期西洋天主教在华活动档案史料》第 3 册，第 1250 页。

若传习天主教人犯，平日虔奉十字木架，与别项教匪所供图像不同，如被获后，肯当堂跨越，即与赴官投首之犯，同系真心改悔，此等被惑乡愚，既经悔悟出教，即应予以自新，故例不拟罪参，观两例权衡，至为允当，似不得因有各项教匪，恐其破案后诈冒天主教名目，遂一并尽法惩治，致绝愚民悔悟之萌。况教匪之是天主教以有无所供木架为凭，承审官一经核实查办，无难立辨。①

尽管巫宜禩与王鼎等人从社会控制角度，针对具体处理习教人员的处理意见有所不同，但也深刻揭示出清代前期天主教与民间教派纠缠在一起的社会局面。

四 传教士"去邪教化"的努力

与近代挟西方列强而来的基督新教不同，清代前期天主教尚未发展成为挑战清廷统治的最大威胁。此一时期，清廷专注的是白莲教等民间教派起事，对这些教派十分警惕，采取各种高压扑灭的措施。因此，尽管从康熙末年开始天主教被禁止传播，但天主教会仍然没有放弃重新恢复公开传教的希望。在潜藏秘密传教的同时，也寄望通过在宫廷中的活动，使得清廷能够取消禁教令。为了达到这一目的，对于清代前期的天主教会来说，面临的挑战之一就是如何摆脱与民间教派混为一谈的局面，将自己从清廷所划定的危及社会秩序的"教派"名单中划出，以一种正统宗教的面目示人，从而为天主教会谋求一定的传播空间。为此天主教会做了很多努力，呈现出积极应对的一面。

---

① 《清中前期西洋天主教在华活动档案史料》第 3 册，第 1252 页。

首先，刊刻各种护教书籍，试图"辟邪崇正"。清代前期传教士撰写、刊刻了不少"真教辩护类"①书籍，除了向知识阶层传教，其中一个用意就是辨明天主教与其他民间教派的区别，以营造有利天主教的社会舆论。如清初李祖白撰写《天学传概》一书，在书首他提出写书的目的就是要"指明正理，扼制邪学"。此处"正理"一词当然指的是天主教义，而所谓"邪学"，他在文中没有明示，但后来"历狱案"爆发，李祖白与汤若望等人都被逮下狱。当刑部官员审问其"扼制邪学者，又指何教？"他就明确指出："所谓扼制邪学者，即指无为、白莲等教。"②

值得注意的是，天主教在撰书辩护过程中，曾经特别重视突出天主教的"正教"符号。天主教入华后，十分注重通过刊刻书籍以开展知识传教。但凡在书中提到天主教时，除了通行的"天（主）教"名号，也注意借用其他一些能够彰显本宗教正统形象的词语，如"真教""圣教""正教"等，其中"正教"这一词语的使用很明显是要与"邪教"区分，具有深刻的排他性意义。

从现有资料来看，明末天主教刚传入中国不久，就开始使用"正教"一词。在利玛窦所撰《天主实义》这一重要的护教书籍中，已出现"天主正教"一词；③而在利类思所撰的《天主正教约征》一书中，更是明确采用"正教"这个词作为书名。

顾名思义，"正"与"邪"是相对而言的。天主教会竭力将本教塑造为"正教"，既显示出其对于当时佛教、道教及民间教派此类"邪教"的排斥，也包含着天主教会希望能够被接纳入国家认可的正

---

① 徐宗泽：《明清间耶稣会士译著提要》，第 80 页。
② 中国第一历史档案馆、中国海外汉学研究中心合编《清初西洋传教士满文档案译本》，大象出版社，2015，第 14 页。
③ 利玛窦：《天主实义》卷下。

统宗教信仰体系的良苦用心。

其次，适当调整传教方式，避免与"邪教"混同。如上文所述，天主教会在传教方式上与民间宗教具有某种相似性，如他们都属于诵经教派，需要定期聚会习教。然而，夜聚晓散等聚众诵经行为却是清代官府判定邪教的一项重要罪名，为了避免遭人误解，传教士不惜修改某些具体的习教方式。如清初汤若望在北京传教时，当地天主教曾定期聚会，"凡入我教之人，各给《天主教要》一册及铜像、绣袋、会期。一年收徒二百余人，一月四会，讲演天主之教。每会各交钱一二千，以为资助穷人"。此后，"因目今严禁邪教，唯恐有人不辨真伪，以致视我教为邪教，故而罢会"。① 从清初北京教会这一案例可知，身处特殊时期，传教士也颇为注意谨言慎行，甚至调整一些容易被误会的习教方式，以图远离"邪教"嫌疑。

再次，充分利用禁教案场合展开自辩，洗脱"邪教"指控。清代前期，各地频繁发生查禁天主教的案件，大量的传教士和教徒被捕。而在审理这些天主教传教案件时，传教士和骨干教徒基本上会被指控邪教惑众的罪名。按照清朝的法律程序，这类审判结果有司会逐层上报，对于天主教会而言，也不失为一个自我辩护的好机会。因此被审问的天主教成员往往在这些场合极力辩解本教与民间宗教的区别，以洗脱"邪教"罪名。例如，清初汤若望"历狱"案中，杨光先控告汤若望等西方传教士的一个主要罪名就是天主教与白莲教等相同，是图谋不轨的"邪教"。

> 彼天主耶稣者，乃叛国无君之贼，全以将钉死于木架上之画像为凭证，实如中国之白莲、闻香邪教矣。白莲、闻香先事圣后

---

① 《清初西洋传教士满文档案译本》，第30页。

叛乱，而天主教传布天下，收纳教徒百万，意欲何耶？①

对于杨光先的这一指控，汤若望等人在审问过程中就竭力辩白。

> 邪教者，乃私行阴传。而小的们则明行明传，且有书焉，人人可阅。邪教乃夜聚晓散，而小的们则于白昼当众讲演。教之邪与正，在其戒律中泾渭分明。②

同样的例子还有前述乾隆三十四年在四川荣县被捕的艾若望，他在第一次面对当地县丞的审讯时，就极力向对方辩解所传天主教并非白莲教之类"邪教"。

> ……（天主教）不是您所知道的那个白莲教。我们的宗教是皇帝承认的，甚至宫廷里也有欧洲人跟我一样在传教。他们在北京有开放的教堂，人们于其中公开举行我们圣教的活动，康熙皇帝当初差一点也信了教，帝国各省皆有基督教徒，凡了解教理的人从未像老爷您这样将其混同于可耻的白莲教。③

在这个案例中，艾若望很巧妙地点出天主教与北京朝廷的密切关系，以此证明天主教并非白莲教之类"邪教"。在相当长一段时期内，尽管清廷下令禁教，但仍然允许西方传教士在钦天监等机构效命，也可以在北京几个主要天主堂活动。这也给艾若望提供了一个有利的证据，证明天主教在北京有开放的教堂，是公开的宗教，与被查

---

① 《清初西洋传教士满文档案译本》，第 18 页。
② 《清初西洋传教士满文档案译本》，第 39 页。
③ 杜赫德编《书简集》(6)，第 150 页。

禁的白莲教等民间宗教截然不同。很显然，传教士试图表明天主教是站在朝廷一边的，与民间教派界限分明。例如嘉庆年间湖北巡抚张映汉审讯被捕的刘方济各，追问："你在襄郧一带传教，地方上如有习白莲、牛八等教之人，你等自然系属一气。"刘方济各则明确表示："白莲、牛八等教俱是犯法惑众的事，我们西洋教向是两道，断不与他们往来。"①

出上可见，清代前期天主教会采取了不少措施以去"邪教"化，无论是刊刻书籍，还是在传教方式乃至官府审问时都尽力表白天主教的"正教"形象，这些都是传教士为了避免被贴上"邪教"标签而采取的做法，反映出天主教会为了去"邪教"化做出了某种努力。只是这些努力成效并不明显，尽管起到了推动一部分清朝统治者进一步了解天主教的作用，却无法从根本上改变天主教的命运。直到鸦片战争爆发之前，天主教仍然被视为与民间宗教同类的"邪教"而处于被禁止传播的境遇。

* * *

很显然，由于清代前期正处于中国历史上民间宗教蓬勃兴起的时代，这些潜藏于下层社会的秘密教派在民众中具有广泛的影响力。此时期天主教在华传播，也就不得不面对这一底层社会民间宗教化的环境。对于天主教会而言，如何处理与民间宗教的关系是一个颇为棘手的难题。一方面，由于社会上对天主教与民间宗教颇有误解，传教士认识到在传教过程中必须时时注意与当时兴盛的民间宗教划清界限，以免被坐实为"邪教"，从而彻底失去传教机会；另一方面，天主教

---

① 《清中前期西洋天主教在华活动档案史料》第 3 册，第 1145 页。

的传播发展毕竟需要广泛的信众基础，而底层民众自然是其传教的一个主要对象。因此，天主教会也曾卷入中国复杂的底层社会体系，积极地从民间宗教团体中转化、吸收教徒。可以说，其传播发展也充分利用了民间宗教土壤。当然，反过来，一些民间教派也可能吸收了天主教的一部分内容，对其信仰进行了某种程度的改造。这些都是清代前期天主教与当时蓬勃兴起的民间宗教之间复杂关系的一面。

随着接触时间日久，清代前期的统治者对天主教的性质有所认识，但在夷夏之防的用意下，仍然长期将其纳入"邪教"范畴，视之为与白莲教同类的威胁帝国统治的一种非正常宗教。清廷的这一宗教政策，在相当长时间内对天主教的传播造成了深刻的影响，成为制约天主教在华传播的一个重要因素。这种局面直到鸦片战争后才发生变化。迫于法国等西方列强的交涉压力，再加上此时期与西方接触较多的耆英等一部分办理洋务的官员，也认识到天主教"惟二百余年并未滋事，究与白莲、八卦、白阳等项邪教不同"，[①] 提出解禁天主教传播。在经过了几番交涉后，道光二十四年，道光帝最终明确谕令"天主教……中国并不斥为邪教"，[②] 并采取措施逐步弛禁天主教。这也表明至此为止清帝国虽然对天主教并没有放下戒心，但在形式上也不得不将其排除出帝国严密控制的"邪教"行列。尽管在民间社会仍然不时流传着将天主教视作民间教派同类的豆棚闲话，但经过近代化的洗礼，天主教与民间教派纠葛了几个世纪的情况终于在中国成为历史。

---

① 《清末教案》第 1 册，第 3 页。
② 《清末教案》第 1 册，第 6 页。

第八章
疾病的隐喻：清前期天主教传播中的医疗文化

当代美国著名的作家和评论家苏珊·桑塔格在所著《作为隐喻的疾病》（*Illness as Metaphor*）中曾精辟指出，围绕癌症等特定恶疾所滋生的一系列社会想象不仅为患者增添了巨大的痛苦，也是阻止患者选择正确疗法的一个主因。[①] 确实，在相当长一段时间内，这些附着于疾病的隐喻影响着人们从病理角度正确看待疾病的产生，而容易将之归于作祟与天谴等神秘化情由，从而为宗教力量的介入提供了广阔的空间。在中国历史上，佛教、道教及民间信仰都曾经活跃于民众的医疗活动中。值得注意的是，伴随着清代前期天主教逐渐深入民间传播，其在民间医事中所扮演的角色也越发重要。本章择取康熙年间发生在江西抚州天主教传教区的一个故事为切入点，探讨清代前期天主教的医疗传教活动，尤其注重考察传教士是如何充分利用疾病的隐喻，在民间社会中与佛教、道教及民间信仰展开激烈竞争，从而达到拓展天主教传播空间的目的。

一 抚州女子的故事

康熙四十一年（1702）夏，就在法国耶稣会士进入江西抚州开

---

① 苏珊·桑塔格：《疾病的隐喻》，程巍译，上海译文出版社，2007，第5～77页。

辟传教区不久，抚州城附近的一个村子突然发生了一件令当地人惊奇不已的事情。村里一位十七八岁的青年女子突然患上了一种无人能晓的怪病。这位女子原本身体健壮，平时料理家务，举止正常。但有时她会变得极度疯狂，说出一些不着边际的事情，仿佛亲历者一样。在一次病情发作时，这位女子说一个在乡下的人就要来了，他向她说起天主教的事情。另一次她说有两位布道者在她指定的某一天会来到，用一种她不知道名称的水洒在她的身上及整个屋子。同时，她还手画十字，开始模仿将圣水洒向人群的动作。有一位救治过她的人问她，为什么对这种水和十字架如此不安，她回答说："这是因为我害怕它们就像害怕死亡一样。"更加不可思议的是，几个月后，这种怪病转移到这位女子的家庭成员中，几位家人都有了相同的症状。①

为了治疗这种怪病，女子的家人到处寻医访药。当时恰逢龙虎山天师府张天师莅临抚州城，该城的道士备感荣光，就向全城公告天师来临的消息，抚州"所有病人和所有遭遇不幸事故的人都来看天师，以减轻他们的痛苦"。其中也包括那位女子及其患病的家庭成员，他们希望能从张天师处获得"治疗折磨他们的疯病的良药"。② 交了一些钱后，他们得到了一根像手臂一般长短、上面写着密密麻麻咒语的棍子，并被告知当疾病发作时，就要设坛迎神，用这根棍子来驱赶病魔，从而达到治病的目的。但是，实践证明这种驱魔术并无效果。这位抚州女子及其亲属曾经三次邀请道士到家中来做道场，驱除病魔，但丝毫没有能够减轻她的病痛。女子的母亲不忍心看到女儿受病患折磨，就把她接回娘家，希望换个地方，也许可恶的疾病就会离她而去。但是，抚州女子刚回到娘家，就将病传染给了家中的另外四位青

---

① 杜赫德编《书简集》(1)，第 213 页。
② 杜赫德编《书简集》(1)，第 214 页。

年男子。①

　　一位名叫邓若翰的天主教徒朋友前来探视。他指出这种病显然是魔鬼在作怪，要摆脱怪病的纠缠，唯一的办法是皈依天主教，求助天主。听到这番话后，病家就派人去请在当地传教的法国耶稣会士沙守信前来为他们解除病痛。沙守信提出一个条件，他们必须放弃原来信奉的"邪教"以及其他"迷信"行为，否则他不会答应他们请求。这个患病家庭同意了，为了表示诚意，他们还将天师所给的那根写满咒语的棍子、经书以及家里所有的神像都带到沙守信那里，恳求这位法国神父不要置他们的痛苦于不顾，抛弃这个可怜的家庭。在此情况下，沙守信就派遣了几位天主教徒，带着十字架、耶稣像、念珠和圣水到女子家中，很快全家就安静下来，疯病消失了。② 由于当地的一位僧人在目睹了这个神奇现象后，断言天主教能治愈疾病纯属偶然。为了反驳他的言辞，当天主教徒离开后，上述家庭成员的疯病再次发作了，而且有过之而无不及。他们只好请求天主教徒再次返回，教徒或把念珠挂在一些人的脖子上，或将圣水洒到另一些人身上，于是疯病再次被压服下去。最后，天主教徒把带有耶稣受难像的十字架放在屋中最显眼的地方，在两边放上圣水缸和圣枝，如此一来，病魔就被完全驱除了。女子一家终于恢复了健康。看到天主教如此神奇地解除了他们的病痛，该女子的家庭成员纷纷请求接受洗礼。沙守信要求他们先学习天主教义和基本的祷词，然后才可接受洗礼。于是，他们以饱满的热情学习天主教要理及礼仪，最终在当年七月几乎整个家庭近三十多人都接受了洗礼，皈依了天主教。③ 该家庭还专门为此在家中树碑铭文，以纪念此次自己家因为皈依天主教而战胜病魔、神奇得救

---

① 杜赫德编《书简集》（1），第214页。
② 杜赫德编《书简集》（1），第215页。
③ 杜赫德编《书简集》（1），第215页。

的事迹。①

上面这个故事，虽然从形式上看仅是清前期流传于中国传教会内部众多灵异故事中普普通通的一个，对于此时期在华法国耶稣会来说却具有特别的意义。1687年，在一心想要扩大法国在远东影响的国王路易十四的派遣下，洪若翰、白晋、张诚等五位法国耶稣会士来华，揭开了法国耶稣会士入华传教的序幕。1698年和1701年法国相继又派遣了两批本国耶稣会士抵华传教。② 这些法国耶稣会士大批来华打破了此前耶稣会葡萄牙利益集团一手独控中国传教区的局面。为了与葡系耶稣会士相抗衡，法国耶稣会士积极在华开辟传教区。此前天主教活动较为薄弱的江西即是他们选中的一片传教区域。利圣学、孟正气、傅圣泽、沙守信等人都被派往该省，先后在抚州、饶州、九江买屋建堂，拓展教务。③ 由于正处传教会开拓初期，艰难倍显，"在中国要在没有一点基础的地方播下信仰的种子决不是件轻而易举的事，因为没有人愿意成为信教的第一人"。④ 在筚路蓝缕辛勤开教之时，像前述抚州女子这类奇异事迹，在见证信仰、激励教士和教会、促进民众皈依方面无疑有着突出的功效。因此，对于这样的灵异故事，法国耶稣会士自然十分重视。沙守信很快就将这个故事报告给了法国传教团负责人傅圣泽。尽管傅圣泽本人在灵迹问题上一直持谨慎的态度，但他还是如实记录了沙守信讲述的抚州女子故事，并不惜占用信件宝贵的篇幅，把它转述在他1702年11月26日致本国贵族院议员德·拉福斯公爵的信中。⑤ 此后，沙守信又将这个故事作为重要信仰见证写入他1703年2月10日从抚州致担任本会驻巴黎司库郭

---

① 杜赫德编《书简集》(1)，第248页。
② 李晟文：《明清时期法国耶稣会士来华初探》，《世界宗教研究》1999年第2期。
③ 杜赫德编《书简集》(1)，第203页。
④ 杜赫德编《书简集》(1)，第210页。
⑤ 杜赫德编《书简集》(1)，第213~216页。

弼恩的信内。① 由此使得抚州女子的故事得以流传到 18 世纪的欧洲。

也正是通过傅圣泽和沙守信的记述，我们今天还能知晓这个发生在三个世纪前的故事。通过故事中蕴含的丰富信息，不仅使我们对清代前期天主教在江西民间社会的传播状况获得了一定的了解，而且更重要的是促使我们去探索清前期天主教的医疗传教活动以及围绕疾病产生的社会想象与清前期民众皈依天主教信仰之间的复杂关系等一系列问题。众所周知，以往学术界一般认为教会的医疗传教活动在晚清时期最为突出，② 而对于明末清前期天主教医疗传教问题却没有给予充分的重视。即或有之，也是注重考察中西学视野下传教士与西医知识的传播，而少见探讨医疗活动在具体传教过程中的作用。③ 上引抚州女子故事，无疑为我们打开了一个深入考察清代前期天主教传播中医疗文化的另类视角。

二 医疗传教

由抚州女子故事可知，医疗活动已经成为清前期天主教会一种有效的传教手段。而这实际上是西欧天主教医疗传教传统在东方的延续。早在中世纪时期，天主教会已经是掌握欧洲社会医疗资源的主要力量。天主教会把医学视为宗教慈善事业一个不可或缺的部分，十分重视通过开设医院及其他救治机构等服务社会并传播信仰，由此形成

---

① 杜赫德编《书简集》(1)，第 245～248 页。
② 何小莲：《西医东传：晚清医疗制度变革的人文意义》，《史林》2002 年第 4 期。
③ 此类代表性的研究主要有，范行准《明季西洋传入之医学》，中华医史学会，1943；祝平一《身体、灵魂与天主：明末清初西学中的人体生理知识》，《新史学》第 7 卷第 2 期，1996 年；祝平一《通贯天学、医学与儒学：王宏翰与明清之际中西医学的交会》，《中央研究院历史语言研究所集刊》第 70 本第 1 分，1999 年；董少新《形神之间：早期西洋医学入华史稿》，上海古籍出版社，2008。

了医疗传教的传统。① 16 世纪以降，随着西欧殖民国家海外扩张而渐趋东来的天主教各修会，在进入亚洲传教过程中也沿袭了这种做法。如耶稣会、方济各会、多明我会在东南亚活动时就开办了不少医院，在当地土著和侨居华人中行医传教。② 在进入中国后，当时传教士也注意到医疗在向中国人传教中的重要作用。例如，一位方济各会士曾经指出，扮演医生是传教士得以接近中国人的最好办法，因为这一类人是文武官员家室中不可或缺的常客。这样一来，他们不仅有益于皈依灵魂，还能使传教免受坏人破坏，从而达到以较小的代价与努力换取传播福音的目的。为此方济各会士利安当还多次呼吁本会派遣一位医疗传教士来华。③ 尽管医疗传教仍是入华天主教各修会秉持的策略，但从现有史料看来，在早期阶段，各修会之间在具体的做法上可能有所区别。或许是认识到医者身份尴尬，在一段时间里，利玛窦等早期入华耶稣会士似乎更倾向于以西儒身份著文刊书介绍西洋医学，而少有采取直接行医的方式。④ 耶稣会通过传播医学知识，引起一部分儒学知识分子的兴趣，进而使一些儒生皈依了天主教，但这种影响只局限于少数知识分子。⑤ 明末清初时期采用医疗手段向民间传教表现突出的是注重直接向下层社会人群传教的方济各会和多明我会。早

---

① Peter Biller and Joseph Ziegler, eds., *Religion and Medicine in the Middle Ages*, Woodbridge Suffolk: York Medieval Press, 2001.

② Achilles Meersman, *Franciscans in the Indonesian Archipelago*, Louvain – Belgium, 1967, p. 62; Diego Aduarte, *Historia de la Provincia del Santo Rosario de la Orden de Predicadores en Filipinas*, *Japon Y China*, Tomo Ⅰ, Madrid, 1962, pp. 171 – 175, 293 –295.

③ J. S. Cummins, ed., *The Travels and Controversies of Friar Domingo Navarrete*, *1616 – 1686*, Cambridge: Cambridge University Press, 1962, " Introduction," p. xlviii.

④ 祝平一：《身体、灵魂与天主：明末清初西学中的人体生理知识》，《新史学》第 7 卷第 2 期，1996 年，第 92 ~ 93 页。

⑤ 祝平一：《通贯天学、医学与儒学：王宏翰与明清之际中西医学的交会》，《中央研究院历史语言研究所集刊》第 70 本第 1 分，1999 年，第 165 ~ 201 页。

在 1633 年，多明我会士黎玉范在闽东福安县就试图通过救治当地麻风病人来传教。① 此后多明我会在闽东传教区相继建有数个麻风病院，收容当地麻风病患者，在医治其病症的同时为他们施洗。② 同样，1637 年方济各会传教士马若翰等人也在福建一边救治病人，一边传教。到了 1678 年，方济各会更在广州城外杨仁里专门设立了药房，该会传教士艾逊爵还通过为粤省官员看病来扩大影响。③

由于行医可以最大范围地接近各阶层的人群，从而极大地拓展传教面，清初耶稣会也逐渐改变了明末利玛窦时期重译述轻实践的做法。特别是随着康熙年间法国耶稣会来华，医疗活动在耶稣会传教过程中扮演的角色越来越受到重视。从 1669 年起，康熙帝对包括西洋医药在内的各科西学知识日感兴趣。在此情况下，1678 年南怀仁写信给欧洲耶稣会，希望能够增派熟练掌握包括医学等各科知识的本会会士来华充实传教力量。其时正值法王路易十四试图扩大在远东的影响，得知此事后，他立即决定派遣一队法国耶稣会士入华。1688 年 2 月，洪若翰、张诚、白晋、李明、刘应等五位法国耶稣会士由欧洲抵京，受到康熙帝的接见。④ 此后，相继有数批法国耶稣会士入华。在这些来华法国耶稣会士中，许多人具备一定的医学知识，甚至不少人如罗德先本身就是医生。⑤ 他们充分利用康熙帝对西方医学的兴趣，以各种方式在宫廷内外进行医学传教活动。康熙帝曾经选择白晋和张诚为之讲解西方医学。为此，1690 年春，白晋、张诚二人专门就食

① Victorio Riccio, *Hechos de la Orden de predicadores en el Imperio de China*, Libro Primero, Capítulo 10, no. 3 - 4, 1667.
② José María González, *Historia de Las Misiones Dominicanas de China*, Tomo Ⅰ, Madrid, 1962.
③ 崔维孝：《明清之际西班牙方济会在华传教研究（1579 ~ 1732）》，中华书局，2006，第 212 ~ 232 页。
④ 杜赫德编《书简集》（1），第 269 页。
⑤ 费赖之：《明清间在华耶稣会士列传（1552 ~ 1773）》，第 662 ~ 664 页。

物吸收、血液循环，特别是人体解剖撰写了教本，并撰写了18～20篇有关多种疾病的论文。此外，他们还依据巴黎皇家实验室主任卡拉的设计，在宫内建立了一座备有四个活动式火炉的实验室，调制了由柠檬、紫罗兰、桃花和玫瑰提炼的不同糖浆及健心药剂等。巴多明亦受命将一部解剖学论著和一部医学大全翻译成满文。① 1693 年，康熙帝突然发烧病危，就在御医束手之际，张诚和白晋适时配置药粉使他脱险，洪若翰、刘应随后献上金鸡纳霜，使康熙帝退烧，彻底恢复了健康。② 康熙帝高兴之余，决定重赏法国传教士。他陆续赐皇城内的地皮给传教士，并拨银资助建造教堂，是为著名的"北堂"。③ 教堂完工后，康熙帝还亲赐"万有真源"匾额，并御制对联。④ 康熙帝晚年数次患病，法国耶稣会传教士也及时献药医治。如 1709 年，康熙帝患上心悸症，病情沉重，健康日衰。宫中御医无能为力，只得向法国传教士医生罗德先求助。罗德先果然身手不凡，他"配制了胭脂红酒让皇帝服用，首先止住了最令他心神不安的严重的心悸症；随之又建议他服用产自加那利群岛的葡萄酒。……不多久，皇帝恢复了体力，如今十分健康"。⑤ 此后罗德先还多次医治康熙帝的疾病，获得康熙帝的赞誉。⑥

除罗德先外，康熙年间活跃于宫中的法国传教士医生还有樊继训、巴新、安泰、罗怀中、罗启明等人。此外，意大利籍的鲍仲义、何多敏也是当时比较知名的耶稣会士医生。这些传教士医生经常为皇亲、大臣提供各种医疗服务，并担任康熙帝出巡时的随行医生。如洪

---

① 杜赫德编《书简集》(2)，第 286～287 页。
② 杜赫德编《书简集》(1)，第 288～290 页。
③ 杜赫德编《书简集》(1)，第 291 页。
④ 杜赫德编《书简集》(2)，第 44 页。
⑤ 杜赫德编《书简集》(2)，第 36～37 页。
⑥ 杜赫德编《书简集》(2)，第 133 页。

若翰就提道："由于樊继训、鲍仲义和罗德先三位辅理修士精于医理，善治创伤，又擅长调配药剂，就委派他们为一些皇族中的武官和京中的一些大员担任医疗护理工作。修士们的出色服务使皇上非常满意，因此每当皇上巡视满洲或其他省份时，总得随带一人扈从。"①这一点，从巴多明致法国科学院的一封信中也可以得到验证。他谈到在十余年间，康熙帝每次出巡都带上他，而先后和他一起随行的"有已故红衣主教多罗的医生布尔盖泽大夫、法国人樊继训和罗德先助理修士、热那亚人何多敏助理修士、卡拉布里亚人科斯塔助理修士等，他们都是耶稣会士，有的是外科医生，另一些是药剂师，最后还有法国耶稣会士安泰助理修士和罗马圣灵医院外科医生加里亚迪先生"。② 除了为皇室治病，这些传教士医生也为民间提供医疗服务。如耶稣会士安泰在充任宫廷医师时，曾多次以医术救治北京城的病人。"（安泰）其人以热心治病而著名，被治者病辄愈，受其惠者咸称之为慈善大夫。教内外人皆重其医术，每日午前午后求治者盈门。泰一一为之裹疡施药。"③ "（他）把上帝赐福的药品发给各种病人，取得了很大的成效。"④ 耶稣会士罗怀忠曾在京城开办诊所，医治穷人："日日对来诊者赠药裹疡。常被延至王公贵人邸治疾，然彼尤愿为寒苦人治疾。贫病之人来就诊者，则赠以善言、财物、药剂；不能来诊者则自赴病者家，有时为之诊治终日。……怀忠生前曾以所得布施购田数区，以其息供施诊所药室经费，俾使此慈善事业不致中辍。"⑤ "肄习执行外科医术"的耶稣会士马德昭也曾"在京以其术

---

① 费赖之：《明清间在华耶稣会士列传（1552～1773）》，第 559～560 页。
② 杜赫德编《书简集》（2），第 312 页。
③ 费赖之：《在华耶稣会士列传及书目》，第 678 页。
④ 杜赫德编《书简集》（3），第 205 页。
⑤ 费赖之：《在华耶稣会士列传及书目》，第 651～652 页。

救济贫苦无告之人"。①

很显然，耶稣会士热衷于为清廷提供医疗服务，其目的就是希望能从宫廷打开宗教缺口，从而推动天主教在中国社会的广泛传播。传教士在宫廷中的医疗活动，虽然没有达到使康熙帝皈依这个长远目标，但作用也不可低估。康熙帝服用了罗德先进献的葡萄酒后恢复了健康，颁诏表扬了西洋传教士的功劳，不仅点燃了天主教皈依清帝的信心，而且也收到了客观的传教效果："皇帝在一份公开文书中讲的这些话不是给人以他可能会归信基督的一些希望吗？""这位君主所说的应当相信和信赖我们的话已经促使他多名臣子皈依了基督教。"②正如掌握钦天监一样，耶稣会士也试图通过在宫廷中行医从而间接地为传教士在各地传教创造有利的条件。曾担任法国耶稣会传教区负责人的殷弘绪在致本会印度和中国传教区巡阅使的报告中谈到罗德先的医疗活动对于传教工作的重要性时就深刻地点明了这一点："我顺便想告诉您，鉴于他已上了年纪，我们极盼从欧洲给我们派一个人来，以便当我们有朝一日失去他时可予以替代。他的服务定能极大推动宗教进展。"③

而在宫廷之外，医治疾病更是成为直接获得信徒的一个重要渠道与手段。正如耶稣会士张诚所说："人们从欧洲寄来的药品，我们用来为这些可怜的偶像崇拜者缓解病痛，但它们对医治其灵魂所起的作用更大。我们每天都感到上帝在为我们的治疗工作降福，尤其在北京，这里成群结队的人向我们讨药。"④ 前述服务宫廷的法国传教士医生巴新、安泰、罗怀中、罗启明等在北京城为各个阶层的人治病

---

① 费赖之：《在华耶稣会士列传及书目》，第 848 页。
② 杜赫德编《书简集》（2），第 37 页。
③ 杜赫德编《书简集》（2），第 36 ~ 37 页。
④ 杜赫德编《书简集》（2），第 29 页。

时，就借此吸引人们入教。① 至于其他省份，传教士也充分利用医疗作为传播天主教的手段。例如，康熙年间法国耶稣会士殷弘绪在江西景德镇传教时，就以施药给患者的方式来吸引民众入教，以至于他为自己以往没有学习更多医学知识而后悔："我常为自己在欧洲时没有上药剂学的课而感到遗憾。看到我手抄的厚厚一大本药方，您会惊讶的。我认为它们今后在某个虔诚的传教士手中将发挥比在我手中更大的作用。"② 由于有医生的职业为掩护，殷弘绪还能以探视病人、分发药物的名义接近女性基督徒，为她们办理各项圣事。③ 传教士提供医疗服务的人群范围相当广泛，即使是染上麻风病等恶疾而被社会抛弃的贫苦病人也是他们希望加以感化的对象，一些传教士还因此付出了生命的代价。典型的例子如康熙末年耶稣会士储斐理、朱耶芮在广州传教时，曾冒险进入当地麻风病院抚慰病者，不幸受感染而死。④

除了要求欧洲母会派遣懂医术的传教士来华，值得一提的是，清代前期天主教会还注意吸收中国医生受洗入教，或是鼓励教友从事医生职业。早在康熙初年广州会议期间，在华传教士就已提出要重视中国医生的作用。⑤ 应该说这是很明智的举措。我们知道，懂医术的西方传教士人数毕竟有限，在禁教时期，他们又很容易引人注目，从而成为各地官府拘捕、驱逐的对象。相比之下，中国医生教徒则可以穿街走巷，深入基层民众中间，为深受疾病困扰的患者施医赠药。患者通常感激他们的照顾，很容易听信他们的劝告而入教。在传教士看

---

① 杜赫德编《书简集》（3），第 205～206 页。
② 杜赫德编《书简集》（2），第 145 页。
③ 杜赫德编《书简集》（3），第 206 页。
④ 费赖之：《在华耶稣会士列传及书目》，第 636 页；杜赫德编《书简集》（2），第 274 页。
⑤ 高华士：《清初耶稣会士鲁日满常熟账本及灵修笔记研究》，赵殿红译，大象出版社，2007，第 444 页。

来，懂些医术的教徒还可以在为那些病危的儿童受洗上发挥独到的作用。殷弘绪就曾这样描述："有一位医生，善于医治儿科病，每个月他都给我送来他为之打开天堂之门的孩子的名单。这就使我想到可以把治疗痘疹的药教给我们的男女信徒们，让他们可以进入非基督徒们的家门，他可以为无救的孩子们付洗。"① 尤其是，在中国当时行医并没有严格的限制，任何男子，"只要愿意，无论医学知识多寡，都可行医"，② 医生职业的这种自由化也为教徒行医提供了便利的条件。从留存下来的中西文献史料可见，在清代前期存在一个以行医为职业、非常活跃的天主教徒群体。例如，在清前期江南地区，除了有王宏翰、徐启元③这样的名医教徒，还有不少名不见经传的奉教医生。如当耶稣会士柏应理 1659 年在江南传教时曾经染上疾病，经过两位当地奉教医生医治得以恢复健康。④ 1741 年死于北京的刘保禄也是一位基督徒医生，他"利用了职业中积累的声望，完成了大批归化。所有人家都向他开放，他也利用了这种出入自由，而使八千多名濒临死亡的儿童，在接受了他的洗礼之后，才进入天堂"。⑤ 嘉庆年间宗室果简郡王永璨媵妾爱玉习教案中牵扯出的一位关键人物童贞女郭氏也是一位"女医"，她充分利用行医之便，进出官宦人家，"传习西洋教"。⑥ 一些华籍传教士也以行医为掩护进行传教。如乾隆年间医

---

① 杜赫德编《书简集》(3)，第 198 页。
② 利玛窦：《利玛窦全集》(一)，光启出版社，1986，第 25 页。多明我会士闵明我也曾在所撰书籍中谈到了类似的看法，见 Domingo Navarrete, "An Account of the Empire of China, historical, political, moral and religious," in A. Churchill and J. Churchill, eds., *A Collection of Voyages and Travels: some now first printed from original manuscripts, with a general preface*, vol. 1, London, 1704.
③ 关于徐启元行医事迹，见《奉天学徐启元行实小记》，钟鸣旦等编《徐家汇藏书楼明清天主教文献》第 3 册，第 1232 页。
④ 高华士：《清初耶稣会士鲁日满常熟账本及灵修笔记研究》，第 445 页注释 1。
⑤ 杜赫德编《书简集》(4)，第 252 页。
⑥ 《清中前期西洋天主教在华活动档案史料》第 3 册，第 1102 页。

生顾士效，"自祖父俱学习天主教"，他在"乾隆三十年间往澳门卖药与佛兰西国人罗满往来认识，罗满因其虔心奉教，能将经文向他人讲解，令同教人称该犯为神甫。……三十六年罗满转回西洋，该犯因无人给银，即从澳门回至广利墟开张药铺生理"。[1] 乾隆年间在江西传教的华籍耶稣会士陈多禄也是一名在京行医多年的医生，他在北京受洗入教并进入当地修道院学习。从澳门晋铎后，他被委派到江西传教："始终保留着医生资格，并借助它进入那些并不认识他的人当中，因为若无这一医生的身份，这些人就不会让他进入他们家中。而这一身份则给了他一个机会，使他能在医治这些身体的同时，也能为他们灵魂的健康效劳。"[2] 乾嘉年间活跃在四川一带的华籍传教士朱荣也是"行医度日"。[3]

天主教会在民间开展医疗传教所取得的效果是比较明显的。从中西文献中可见清代前期民间社会因为疾病而皈依天主教的情况很普遍，以1700~1781年在华耶稣会士所写的书信为例，经过初步整理，我们发现内中至少记载了十余起因病入教的案例。典型者如1705年张诚在一封信中提到的一对婆媳因患病而皈依天主教的例子。

发生在一位中国太太身上的事更加令人赞叹。她年事已高，急性大出血使她痛苦不堪，气息奄奄。一名基督徒正巧前去探望，于不知不觉中把话题引向了基督教。上帝使这名教徒如此打动了病妇，以致她要求立即受洗。要求得到了满足，她甚至还得到了并未要求过的东西，就在受洗当天，她的病同时也痊愈了。她的儿媳目睹了这一奇迹，当即决定做一名基督徒。长期以来，

---

① 《清中前期西洋天主教在华活动档案史料》第 2 册，第 706 页。
② 杜赫德编《书简集》(5)，第 12 页。
③ 《清中前期西洋天主教在华活动档案史料》第 3 册，第 1032 页。

地因病而骨瘦如柴，肺痨症病势日增。她学了教义，日常的祈祷熟记于心，而且接受了洗礼。①

很显然，这两位妇女长期分别被急性大出血、肺结核等险疾折磨，为了摆脱疾病，双双选择皈依天主教。无独有偶，在清代官府禁教时形成的天主教徒中文供单中，普遍记录有被抓获的教徒供出的信教原因。在整理这些中文供单内容时，我们也发现了不少病者因病入教的例子。典型者如山西潞城县私奉天主教之鹿葛斯默即鹿登山，"伊于乾隆四十七年四月内因妻姚氏患病不愈，适有西洋人安多呢潜赴潞城县，伊即请令医痊，遂入其教，供像念经，行善求福"。② 江西金谿县民姜祖信也是"因母亲患病，求神问卜。有贵溪县人纪焕章说天主教最是灵应，能保佑病人。小的就听信奉教持斋"。③ 江西南昌县人马士俊"向在赣州帮粮船为舵工。乾隆三十一年七月内船至山东地方，马士俊患病，适有搭船之陕西娄姓习天主教教名保禄，将马士俊之病治痊，劝令习教，念经消灾却病，马士俊即拜娄保禄为师，给与经一帙、像一纸，遂取教名西满"。④

尤其值得注意的是，较大规模传染病的暴发，往往成为引发清代前期一些地区民众集体皈依天主教的原因。1707 年，江西景德镇暴发了一场瘟疫，当地教会积极参与救治工作，不少人因而受洗入教。

人们看到这些仁慈的新信徒跑遍了所有有病人的住宅，无畏地暴露于这种极富传染性的疾病之下。人们还看到他们中许多人

---

① 杜赫德编《书简集》（2），第 28 页。
② 《清中前期西洋天主教在华活动档案史料》第 2 册，第 600 页。
③ 《清中前期西洋天主教在华活动档案史料》第 2 册，第 717 页。
④ 《清中前期西洋天主教在华活动档案史料》第 2 册，第 720 页。

把垂危的整个家庭接到自己家中，不辞做最低下的事情为他们服务。新信徒们借助药物减轻了他们肉体的痛苦，同时把永福的真理注入了他们的灵魂。仿佛上帝决定褒奖这一非凡的爱德：我去巡视这个教堂时获悉，凡经基督徒照料者无一人死去。非基督徒把这一切视为奇迹，从而使其中许多人请我教化他们，使其做好恩准受洗的准备。①

道光十八年（1838）二月，陕西长安县塘坊村瘟疫流行。村民王添荣"因家中老幼患病，忆及当年所诵天主教经能消灾却病，遂于旧帐簿内寻出经本，做就十字木架一个，令王浩早晚随同礼拜念经吃斋，其家瘟疫即愈。唐政等各家闻知，先后寻向王添荣求其传授，冀免瘟疫。王添荣即照经本语句，口授与唐政等念熟，未给十字木架。唐政等各自在家茹素诵经，望空礼拜"。②

由上可见，医疗活动有时能取得其他方式难以达到的效果。天主教传教士不仅通过在上层社会中行医赢得清统治者的好感，为天主教在华活动创造有利的外部环境，而且在民间也通过医疗活动扩大了社会网络，成为促使民众皈依天主教的一条重要途径。

三　疾病与社会想象

仔细阅读抚州女子故事，还可以促使我们进一步去探索前述清代前期天主教医疗传教活动的复杂性，尤其是天主教与疾病的社会想象建构之间的关系问题。从故事内容可知，折磨女子一家的是一种极具

---

① 杜赫德编《书简集》（2），第 42 页。
② 《清中前期西洋天主教在华活动档案史料》第 3 册，第 1257 页。

传染性的令人恐惧的"疯病"。在民众看来，这些无法从正常病理上解释的恶疾，其根源往往是邪魔缠身，由此围绕着疾病滋生了形形色色的社会想象。可以说，这些附加在疾病上的种种认知观念是清前期天主教医疗故事中十分普遍的现象。在翻阅了1700～1782年在华法国耶稣会士所写书信以及清前期官府禁教档案后，我们收集到19起反映清代前期民众因病入教的案例（表8-1）。

表8-1　1700～1782年民众因病入教案例

地点	病者身份	病症	与天主教关系	资料出处
江西饶州	泥水匠	病入膏肓	先求助于和尚和各种"迷信"，无效。传教士施药后，病状减轻，接受洗礼入教	书简1:207～208①
江西抚州	年轻女子	病危	受洗而治愈	书简1:210
江西抚州北门	三个家庭的儿童	便血	先请和尚来行祷告、供奉等仪式，无效。接受洗礼后治愈	书简1:218
不详	青年女子	突患重病	求助于本土传道员，受洗入教后康复	书简1:235～236
上海附近	小女孩	病危	求助于圣母玛利亚，受洗入教后死去	书简1:236
江西抚州	七位女子	疯病	先求助于和尚、道士及民间信仰，无效。后向传教士求助，受洗入教后康复	书简1:246～248
北京	年老妇人	急性大出血	受洗当天痊愈	书简2:28
北京	上述妇女儿媳	肺痨症	受洗次日死亡	书简2:28～29
北京	赵太太	长期患病	砸碎偶像，受洗后死去	书简2:47
江西景德镇	儿童	患病，生命垂危	其父欲往寺庙求医，途中从教徒医生处接受洗礼后死去	书简2:69
江西景德镇	小女孩	患天花，生命垂危	受洗后死去	书简2:144

地点	病者身份	病症	与天主教关系	资料出处
湖北	儿童	长期患病	其父向偶像许愿,花费金钱无数,病情丝毫无减。向教徒求助,受洗后死去	书简 5:281
四川江津县	何国达 (弹棉花生理)	疯癫	奉天主教以驱邪	清档 1: 302~303②
山西潞城县	鹿登山妻姚氏	患病不愈	请传教士诊,遂入教	清档 2:600
江西金谿县	姜祖信母亲	患病	先求神问卜,后以天主教最是灵应,能保佑病人,就听信奉教持斋	清档 2:717
江西南昌县	马士俊(舵工)	患病	为搭船之天主教徒娄保禄治痊,劝令习教,念经消灾却病	清档 2:720
贵州贵阳府	顾占鳌	患病	因病家居,取天主教经卷阅看,见所载俱系劝人为善,时时诵习,可以获福免灾。即私自在家诵习,数月病即痊愈,遂敬信不疑	清档 3: 977~978
贵州平樾县	冯添发、冯乔受	患病	因病入教	清档 3:1014
湖北应城县	张义盛	患病日久未痊	讽诵天主经咒,希冀除病消灾。拜诵数日后,病适就痊,自此复行信奉	清档 3:1064

注:①表中资料来源处"书简 1:207~208"指《耶稣会士中国书简集:中国回忆录》(1),第 207~208 页。其余类推。

②"清档 1:302~303"指《清中前期西洋天主教在华活动档案史料》第 1 册,第 302~303 页。其余类推。

从表 8-1 我们可以归纳出清前期天主教医疗故事的一些特点。其一,病者身份主要集中在妇女、儿童等弱势人群。这反映了在医疗卫生不发达的当时,妇女、儿童是最容易染上疾病的群体。这些人也是因病入教的主体。其二,案例中提到确切病因的并不多见。在表中所列的19 起例子中,只有 4 起列出了较明确的病因,包括便血、急性大出血、肺痨、天花。而其他 15 起主要是起因不明的疾病。值得注意的是,天主教医疗故事在描绘这些疑难杂症时，往往要将其与鬼怪联系起来，认为鬼祟是致病的原因。如前述抚州女子故事就明确指明是鬼怪纠缠女子一家，该女子对于十字架和圣水的过分惊恐显然表示她正处于魔鬼附身的状态。在华法国耶稣会士书信中不时可见的魔鬼扰人故事也可以视为这方面的例子，如1703年耶稣会士卫方济在致耶稣会总会长的一份关于中国传教会现状的报告中写道：

> 有位青年女子，她是家中唯一不信基督教的人，去看望她的亲戚时突然得了重病。惊慌失措的家人就叫人去找一位名叫"保罗"的传教员，这位传教员生活朴素，非常热心于拯救灵魂和皈依非基督教徒。一听到"保罗"的名字，这位神志不清的病人就喊道："你们要赶快去找保罗，但你们放心他不会急着来的，要过很长时间他才会来。"事实上，这位传教士十分繁忙，很难随叫随到。人们说不准他哪一天什么时辰到，当人们毫不在意的时候，病人突然显得烦躁不安，用尽力气连叫了两遍："你们快去，你们快去，他来了。"人们走出屋子，跑向传教员要经过的那条河，惊奇地发现他果然到了。更令人颔首称奇的是，当这位传教员进入屋子以后，患病的女子就完全康复了。保罗问她对这样迅速而神奇的康复有什么感觉时，她回答道，开始觉得有些目光凶悍恐怖的人抓住了她，将她用铁链紧紧地绑起来，使她动弹不得，但当保罗出现时，这些人就逃之夭夭，于是她获得了自由。她接着说，她希望成为基督教徒，她一再恳求人们最好马上给她施洗。传教员对她进行了教育，和她丈夫一起为她施行了洗礼。[①]

---

① 杜赫德编《书简集》（2），第235～236页。

此外，一部分清前期天主教民间文献中也常包含这方面的描述，下引故事即出自康熙年间天主教文人所撰《湖广圣迹》。

> （湖北安陆县）菜基铺村有一教中圣名玛窦，其子圣名斐理伯，媳妇圣名玛利亚，阖家忽然俱有发热之病。其媳病重，一日失神如死。其夫斐理伯见妻忽死，心中惊骇，恐获罪未解，时虽病在榻，多行苦功，念经代祈天主赦免其妻之罪，救其灵魂也。后约半个时候，玛利亚蒙主赐其复苏，即时无恙，但见其夫大声发叹。其夫与教友便问其故，玛利亚答曰：我死后，我之神魂被两恶魔以链锁我，拖到一所深坑之边。闻圣母背后喝曰：恶魔，你辈拖此妇何去？此妇我人。恶魔闻之，惊畏抛我下坑。圣母躬亲援我起来，命我回家。而玛利亚蒙圣母洪恩如此。[①]

从以上案例可以看出，清前期在华天主教传教区内部围绕疾病的发生形成了一系列社会想象，其突出主题是鬼怪祟病，这可以看作清前期医疗故事的又一个特点。由此引出一个饶有兴趣的问题是，清前期天主教医疗故事中呈现的这些社会想象是如何建构出来的？

我们知道，将疾病与鬼怪作祟联系在一起并不是天主教医疗故事独有的现象。相反，这种观念早已有之。在传统中国社会里，对于一些难以发现病因的疾病，在"鬼怪致病论"[②]观念影响下，民众往往很容易将其归因于邪魔作祟，由此滋生出许多在今人看来十分荒诞的说法。在明清时期林林总总的笔记小说中，就有许多描写鬼祟疾病的

---

① 佚名：《湖广圣迹》，钟鸣旦、杜鼎克编《耶稣会罗马档案馆明清天主教文献》，第 432 ~ 433 页。
② 关于古代中国鬼怪致病观念，参见马伯英《中国医学文化史》，上海人民出版社，1997，第 123 ~ 130 页。

故事。典型者如清代吴兴人陆长春所撰《香饮楼宾谈》中记载的一个例子。

近村顾氏子，家有一母。贫不能自存，乃从其族叔贾于宜阳。居半载，忽得重疾，谵语模糊，杂以悲泣，若有鬼凭者。叔从旁审之，宛然其母口角也。因叱曰：汝谁氏鬼？胡至此为厉？曰：吾与若为嫂叔，乃佯若不识耶？因自诉其子出门后，饔食不给，亲族莫之恤，已于某月某日卒。赖邻佑某某市薄皮棺以殓，今在冥中，资用乏绝，为鬼卒所虐，其苦万状，须为我延高僧作佛事，焚纸镪若干，冀得超苦海。不然，吾与儿俱去矣。叔如其言。顾疾渐疗，后告以病中所语，悲痛欲绝，即为母持服，奔丧而归。距家半里许，遇邻人，与之语，且问母卒状。邻人讶之，曰：顷见其在河干，淅米作早炊，不闻有疾也。顾大疑，逡巡至家，则其母方饭于厨下，强健如初。见子归且素服，惊问其故。顾嗫嚅不敢言。穷诘之，始以实告。母子诧叹而已。盖此鬼侦顾有母，乘其病诈言死以诳财帛，鬼亦黠矣哉。①

毫无疑问，无论是天主教会还是非天主教民间社会，鬼怪祟病都曾经是一个非常流行的主题。比较二者内容，我们发现其中颇有相似之处。天堂、地狱、病危、妖魔鬼怪、起死回生等事件，都显著存在于天主教医疗故事与明清笔记小说所描绘的世俗民间社会。然而由于缺乏直接证据，我们却不能遽然断定天主教医疗故事中的上述社会想象就是受到了明清时期流行的鬼怪致病故事的影响，尤其是当我们考

① 陆长春：《香饮楼宾谈》卷二《鬼诈》，《笔记小说大观》第18册，江苏广陵古籍刻印社，1983，第394页。

虑到天主教自中世纪以来已经有丰富的驱魔救赎文化这一事实时，对如何看待清前期天主教医疗故事中的社会想象建构问题更应当保持谨慎的态度。但有一点是可以肯定的，那就是，清前期天主教医疗故事中的上述鬼怪祟病社会想象，是传教士、地方文化与地方社会多方互动的一个结果。一方面，尽管天主教会重视医疗在接近中国民众中的作用，但在近代西方医学取得飞跃之前，当时那些懂医术的传教士在治疗疾病上与中医相比并没有很大的胜算。当他们对病人病情做出错误判断时，也会遭遇危险，特别是有权势的患者家庭常常施以报复性的惩罚。康熙末年传教士马国贤在华传教时，就记录了这方面的例子。① 在此背景下，对于一些无法摸清确切病因的疾病，传教士把它渲染为鬼怪作祟，既可以达到掩盖医术缺陷的目的，同时更重要的是为传播宗教铺垫道路。传教士希望扮演的并不仅是能医治身体疾病的医生，而且是可以引领民众认识、皈依天主教的传道者。而通过建构鬼怪祟病这类社会想象，传教士就可以把原本属于治病救人的医疗活动成功地转化为宗教宣传活动，突出信教能够驱逐病魔、使患者得救的宗教性主题，为宗教介入医疗活动创造了必要的空间。可以说，鬼怪祟病这种社会想象无疑可以帮助传教士比较有效地劝导民众皈依，并在困境中起到警示教徒坚定信仰的作用。前引湖北安陆县莱基铺村女子玛利亚故事，就是这方面的典型例子。她原本是个信仰冷淡的教徒，"平日事主懈怠"，而在"蒙圣母恩佑，得脱魔网"后，"定志改迁，去其冷淡，加以热心，勤事上主，与旧日大相悬绝矣"。② 另一方面，各地原本普遍存在的"鬼怪致病"传统观念，为这类社会想象在民间的衍化、流传准备了基础。病由魔生，天主教圣事可驱魔治

---

① 马国贤：《清廷十三年：马国贤在华回忆录》，第38页。
② 佚名：《湖广圣迹》，钟鸣旦、杜鼎克编《耶稣会罗马档案馆明清天主教文献》，第433页。

病，这类说教对于基层民众来说并不唐突，他们早就从佛教、道教抑或民间信仰团体的劝善书看到过类似的说法，只不过内中扮演救赎角色的宗教不同而已。而清前期天主教在民间社会传播时面临着佛教、道教及民间信仰的激烈竞争，也在一定程度上刺激了天主教会关于鬼怪祟病社会想象的建构。

四　仪式对话

　　清前期天主教医疗故事中有一个明显的现象，故事中描绘的受洗入教前的患者病危时常常是先求助于佛教、道教或当地其他民间信仰神灵。例如，表 8-1 中所列举的 19 起因病入教案例中，有 7 起明确记载了患者曾经祈求"和尚""道士"，求神问卜，希望能够以此治愈疾病。但他们痊愈的愿望最终只有在转向求助天主教才得到满足。本章开首所引的抚州女子故事也极其形象地反映了这一点。很显然，上述故事隐含的一个寓意实际揭示了天主教传入民间社会后与佛教、道教等其他宗教或民间信仰产生激烈竞争的事实。

　　从抚州女子故事内容不难看出，天主教传入江西抚州后，很快就与在当地民众信仰世界占主体地位的传统宗教信仰尤其是道教发生了冲突。江西是一个崇道的地方，唐宋以来，道教中的正一派就在该省占据了重要地位，对民众宗教信仰产生了广泛的影响，[①] 抚州也不例外。正一派根据地、著名的龙虎山天师府就位于临近的贵溪县，由抚州东南，"从金谿县铺路历上清至广信、贵溪县界一百四十里"。[②] 道

---

　　① 周奇：《边缘到中心：唐宋江西道教研究》，硕士学位论文，厦门大学历史系，2002；王见川：《龙虎山张天师的兴起与其在宋代的发展》，高致华编《探寻民间诸神与信仰文化》，黄山书社，2006，第31~68页。
　　② 光绪《抚州府志》卷二之一《地理志·疆域》，第1页。

教首领张天师会定期巡视这里。① 作为道教的一个传统势力范围，当法国耶稣会士在清前期进入抚州努力开教时，道教与天主教之间的争夺就不可避免，二者之间的冲突不时发生。例如当张天师带领大批随从抵达抚州的时候，该城的道士就向全城宣扬："基督教的传教士们不敢露面了，他们已经跑了。"② 实际上耶稣会士傅圣泽和沙守信当时都没有离开抚州城。正一派在道教中素以精于符箓咒术、驱邪禳鬼、治病救人著称，从唐以降已经发展出一整套成熟的斋醮仪式。③ 宋代洪迈《夷坚志》中就已记载有龙虎山正一道第三十代天师张继先在宣和二年奉召赴蔡京府中焚香作法、驱逐鬼祟的著名故事。④ 在天主教传入以前，该道派无疑在抚州民间医事中占据着垄断地位。而随着天主教的传入，传教士宣扬民众受洗入教、诵经礼拜也可以疗病驱魔，二者之间自然矛盾加剧。通过抚州女子故事所记载的二者之间驱魔治病仪式内容，我们可以进一步考察清前期天主教与道教在医疗活动上的仪式对话。

在耶稣会士傅圣泽和沙守信 1702 年和 1703 年所写的书信中曾经简略地提到了龙虎山天师府正一派道士驱鬼治病的仪式。例如，傅圣泽提到病者一家付钱后从张天师那里得到了一根写着咒语的棍子，"当他们受疾病折磨时，他们就使用棍子，同时要举行某种仪式。……这位青年女子曾三次向这些招摇撞骗者求助，他们上她家来了三次，每次都举行献祭的仪式，杀了一只鸡、一只狗和一头猪，过后他们就把这些牲口的肉饱餐了"。⑤ 沙守信的书信中则描绘了正一派驱邪物品的形状。向他求助的女子家人从家中带来了一个口袋，袋

① 杜赫德编《书简集》（1），第 213～214 页。
② 杜赫德编《书简集》（1），第 214 页。
③ 任继愈主编《中国道教史》，上海人民出版社，1997，第 346～397、556～563 页。
④ 洪迈：《夷坚志》卷九《蔡京孙妇》。
⑤ 杜赫德编《书简集》（1），第 214 页。

里除了装着五尊菩萨，还有"一根长约一法尺、厚一法寸的方棍子，棍子上密密麻麻刻着些中国字，还有另一块高五法寸、宽二法寸的木块，也到处布满了中国字，只有一面刻着个魔鬼一样的形象，一把剑穿透而出，剑端又刺进一块四四方方的木头里面，这块方木头上又覆盖着那些神秘的文字"。此外，还有一本书，"大约有十八张纸，上面写的是张天师的命令，以此禁止魔鬼再向他提到的人捣乱，否则将遭受重罚。这些判决由张天师盖印，并由他和另两位僧人签字"。[1] 很显然，傅圣泽、沙守信这里记载的都是正一派道士驱鬼治病斋醮科仪的简单过程及其用具。所谓写满字的"棍子"和"木块"，应当是正一派刻写有法箓和符图的桃木箓牒，该派道士常常在民间广为散发这类箓牒，宣扬佩带它们可以驱邪治病，冀以在民众中广开法门，扩大该教派的影响。[2]

同样，傅圣泽和沙守信上述书信中也提到了天主教驱魔治病的仪式。首先，传教士要求患者家人交出家中所有的"迷信"物品，并将它们全部烧毁。在患者家人表示愿意接受天主教教义后，传教士先派遣几位天主教徒携带十字架、圣水、念珠以及其他天主教物品到患者家中，要求全家人跪下，"接着他们其中一人手持十字架，另一人捧着圣水，第三个人开始讲解使徒信经。讲解以后，讲解人问那些病人，是不是相信这些基督教的经文，是不是信任全能的上帝，是不是相信钉在十字架上的耶稣基督的功绩，是不是已做好准备抛弃一切上帝不喜欢的东西，是不是愿意服从他的旨意，照他的教义去做，至死不渝。病人们都点头称是，于是他给他们每个人都画了十字，使他们瞻仰了耶稣受难十字架，接着就和其他基督教徒一起开始祈祷"。[3]

---

① 杜赫德编《书简集》（1），第 246 页。
② 任继愈主编《中国道教史》，第 350～369 页。
③ 杜赫德编《书简集》（1），第 247 页。

在完成这一套仪式后，当天疯病就止住了。为了验证天主教的功效，病人疯病再次发作时，"只要向他们洒点圣水，脖子上挂串念珠，向他们画个十字，口中念叨着耶稣基督的名字，他们即刻安静下来"。① 在目睹这些奇迹后，病人家庭彻底信服，皈依受洗。第二天，一位天主教徒将一个十字架"恰如其分地放在屋子最显眼的地方，他在所有的房间洒了圣水"。至此，这一套仪式才算完成。"从此，全家人断了病根，身体非常健康"。②

在上述天主教医疗故事中，原来在民众疾病治疗活动中曾经扮演了重要角色的佛教、道教或民间信仰祈禳仪式一般会被描述成毫无成效的骗术，而只有信仰天主教、采用天主教的仪式才能彻底治愈那些鬼怪祟病。这其中隐含的意义是显而易见的，天主教要向民众展示的是，在驱逐疫鬼、治病救人方面天主教的功效胜过道教等其他宗教及民间信仰。民众只有摒弃原来的宗教崇拜，转而皈信天主教，依靠天主教的力量才能得救。作为仪式中的第一个前提，传教士要求患者家庭交出家中所有原来膜拜的偶像加以烧毁，内中就隐含着这样的意义。假若患者家庭不彻底抛弃原来的宗教崇拜，就不可能治愈疾病，正如耶稣会士张诚1705年书信中所记载的下述例子。

　　同样的圣宠不久也传到了邻近地区。一个崇拜偶像的年轻女子在出嫁前夕突然得了病，郎中们想尽办法仍无回天之力。有人说这是魔鬼附身。一位新近受洗的邻居和一名先前的基督徒一起来到这个痛苦的家庭安慰他们。他们确信基督徒的身份能对魔鬼产生影响，因此首先背诵了几段祈祷文；当他们一向她讲述他们

_____

① 杜赫德编《书简集》(1)，第248页。
② 杜赫德编《书简集》(1)，第248页。

信奉的圣教，病人就清醒起来，而且显得平静。病人的母亲对此甚是诧异，自己也想受洗，但此念仅一闪而已，因为她很快又恢复了原先的迷信。于是，病痛立刻又攫住了她女儿，使她比以往任何时候都更受折磨。母亲只怪自己不好，请人找来了传教士，当着他们面砸碎了所有偶像，扔出窗外。经人传授宗教道理后，她和女儿及全家人都受了洗。①

这种天主教"法术"胜过其他宗教或民间信仰的说教是很常见的，耶稣会士卫方济 1703 年关于中国传教会现状的报告中描绘的一个闹鬼故事就形象地说明了这一点。

闹鬼在中国是很常见的。但新入教的人只要画一个十字，或用圣水一洒，就很容易摆脱魔鬼的纠缠。有位预备入教者尽管相信基督教是千真万确的，但由于他和一位巫师有交往，并因为迷信活动救过他一命而对其着迷，所以推迟接受洗礼。当他得知十字架对魔鬼的威力后，他想印证一下，十字架是否能阻止他那位巫师施魔法的效力。于是，一次正当这位巫师在驱魔时，这位预备入教者偷偷地画了个十字，结果魔法效力消失了。巫师深感诧异，又开始重新做起，但很不幸，十字架又一次中断了他的魔力。预备入教者深受触动，从此，他摒弃了所有的迷信，要求洗礼，他非常虔敬地入了教。②

在上引故事中，传教士有意地在天主教与民间信仰巫术间树立了一个

_____

① 杜赫德编《书简集》（1），第 220 页。
② 杜赫德编《书简集》（1），第 246 页。

对比。代表民间信仰一方的巫师的法术，轻易地被那位望教者偷画十字的举动所破。同样的事例还存在傅圣泽书信中，所记为传教士卜嘉向他报告的康熙年间汀州府上杭"和尚""师公"在驱鬼竞争中败于天主教的事例。[①] 此外，傅圣泽记载的发生在抚州的另一个故事也是这方面的例子。

> 耶稣基督继续对那里新生的基督教赐予他的恩惠，因为他使得那里的一些非基督教徒得病，从而引导他们认识了上帝，这是真正的恩典。在抚州城的北门，没有基督教徒。那里有三个家庭居住在一起，共有三十五至四十人。十月末，这三个家庭得了一种便血的疾病。第一个家庭的一个孩子不到十天就去世了，尽管他们也请了和尚来行祷告和献祭牺牲品等仪式。这个小孩死后，第二个家庭的一个小孩也到了弥留之际，惊慌失措的家长跑到教堂，要求人们为这孩子施洗礼。神父派了一位传道员对他进行教导，几天以后，由于病情加剧，可能会发生意外，神父就亲自去为他施洗。洗礼使他的病情有所减轻，沙守信神父在为他向上帝祭供了牺牲品后，当天出血就停止了，这孩子的病被治愈了，这一事件极大地震撼了这个家庭，全家九口人接受了教育和洗礼。便血的病此后传到第三个家庭，有理由相信，他们会遵循他邻居的好榜样的。[②]

鉴于这类宣传普遍存在于各地天主教传教区，我们有理由相信，在民间传教过程中，天主教的圣水、十字架、念珠等物品的驱魔治病功

---

① 杜赫德编《书简集》（1），第218～220页。
② 杜赫德编《书简集》（1），第218页。

效，曾经被传教士和教徒有意识地加以放大以突出其灵异作用，就如卜嘉的报告中所提到的："一位非基督教的青年患疯病，一位基督教徒向他洒了圣水，在呼唤耶稣和圣母玛利亚的名字后，他恢复了正常；两名难产的妇女在人们将一些圣骨挂在她们脖子上后马上就分娩了。"① 而民众也颇受这种宣传的影响。例如，清前期许多民众就是因为相信天主教诵经礼拜仪式可以驱邪治病而入教的。在上述例子中，天主教信仰仪式在医事中都占据着主要地位，圣水、十字架、念珠都被赋予特殊功效而广泛运用。至于真正的施药医疗活动则被隐身。而在驱邪治病仪式较量中佛教、道教及民间信仰的落败，意味着天主教完全可以取而代之。

值得一提的是，天主教热衷于采用上述宗教仪式来治病并引人入教，这与清代活跃于底层的一些民间信仰教派存在相似性。像弘阳教、罗教等民间教派也重视以道场仪式、书符咒水来除灾治病，进而吸收教徒。② 如此一来，天主教在某种程度上存在民间化的一面，这是清代前期基层天主教的一个典型特征。而这种趋向对清前期天主教的传播是存在一定危险性的，特别是清初沿袭了明代对民间通俗文化的打击做法，大力整顿民间信仰。而天主教这种宣扬仪式治病的做法无疑很容易为外界所误解，并为官府提供查禁口实。实际上，自雍正朝确立禁教政策后，不少地方官员就是抓住这一点攻击天主教的。如乾隆元年教徒刘二在京城给弃婴施洗案件中，官府即控告刘二给病危婴儿施洗的圣水是一种"巫术水"。③ 这可说是清前期天主教在民间传播难以避免的一个困境。

总之，清前期天主教医疗故事中呈现的上述宗教仪式对话，是天

---

① 杜赫德编《书简集》（1），第221页。
② 马西沙、韩秉方：《中国民间宗教史》，第516~518页。
③ 杜赫德编《书简集》（4），第182页。

主教医疗文化的重要组成部分。当我们在研究清前期天主教与民间宗教信仰关系问题时，应该对之加以重视。

* * *

现在让我们回过头来看看抚州女子故事的结尾。出乎人们意料的是，故事中的主角抚州女子最终没有信教。据傅圣泽的记载，她后来以种种借口推托受洗。[1] 作为故事所描述的奇妙皈依抚州家庭的一个中心人物，她的迷失或许给这个故事的完美结局抹上了些许遗憾，让一心想要金针度人的耶稣会士傅圣泽等人颇为伤心。[2] 但这又有什么关系呢？因为传教士记录这个故事，其意义显然已经超越了单个个体的皈依。

尽管清初耶稣会士安文思在 1660 年对耶稣会在华传教策略进行总结时说过："除了上帝，传教事业赖以生存的只有数学。"[3] 然而，恐怕安文思自己也没有料到，当他 1677 年去世后，随着懂医术的法国耶稣会士的陆续到来，医疗也在短短数年间成为可以帮助传教事业生存的一种手段。除了在上层社会中通过医疗活动为传教创造了有利环境，传教士和教徒还充分利用疾病的社会想象在民间开拓天主教的传播空间。而有意思的是，清前期天主教传教士在医治民间疾病时所一度热衷运用的上述宗教仪式实践，半个世纪后却又遭到了挟现代西方医学知识入华的新教医学传教士的激烈批评与否定。

---

①　杜赫德编《书简集》（2），第 215 页。
②　杜赫德编《书简集》（2），第 216 页。
③　李文潮、H. 波塞尔编《莱布尼茨与中国》，科学出版社，2002，第 62 页。

第九章

神圣的空间：清前期天主教堂的改易及其象征意义

在历经明亡清兴的易代战火之后，清代前期天主教迎来了一段短暂的发展高峰，此时期西方传教士联袂入华，在各地建堂立会，吸引民众入教。然而到了康熙朝后期，随着礼仪之争愈演愈烈，天主教会在华的活动日渐面临不利境遇。雍正帝继位后，正式确立禁教政策，严禁天主教传播。在清廷禁教的诸多措施中，其核心内容涉及如何处理分布在各地的天主堂这类习教场所。在清廷颁布的禁教令中，只笼统提到各地天主堂"改为公所"，① 其真实情况却很不明晰。鉴于目前对于清代禁教时期天主堂改易的具体情况尚未有专文细加深究，本章利用从地方志中爬梳的资料，结合其他相关中西文献史料，考察清代雍正、乾隆、嘉庆三朝禁教年间天主教堂的改易状况，并在此基础上分析针对宗教空间的改易行为所蕴含的文化象征意义。

一　教堂改为官署、公仓

雍正元年（1724）十二月，清廷正式下令禁止天主教在华传播，在华传教士除部分懂技艺者留京效命外，其余皆礼送澳门安插，同时

---

① 《清实录·世宗宪皇帝实录》卷十四，雍正元年十二月，第251页。

下令关闭京师之外的天主堂,"所有起盖之天主堂,皆令改为公所"。① 由此掀起了百年禁教的序幕。

随着禁教令的颁发,各地官府在执行朝廷禁教政策过程中,普遍需要考虑如何处理当地天主教堂产业。除了一部分教堂被封存或者变卖,官府通行的做法是遵行朝廷"改为公所"的旨意,将教堂改作公用。而在具体改易过程中,则略有差别。从目前掌握的资料来看,一部分教堂被改为官署,如湖北汉口镇仁义司巡检署,"雍正五年增设,署在居仁坊旧天主堂"。② 福建宁德县:"城内公馆,旧以布政分司署为之,国朝雍正间裁禁天主教,改北门内天主教堂为公馆,即今所。其分司署石堂巡司移寓其间。"③ 广东增城:"营参府署左营守备行署在北门大街右废天主堂故址,守备虽驻龙门,因公赴增之日多,乃葺而居之。"④ 湖南长沙:"县丞署,原在钱局,雍正七年废天主堂为今署。"⑤ 湖南衡阳:"县丞旧署,原系天主堂,雍正二年奉文饬禁,改作县丞署。乾隆二十一年移驻查江、衡清两县礁房,买为公所,即今神农殿,详祠祀。"⑥ 江西新建县:"上谕亭,在瓦子阁,废天主堂改建,为张挂上谕之所,与官铜库共基。官铜库在瓦子阁,废天主堂改建。"⑦

除了官署,天主堂还被大量改作公仓。如广东新兴县:"北仓在县治东北,雍正六年将天主教房屋改建,正厅一间,仓廒十六间,计储谷二万七千三百九十二石二斗三升七合。"⑧ 福建邵武府:"废仓

① 《清中前期西洋天主教在华活动档案史料》第1册,第57页。
② 乾隆《汉阳县志》卷十三,乾隆十三年刻本。
③ 乾隆《宁德县志》卷二,乾隆四十六年刻本。
④ 嘉庆《增城县志》卷四,嘉庆二十五年刊本。
⑤ 乾隆《长沙府志》卷十一,乾隆十二年刊本。
⑥ 乾隆《衡阳县志》卷二,乾隆二十六刻本。
⑦ 同治《新建县志》卷十八,同治十年刻本。
⑧ 乾隆《新兴县志》卷十一,民国二十三年铅印本。

二，一在建南道署旧址，一在北门天主堂旧址。乾隆十六年变价解司。"① 江南松江府华亭县："常平仓，雍正元年以府城内天主堂改建。"② 华亭县："常平仓三所，一在县大堂西，十一间；一在娄治东，十一间，系天主堂改建；一在云峰寺西，二十一间，系陆文遂入官屋改建，名陆家厂。"③ 奉贤县："常平仓，分府城内天主堂。雍正五年知县舒慕芬改建。"④ 嘉定县："常平仓在嘉定城内，雍正七年知县傅景奕改天主堂建。"⑤ 宝山县："仓厫因县治滨海地湿，雍正九年，知县傅景奕在嘉定县城东门天字号四图，即天主堂改建，仓房七间。十二年，知县文铎在西门内天字号六图建造大门一间，官厅一间，仓房四十三间。乾隆六年，知县胡仁浚在县治北门内冈字号四十三图建官厅一间，仓房二十间。"⑥ 雍正年间江宁府上元县"常平仓，因西洋天主堂改建，在汉西门内"。⑦ 雍正年间法国耶稣会士记载其在汉口的天主堂也被改作公仓："我们在汉口的教堂受到汉阳的官员们的保护，一直没有被挪作他用，刚刚被新来的总督指定作为粮库低价放粮给小民百姓。"⑧ 湘潭县"天主堂常平仓十六间"，"城总社仓一间，即天主堂常平仓侧，贮谷七百七十五石四斗一升"。⑨ 湘潭县这所被改为常平仓的天主堂，即是康熙年间知县、教徒姜修仁所建："附天主堂，旧在县署西，康熙二十四年知县姜修仁建，修仁即奉其教者也。雍正四年禁毁，今其地改建常平仓。"⑩ 江都县："常平仓，

---

① 光绪《重纂邵武府志》卷八，光绪二十六年刊本。
② 乾隆《江南通志》卷二十二，文渊阁四库全书本。
③ 乾隆《华亭县志》卷二，乾隆五十六年刊本。
④ 乾隆《江南通志》卷二十二，文渊阁四库全书本。
⑤ 乾隆《江南通志》卷二十二，文渊阁四库全书本。
⑥ 嘉庆《直隶太仓州志》卷第四，嘉庆七年刻本。
⑦ 道光《上元县志》卷八，道光四年刻本。
⑧ 杜赫德编《书简集》（3），第 293 页。
⑨ 乾隆《湘潭县志》卷十一，乾隆二十一年刻本。
⑩ 乾隆《湘潭县志》卷二十一，乾隆二十一年刻本。

一在本县旧城内军储仓之旧基，雍正九年，县令胡详建厫房十二间，雍正十一年，县令朱添建厫房六间，乾隆五年，县令五添建仓厅三间，厫房十间，共计厫房二十八间。一在甘泉境内新城戴家湾，计厫房十三间，雍正九年，县令胡以入官之天主堂房屋改建。"① 江西抚州南城县："天主堂，在黄家岭天一山下，西儒驻扎焚修，顺治戊午年重修，雍正二年毁，改建仓屋。"②

从上述资料可以看出，在改易各地天主堂过程中，地方官府将其改成常平仓的比例较高。常平仓是清代备荒仓储体系的重要组成部分，官府通过这些分布于州县城的官仓囤积粮食，在平粜、出借、赈济等方面发挥了重要的社会功能。从上述资料可知，在雍正年间各地出现了大量的将天主堂改易为常平仓的情况，而这与此时期清廷重视常平仓的建设是相符合的。雍正帝即位后，十分重视仓储体系的建设，除了谕令各地建立地处基层乡村的社仓，也强化了对常平官仓的建设与管理。与此同时，鉴于"以常平之谷为国家之公储，关系己身之考成"。③ 在这样的背景下，此时期各级地方官员自然乐于将本地天主堂改易为常平仓，从而达到既符合朝廷要求，同时为自己博取政绩的目的。而作为一项重要的施政措施，这种改易天主堂为常平仓的做法，也常常会被视为一项地方官员值得夸耀的宦绩而被记录在各种地方文献中。如上述江西建昌县天主堂被改成常平仓，就成为时任知县李朝柱个人生命历程中一段重要的记忆："李朝柱，字东崖，山西临汾人，监生，雍正二年官建昌知府，才识明敏，喜任事，在官三年，建义学，修楼橹，营试廨，改天主堂为县仓，百废具举。丙午福建饥，江西运米协赈，道新城，朝柱悉心经画，凡小舟自硝石载米至五福镇者，许载货而返，其

---

① 乾隆《江都县志》卷七，乾隆八年刊，光绪七年重刊本。
② 同治《南城县志》卷二，同治十二年刻本。
③ 《雍正上谕内阁》卷五十八，文渊阁四库全书本。

自五福镇肩米至光泽者，亦如之。于是舟子舁夫，皆踊跃趋事，水陆运米数万，大著能声，寻以疾卒，士民咸惋惜焉。"①

二 教堂改为书院、社学

除了官署、官仓，书院、社学等地方教育场所也是禁教时期天主堂改易的主要目标之一。实际上，清前期谋划禁止天主教传播的地方大员，其主要的想法就是将天主堂没收改为书院、义学，如康熙末年福建巡抚张伯行曾经向朝廷上疏，试图将天主堂改成义学，其所撰"拟请废天主教堂疏"云："伏望皇上特降明诏，凡各省西洋人氏俱令回归本籍，其余教徒尽行逐散，将天主堂改作义学，为诸生肄业之所，以厚风俗，以防意外，倘其不时朝贡往来，则令沿途地方官设馆供亿足矣。"② 雍正元年，浙闽总督觉罗满保发起禁教，也是"以西洋人行教惑众，大为地方之害，请将各省天主堂改作书院、义学，各省西洋人俱送澳门俟有便船归国"。③

清代科举制度渐趋完备，各地普遍重视书院、社学教育，士大夫也将复兴儒学教育视为义不容辞的职责，因此从现存史料中，我们发现当时不少教堂被改为书院、社学。如福建福州"理学书院，在化龙街西，旧为天主堂，国朝雍正元年，总制满保、巡抚黄国材檄毁，知县苏习礼允诸生请，改为书院，中祀周、程、张、邵五先生"。④ 福建将乐县："……先是，正学书院未建之先，故有正音书院。院前为天主教堂，雍正元年奉诏禁革，七年，设正音教职一员，寻寝。邑

---

① 光绪《江西通志》卷一百三十一，光绪七年刻本。
② 张伯行：《正谊堂续集》卷一，清乾隆刻本。
③ 蓝鼎元：《鹿洲初集》卷十一。
④ 乾隆《福州府志》卷十一，乾隆十九年刻本。

图 9 - 1 建宁濉川书院（1759）

说明：建宁濉川书院旧地为天主堂，雍正元年改为朱文公祠，
乾隆二十一年扩其地建书院。

资料来源：《建宁县志》卷首"图"，乾隆二十四年刻本。

中义学权于斯设焉。"[1] 福建福清县："兴庠书院在西隅大街，旧天主堂地，雍正元年奉文改设，别祀仪会。绅士金请抚宪黄、总督满捐资重建，祀二程、常公，以为肄业之所，登科甲者各竖匾其中。"[2] 山西绛州天主堂也在雍正二年被时任知州、江西南城人万国宣改为东雍书院，[3] 绛州地方志书中记载了这段改易历史："东雍书院在城内正

---

① 乾隆《将乐县志》卷十四，乾隆三十年刻本。
② 乾隆《福清县志》卷五，光绪二十四年重刻本。
③ 民国《新绛县志》，"名宦传"，民国十八年铅印本。

平坊，故明王府业，国朝初西洋人据为天主堂，雍正二年知州万国宣逐回，改东雍书院。"①

除了书院，也有一些地方将天主堂改建为义学，如山西太原："义学，在大北门街，雍正五年巡抚觉罗石麟改天主堂建，延师教授，岁给廪饩。"② 广东新会县："古冈义学在金紫街，旧为西洋天主堂，雍正五年奉文改为公所，十一年知县张埕据生员甄相等公呈，详请为义学。署县张恕以罚项置土名高坦田一十亩六分零。十二年，知县张埕详明，拨互争欺隐土名老虎墩、锹滘等处十四亩零。又详明大沙税五十亩九分零。俱拨入义学，招佃开垦……"③ 雍正年间广东保昌县的一所重要社学——浈江社学也是改自天主堂："附社学：浈江，顺治己丑兵燹后遂废，今失其处。雍正辛亥，署县逯英改天主堂置，义学就圮，迁于此。"④

三 教堂改为祠宇宫庙

除了上述官署、官仓、书院、义学，从资料中可以看出，也有相当多教堂被地方官府改为祭祀先贤的祠宇宫庙。如湖南郴州："韩公祠，祀唐昌黎伯文公韩愈，祠旧在州学内，后迁建北湖右岸，元末毁，明正统间知州袁均哲重建。正德时知州沈照改建城隍庙东，易名景贤祠。明末毁。国朝康熙五十七年知州范廷谋因城南门外天主堂旧址改建，今仍之。每岁春秋二仲致祭，陈设仪注与濂溪祠同。"⑤ 景贤祠是奉祀韩愈的先贤祠，而福建因为是朱子学的发源地，不少天主

①　光绪《直隶绛州志》卷三，光绪五年刻本。
②　光绪《山西通志》卷三十五，光绪十八年刻本。
③　道光《新会县志》卷三，道光二十一年刻本。
④　乾隆《保昌县志》卷五，乾隆十八年刻本。
⑤　嘉庆《郴州总志》卷十三，嘉庆二十五年刻本。

堂被改为奉祀大儒朱熹的朱子祠,如宁化县:"朱子祠,祠在城北翠华山下,雍正十三年邑人赎回天主教堂,祀文公朱子。乾隆元年,奉文废天主教,其教堂变价充公,黄象禹等倡捐祀田,督学王杰为之记。"① 邵武府建宁县朱文公祠"在北门内。邑旧无祠,雍正元年诏毁天主堂,邑令皇甫文聘改为文公祠,制主悬额,因庙制未妥,配享未设,复于雍正五年捐俸四十金为倡,从新改建,买田八亩二分,又拨县前官地店租银一十两,以供春秋祭祀"。②

上述景贤祠、朱子祠都是天主堂改成的专祠,而一些地方的天主堂则被改易为合祀众多乡贤的祠宇,如福建延平府天主堂:"在普通岭下,顺治十二年建,雍正元年改为闽贤祠,祀杨、罗、李、朱四先生及真子、黄子、蔡子、胡子、陈子等诸贤,因即祠为书院。"③ 甚至改建为文庙,如江南长洲府长洲县(今吴县):"……阙里分祠,在文一图通关坊,祀先师暨肇圣、裕圣、贻圣、昌圣、启圣五王。……雍正二年,布政司鄂尔泰并拓天主堂地,裔孙兴豫捐建。"④

值得注意的是,在由天主教堂改易而成的祠宇类中,节孝祠所占的比例较多,如浙江平湖县:"节孝祠,在县治西西司坊东太平桥,雍正元年奉旨诏举行,四年,知县杨克慧建,旧为天主堂基,凡邑内节妇贞女题旌者咸祀之。乾隆四十年知县刘雁题重建。"⑤ 广西临桂县:"节孝祠,……在十字街,即旧天主堂,知县汤大瑜详署巡抚韩良辅改建。"⑥ 江南太仓州:"节孝祠在城东街,国朝雍正三年知县将

---

① 民国《宁化县志》卷十二,民国五年铅印本。
② 乾隆《建宁县志》卷七,清内府本。
③ 同治《延平府志》卷十三,同治十二年徐震耀补刻本。
④ 乾隆《长洲县志》卷六,乾隆十八年刻本。
⑤ 光绪《平湖县志》卷九,光绪十二年刊本。
⑥ 嘉庆《临桂县志》卷十五,嘉庆七年修、光绪六年补刊本。

天主堂改建。"① 萧山县："节孝祠，在西门外德惠祠旁，雍正四年知县门钰奉文建，屋三楹，中供牌位，每年春秋二祭，办礼给胙，与忠义祠同。屋在西山麓，卑湿沮洳，日渐颓圮。乾隆七年，邑人林震等请于知县姚仁昌，申详各宪，移建城内，拆改天主堂为节孝祠。"②

明清时期，因为理学的渗透与宣导，社会上大力提倡妇女节孝观念，雍正即位后更是极力推崇。雍正元年，"诏直省州县各建节孝祠，有司春秋致祭"。③ 此后各地普遍建立节孝祠，这也成为地方官府的一项重要营建与教化工作。而随着天主教的传入，一些妇女皈依天主教，并参与宗教聚会，这种"混杂男女""夜聚晓散"的宗教活动，一度被视为与儒家节孝观相抵触的行为而遭到批判。禁教期间各地天主堂被改易为节孝祠，也恰好迎合了这种社会需求。一方面，官绅可以借此行为警喻天主教吸纳妇女入教的行为；另一方面，也包含着响应朝廷褒扬儒家贞洁孝道的意义。

除了先贤祠、节孝祠等表彰类祠宇，从现有资料可知，禁教时期还有一部分天主堂被改易成各种宫庙。如雍正八年，著名的杭州天主堂由总督李卫改建成天后宫。④ 上海天主堂则被改易成关帝庙："天主堂初在县治北，西士潘国光建。相传天启间长安中锄地，得唐建中二年景教碑，士大夫习西学者相矜为已显于唐之世，时徐光启假归里居，西士郭仰凤、黎宁石与语契合，乃为建堂于居第之西。崇祯二年，光启入朝，以龙华民、邓玉函、罗雅谷、汤若望荐修历法，有钦褒天学之额，悬之各堂，而上海居最。先西士潘国光以旧建堂卑隘，市安仁里潘氏之故宅为堂。康熙四年，众西士奉旨恩养广东。雍正二

① 嘉庆《直隶太仓州志》卷五十一，嘉庆七年刻本。
② 乾隆《绍兴府志》卷三十七，乾隆五十七年刊本。
③ 陆以湉：《冷庐杂识》卷一，咸丰六年刻本。
④ 乾隆《杭州府志》卷七，乾隆刻本。

年，上允浙闽督臣之请，部议处分，除在京办事人员外，不许外省私留，是堂改为关帝庙及敬业书院。前志载院后有观星台即此。"①

天后和关帝都是明清时期列入国家祀典的重要神祇，其信仰活动与庙宇营建通常被视为帝国政治的重要组成部分，远非其他民间信仰神祇可比。因此，天主堂被改易为这两类列名国家最高祀典神祇宫庙的行为，在国家与地方层面上就具有非同一般的象征意义。对于中西双方来说，都十分重视这种改易的话语权。而在晚清的还堂事件中，围绕着这两类宫庙与天主堂的复建，也表现出较为复杂的状况，这一点笔者将在后文略加分析。

除了上述天后宫和关帝庙这样的重要祠庙，我们发现还有一些天主堂被改易成其他类型的神庙，如海南琼山县著名的万寿宫就是辗转改自天主堂："万寿宫，在城内西南隅，乾隆四年，副使刘庶、总兵武进升、琼州知府李毓元、琼山县知县杜兆观捐建。中为正殿，八角龙亭一座，内朝门一座三间外，东西朝房十间，午门一座三间，外东西官厅二间。乾隆十一年，巡道谢櫺、总兵黄有才、署琼州府知府于霈、琼山县知县杨宗秉协捐增建内朝房十间，午门外照墙内戏台一座。先是地原系废毁天主堂，雍正八年总兵官李顺奏请为武义学，乾隆三年奉文裁革。"②

万寿宫主要是奉祀许真君的南方道教体系民间信仰宫庙，而北方也出现了天主堂改易成当地普遍奉祀的民间神灵宫庙的情况，如河南开封府祥符县天主堂，就被改易成奉祀北方驱蝗之神刘猛的宫庙："刘猛将军祠，在祥符县延庆观西，旧系天主堂，宋景定间建庙，相传神姓刘名锐，即宋名将刘锜弟，殁而为神，驱蝗江淮间有功，雍正

---

① 同治《上海县志》卷三十一，同治十一年刊本。
② 咸丰《琼山县志》卷四，咸丰七年刊本。

十二年奉文建。"①

　　总之，在清代禁教时期，各地天主堂普遍被改易成上述官署、官仓、书院、文庙、义学、祠宇宫庙等公共场所。此外，我们也发现还有一些天主堂被改易为慈善场所，如山东武城县天主堂于雍正十二年被改建为普济堂，② 南巴陵县普济堂也是乾隆十年间由岳州知府黄凝道改自天主堂。③

四　改易与空间隐喻：一种象征意义解说

　　由上可见，清代禁教时期围绕着处理京师之外的天主堂问题发生了一次全国性的改易活动。清初地方官府在改易各地天主堂过程中，基本上是秉持朝廷旨意，将其更改为官署、公仓、书院、文庙、义学、祠宇宫庙等公共空间。而这些"公所"类建筑在性质上与一般私人空间不同，往往在地方社会生活中具有高度公共空间特性，含有很明显的国家意志与话语权力意识。因此，不难理解，各级地方官府改易天主堂为各种地方公共空间的活动，不仅仅是一次简单的建筑空间使用功能的转换，也是地方上展示"崇正黜邪"的举措。在上述宗教空间改易过程中，其教化意义被突出强调。大量的天主堂被改为书院、义学、先贤祠宇，凸显了以儒学来抵御外来学说的政治文化意义。在这种话语情景下，清代禁教时期改易天主堂的活动往往也具有非同一般的象征意义，其改易历史会被反复强化。如前述浙江平湖县天主堂改节孝祠，乾隆年间知县刘雁重修时专门撰写碑文，再次强调了节孝祠改自天主堂的历史。

---

① 乾隆《续河南通志》卷十三，乾隆三十二年刻本。
② 乾隆《武城县志》卷十四，乾隆十五年刻本。
③ 乾隆《岳州府志》卷十五，乾隆十一年增修刻本。

乾隆四十年春，余莅平湖之三日，凡祠庙合祀典者，次第展礼，而节孝一祠独颓然就圮。退而考其创建之由，实雍正四年易天主堂为之。天主堂者，前明西洋人舍馆也，其人既去，其馆久虚，改建之初，第仍其故宇涂墁之，迄今五十年，木朽瓦裂，盖所由来者远矣。粤稽往史所纪旌门之妇，尤者专祠，非有奇行者，表厥宅里而已，未闻合祠以祀之也。钦惟世宗宪皇帝御极之元年，崇饬教化，奖淑表贞，诏直省州县各建节孝祠，有司春秋致祭，日月之光，照及阴崖；阳和之布，达于穷谷。所以树风声而励名义者，典至巨也，泽至渥也。间阎之毅魄、贞魂，无不衔感朝廷嘉惠弱孀之意……①

与此相类似，崇明县节孝祠改自天主堂的历史也在时人所撰《崇明县节孝祠碑》不断被强调，认为节孝祠"盖自雍正三年奉世宗宪皇帝诏毁郡邑天主堂，改祀节孝，而祠始有专属"。②

在清前期禁教大背景下，改易天主堂的活动甚至会与打击邪教的事件紧密联系在一起。如陕西城固县天主堂被改为书院义学，虽然是一次改易活动，然而其改易过程却因被渲染为一次地方官府精心实施、攻破邪教团体的行动而变得异常生动复杂。清人程岱葊所撰《野语》一书记录了知县程云毁改城固天主堂的经过。

毁天主堂

天主之说已详第八卷，今程子翔述其尊甫稼村刺史毁城固天主堂事，与前迥异。堂在城固东关外乡僻处，愚民被惑者多，吏

---

① 光绪《平湖县志》卷九，光绪十二年刊本。
② 陈文述：《颐道堂集》，"文钞"卷三，嘉庆十二年刻、道光增修本。

役不免，故破获较难。头目三人，首衣蓝，曰蓝臣府；次衣黄，曰黄臣府；又次衣紫，曰紫臣府。其教以天为主，故称臣府。其冠类古方巾，袍则蓝、黄、紫。外裯以他色，裻子皆异锦为缘。其堂甚峻，广容千人，四面开门，中庭深奥，室宇环绕，路径萦纡，误入者迷不得出，率被致毙。所奉十字木架，高与人等，沉檀为之，饰以珠贝。行教之期，堂内钟鼓鸣，诸门尽辟，奉教者各服其服，毕聚堂下，焚香听命，头目按册点名，相率登堂，向架罗拜。步伐止齐，肃如行阵。拜毕，头目登座，开讲其经，大指述天主困苦成道巅末。讲毕，众匪齐声朗诵，各各纳钱而退。平日不茹荤酒，凡娶妇，先与头目共寝，数夕方归新婿，名曰供奉，恬不为耻。宰是邑者，以吏役掩护，因循未发。刺史廉得其实，密约武员，托他故，率带兵壮千余人往捕。至则峻宇缭垣，四门固闭，无间可乘。有民壮徐智者，素勇敢，超垣而上，余兵壮叠肩继登，遂开门入。刺史率弁兵围守要隘，又选精强兵壮百名进捕。三头目率众来御，遂获二人，其一遁入内，官兵追之，忽窜入小门不见。恐堕其计，命兵壮四门齐进，历数十户，至一室，见两妇并踞于床，面有惧色，遂搜获之。余匪或擒，或逸。于是将各犯解省，按律惩办。爰毁其堂改为义学云。按此说惟奉十字架为天主教本色，其茹素敛钱，则各邪教通弊，而非天主教所有。至服饰诡异，妇女供奉，罪为尤重。向闻邪教多托佛老为名，此独托天主为名，可谓每况愈下矣。[①]

由上引文可见，这次城固天主堂改易事件相当具有戏剧性。天主堂被描述为高墙巍耸、易守难攻的异教中心，知县程云最终通过武力

———————————

① 程岱葊：《野语》卷九，道光十二年刻二十五年增修本。

的方式才得以攻破，最后将其改建为宣扬儒家价值观的义学。尽管这则笔记透露出不少疑点，尤其是存在着将天主教与民间宗教混淆的情况，但其中包含的"崇正黜邪"的象征意义十分明显。在这次改易过程中，深刻体现了帝国官僚阶层竭力维护帝国儒家价值观的努力。同样，清代禁教时期一些天主堂被改易成祠宇宫庙，也隐含了宣扬本土先贤及神明信仰、以国家正祀来抵御天主教"邪说"的象征意义。雍正八年杭州天主堂被李卫改建为天后宫就是一个典型的例子。

这次改易事件之所以引起普遍关注，其原因是多方面的。首先，主持改易者乃是浙江总督李卫本人。在雍正年间禁教过程中，各地天主堂频遭改易公用，然而李卫却是亲自主持改易活动中地位最为显赫的地方大员之一，所以其举动自然引人注目。其次，李卫此次将杭州天主堂改为天后宫，曾为此专门上奏请示雍正帝获得准许，被视为国家意志的体现，因此，此举具有非同一般的意义。最后，他曾为此次改易活动专门撰文树碑，这就是著名的《改天主堂为天后宫碑记》，随着碑记广为流传，其举动广为人知。

李卫此次改易天主堂为天后宫，其理由是天主堂作为宗教公共空间，其建筑形制适合庙宇所用。

> 顾其制皆崇隆巍焕，非编户之所可居，空之又日就倾圮，去荒诞狂悖之教而移以奉有功德于苍生之明神，不劳力而功成，不烦费而事集，此余今日改武林天主堂为天后宫之举也。[①]

也就是说，李卫此次改天主堂，首先是其注意到了天主堂建筑空间的独特性。天主堂"崇隆巍焕"，不利于改建民居，尽管其"规模制

---

① 雍正《浙江通志》卷二百十七，文渊阁四库全书本。

度，与佛宫梵宇不相符合"，但在功能上与中国传统庙宇并无差别，"字样诸凡合式不用更造，只须装塑神像"，[1] 即只要更换崇拜对象便可使用。此外，李卫显然也注意到杭州天主堂的另一个特别之处，在于这座建筑曾与康熙帝联系在一起，它是传教士用康熙帝南巡时赐银所建。

> 西洋人之居武林者，圣祖仁皇帝曾有白金二百两之赐，此不过念其远来而抚恤之，彼遂建堂于此而颜其额曰敕建。夫曰敕建，必奉特旨建造，今以曾受赐金遂冒窃敕建之名，内外臣工受白金之赐者多矣，以之筑室，遂可称赐第乎。干国宪而冒王章，莫此为甚，他复何可胜道耶。[2]

显而易见，李卫并不认同杭州天主堂为康熙帝"敕建"之所，他认为这是传教士冒窃康熙帝御赐名义，借此增加杭州天主堂的神圣性与权威性。因此，他希望将之改换为名正言顺的国家认可的宗教神圣空间。康熙二十三年，妈祖被朝廷敕封为"护国庇民妙灵显应仁慈天后"，正式上升为具有帝国象征意义的国家守护神祇。此时利用朝廷禁止天主教之际，将杭州天主堂改易为供奉天后的宫庙，不仅可以正本清源、攘除邪说，也包含着借改易天主堂为天后宫的行动，以天后信仰来宣威海外的象征意义。

> 荒诞狂悖者宜去，则有功德于人者宜祠也。冒窃敕建之名者宜毁，则列在祀典者宜增也。天后之神，姓氏颠末见于记载者虽亦未可尽信，然我朝圣圣相传，海外诸国献琛受朔者，重译而

---

① 中国第一历史档案馆编《清代妈祖档案史料汇编》，中国档案出版社，2003，第37页。
② 雍正《浙江通志》卷二百十七，文渊阁四库全书本。

至，鱼盐商贾出入于惊涛骇浪之中，计日而出，克期而还，如行江河港汊之间，而天后之神，实司其职神之灵，应呼吸可通，功德之及民何其盛哉。诞罔不经者去，而崇德报功之典兴。毁其居室之违制者，改为祠宇，撤其像塑之诡秘者，设以庄严，夫而后武林之人，目不见天主之居，耳不闻天主之名，异端邪说，久且渐熄，其有关于风化，岂浅鲜哉。[①]

总之，李卫此举充分利用了天后信仰在清前期社会影响力上升的时机，其改易天主堂为天后宫的行动中，深刻隐含着以国家正祀来抵抗异域"淫祀"的用意。此后，由建筑形制高大巍峨的天主堂改建的天后宫一度成为杭州的一个文化象征，"庙貌隆焕，独冠郡城"。[②] 其改易天主堂的行为，也因其所撰文树碑而广为流传，成为有清一代官绅津津乐道的反教卫道情感聚焦的一个标志。

有意思的是，鸦片战争结束后，清廷被迫重新允许天主教入华传教。因为法国等列强在不平等条约中加入了归还旧堂产业的要求，于是天主教会在各地纷纷追索上述禁教时期被没收改易的天主堂产业。而在还堂过程中，上述被改易的宗教空间所赋予的象征意义，又再次因为西人的还堂要求而展示出来。

我们注意到，在处理还堂过程中，类似改易成官署、公仓等"世俗类"公共空间的天主堂建筑物及其基址，给还过程中在地方上所引发的争论较少；而与之形成鲜明对比的是，对于已经改成书院、社学、祠宇宫庙等被赋予较强象征意义的"神圣类"公共空间，其还堂过程则曲折复杂。双方之间争执频发，甚至酿成中外交涉事件。

---

① 雍正《浙江通志》卷二百十七，文渊阁四库全书本。
② 翟均廉：《海塘录》卷十一，文渊阁四库全书本。

例如上述陕西城固天主堂就经历了一番还堂周折。咸丰十一年（1861），法国公使哥士耆就向清政府要求"照约饬还"，然而却历经曲折："其城固教堂基址已经改建书院，查有碑记可凭。从前曾有就城外三里之大河坝给与地亩抵还之议。屡催汉中府，并委员前往妥筹，旋据禀称，传到教人左大元等，皆以主教未到，不敢擅议为词，当经批催商办等情。"① 直到同治五年（1866），该教堂才将"原址清还"。② 至于前述著名的杭州天主堂，也经历了一番还堂风波。咸丰十一年，法国理事美理登向总理衙门要求归还杭州天主堂。

> 杭州府旧有天主堂地基，经改建天后宫，亦应给还等语。并将杭州天主堂旧址亩粮图册一本，又抄录改建天后宫碑记一纸，封送前来。③

然而，在恭亲王奕䜣等人看来，虽然杭州天主堂改天后宫事实清楚，但因为事涉宫庙，所以其归还并不简单。

> 至杭州天主堂旧址，据美理登抄录前督臣改建天后宫碑记及户口田亩粮税四至地界，并从前置买原委清册。臣等虽未据浙江巡抚知照前来，但所抄碑记，久为人所传诵。而图册亦甚明晰，谅非饰词妄请。既已改为民间庙祀，亦未便遽行给札交还，仍应移咨浙江巡抚，体察情形，如旧地可还，则还之，否则，照依旧址亩数，另行择地，酌量给予，庶于民情抚务两无妨碍。④

---

① 《清末教案》第1册，第535页。
② 《清末教案》第1册，第579页。
③ 《清末教案》第1册，第197~198页。
④ 《清末教案》第1册，第198页。

尽管因为资料所限，我们仅仅知道这座被李卫改为杭州天后宫的天主堂，历经一个多世纪后，又在晚清时期被改回了原来的天主堂，① 但其中所蕴含的波折，一定是难以胜数。

在晚清还堂过程中，天主教会往往强调依照条约规定，"各省旧有之天主堂，仍按原地交还方合"，② 此举显然不仅仅是要求返回旧有产业那么简单，而是同时包含着一种宣示道义平反的特别用意。然而，由于禁教时期旧天主堂改成的祠宇宫庙，历经时光流传、岁月轮回之后，也已经成为地方社会中一种具有重要文化表征意义的"神圣空间"，对于这种富含地方情感认同的象征空间，承担着本地教化职责的晚清官绅也是不会轻易让步的，因此双方之间在还堂一事上很容易发生冲突。同治年间长洲一则涉及还堂的记载就形象地揭示了这种情况。

> 蒯德模，字子范，安徽合肥人。咸丰末，以诸生治团练，积功荐保知县，留江苏。同治三年，署长洲。……治有天主堂，雍正间鄂尔泰抚苏，改祠孔子，泰西人伊宗伊以故址请。德模曰："某官可罢，此祠非若有也。"卒不行。③

如前所述，雍正二年鄂尔泰将吴县天主堂原址扩建为"阙里祠"即文庙，供奉孔子及诸贤，每年春秋两祭。从雍正到同治，经历百余年之后，这座文庙已经是地方社会文化传统的一个重要组成部分与象征空间。当晚清以后重返中国的西方传教士想索回原址改建天主堂时，类似蒯德模这样的地方官员，自然无论如何都不愿让步。

---

① 民国《杭州府志》卷九，民国十一年本。
② 《清末教案》第1册，第515页。
③ 赵尔巽等：《清史稿》，列传二百六十六，民国十七年清史馆本。

　　　　　　　　　　＊　＊　＊

　　本章通过考察清代禁教期间天主教堂的改易情况，试图说明，对于天主堂这类具有特殊意义的建筑物，在渗透进国家意志后，其改动已不可能只是空间功能的改变这么简单。清代禁教时期，遍处各地的天主堂除了一部分改为官署、公仓等场所，发挥其居住、储粮作用之外，也有相当多数被改为书院、社学、先贤祠、节孝祠、宫庙等带有教化意义的场所。而在天主堂改易过程中发生了一系列值得解读的事件，由此反映出不同阶层的群体都力图赋予这次改易天主堂不同的文化意义，或者展示儒学教化，或者宣示国家正祀，这也表明清代官僚阶层竭力维护儒家价值观的努力。而清代后期，随着天主教重新获得传教自由，天主教会在按图索骥重新夺回天主堂的活动中，也不得不面对清代前期教堂改易过程中所呈现的这种复杂状况，从而为天主堂的改易与还堂渲染上了一种空间上的隐喻意义。

结　论
本土化、底层社会与共生秩序

重复的历史：再次出场的江南教徒

如果我们回到本书开头的故事，再来看看乾隆十二、三年间（1747～1748）江南天主教事件一些角色的后来命运，也许更能帮助我们复原天主教与清代前期底层社会的一些复杂历史。

乾隆十九年，距离乾隆十三年江南教案落幕已过去了六年。江南的官员也换了一茬。这一年的农历四月二十二日，两江总督鄂容安、江苏巡抚庄有恭再次向乾隆帝报告在江南常熟一带查获私习天主教案件。随着江南官府展开大规模的缉捕行动，陆续抓获了张若瑟、刘马诺、龚安多尼、李若瑟、费地窝尼等数位来自西班牙、葡萄牙的西洋传教士，这些人都是乾隆十六年以后从澳门潜入江南传教的。很显然，天主教会派遣这些人来江南，是为了填补此前王安多尼、谈方济各死后的空白，对于有着众多教徒的江南教区来说，传教士的作用太重要了。

历史惊人的相似，从澳门到江南，张若瑟这些西方传教士走的路线和他们的前辈一模一样。更令人惊异的是，将他们运作到江南并协助他们在当地传教的，几乎都是六年前江南教案出现过的老面孔。在这次因查禁张若瑟等人传教案件而被捕获的教徒名单中，我们很容易看到了一连串熟悉的名字：汪钦一、谢文山、丁亮先、邹汉三……而且有意思的是，他们干的还是从前的活，一点都没变：汪钦一出狱后仍然充当教会相公，他负责到镇江从谢文山手中接张若瑟、刘马诺，协助他们在苏州一带安置下来，日常则随同张若瑟在江南水乡各地传教。谢文山在乾隆十四年五月遇到大赦出狱，继续行走在澳门与苏州间，以贩货为掩护，接引传教士到江南。乾隆十七、十八年间，他两次到澳门，分别接应张若瑟、刘马诺、李若瑟到镇江、上海一带传教。吴县人、画商丁亮先在上次案件中只是遭到杖责，他后来仍然开店卖西洋画，并时常往返江南和北京天主堂，为江南教会带回由北京天主堂印刷的斋期表。同样，船户邹汉三此前也因为载送王安多尼传教而被杖责一百，这次他依然是因为驾船载送张若瑟传教而被捕。一切好像都没有变，这些江南一带的底层民众，他们的生活世界仍然围着天主教转，只不过传教士换了一茬而已。至于故事的结局则有一些变化，对于张若瑟等五位传教士来说，他们的命运要比此前的王安多尼、谈方济各好很多。尽管鄂容安的处理建议是将他们五人长期监禁牢中，但乾隆帝最终对张若瑟等五位传教士网开一面，下令"从宽释放"，递解回澳门。而汪钦一等人则没有那么幸运了，因为是故犯，在杖责之后，被流放到边陲。①

　　上述汪钦一这些人的故事，提醒我们清代前期的天主教已经完全渗入中国社会结构内部，甚至被乡土社会利用为一种消解社会精神危机的力量。天主教从"异"到"熟"的过程，也是其相应地走向本土化的过程。

---

① 《清中前期西洋天主教在华活动档案史料》第 1 册，第 221~236 页。

本土化与帝国治理术

从宗教文化的接触与对话角度出发，本土化（inculturation）指的是一种外来宗教文化在身处异文化情境中的适应性变化。从明后期天主教重新入华传播开始到清代前期，天主教不得不面临一个十分关键的转折阶段。在此期间，由于其所赖以依存的社会环境发生了深刻的变化，直接影响到了天主教在华的本土化取向。因此，考察这一时期天主教在华的本土化问题，不仅可以帮助今人理解清代天主教在华的历史细节，而且有助于进一步探讨宗教与中国社会结构的关联及发展走向。

从清中叶开始，天主教在华的社会处境与清初相比发生了重要的变化。一方面，清政府在对待天主教问题上发生了大转变，从原来的宽容包纳一改而为严厉的禁教政策；另一方面，明末以来曾与天主教有着比较密切接触的儒学知识界，此时也在主体上背离了天主教。这两方面的变化都深刻地影响了清前期天主教在华的本土化道路。

清初朝廷天主教政策曾经呈现出一种较为宽容的状态。如前所述，清人定鼎京师后，耶稣会士汤若望适时为清廷修订了《大清时宪历》，对清政权颇有贡献，得以封官赐号，备受顺治帝恩宠。顺治帝对汤若望的这种个人恩宠还荫及整个在华天主教。顺治七年（1650），顺治帝就曾赐地建天主堂，并赐"钦崇天道"匾额。顺治十四年，顺治帝经过宣武门内天主堂，还亲赐"通玄佳境"匾额，并撰《御制天主堂碑记》，借以褒奖汤若望"测天治历""敬业奉神"的功劳。康熙帝继位之初大抵沿袭了顺治帝对待天主教的比较宽容的做法。特别是在康熙八年（1669）亲政后，他很快平反了康熙三年的历狱案，不仅为死去的汤若望恢复官职，而且重新任用南怀仁等传教士执掌钦天监。尤其值得注意的是，康熙三十一年，康熙帝还批准了有利天主教传播的容教诏令，明确允准天主教会在华传教，从而在当时中西方教会内部产生了轰动效应。然而，受礼仪之争的影响，康熙四十五年以后，清政府的天主教政策发生了大逆转，逐渐由此前的宽容包纳过渡到严厉禁教。康熙四十五年，康熙帝命令在华传教士必须遵守前明利玛窦的做法，并为那些愿意接受这一"利玛窦规矩"的传教士颁发永久居留证——"票"，而不愿领票的传教士则遭到驱逐。康熙五十六年至五十七年，康熙帝还相继批准广东碣石镇总兵陈昂、两广总督杨琳等官员要求严禁天主教传播的奏疏。康熙五十九年，教廷所派特使嘉乐抵达北京，请求康熙帝同意由他管理在华传教西洋人，并允准中国传教会遵守教皇禁止中国礼仪的禁约。但遭到康熙帝的严厉申斥，他表示："尔教王条约与中国道理大相悖逆。尔天主教在中国行不得，务必禁止。"康熙六十年，已是风烛残年的康熙帝看到冯秉正等传教士呈上教皇 1715 年所发布《自登极之日》通谕的译稿，再度在朱批中表示要禁教："以后不必西洋人在中国行教，禁止可也，免得多事。"①

如果说康熙帝晚年只是有了明确禁教想法，那么雍正、乾隆二人统治时期则使这些禁教想法具体化了。雍正帝甫继位，礼科给事中法敏就上密奏条陈三事，第一项即是请求禁止天主教。未几，闽浙总督觉罗满保也奏报查禁闽省福安天主教活动，并请求朝廷下令禁教。礼部针对觉罗满保奏疏具题，并且进一步提出在各地查拿传教士送澳门安插、销毁印票、改天主堂为公所、禁除民人奉教、严责各级官员实心禁饬等一系列查禁天主教的措施，获得雍正帝的批准。此举揭开了

---

① 《清中前期西洋天主教在华活动档案》第 1 册，第 49 页。

清中叶严厉查禁天主教的序幕。特别值得注意的是，从雍正元年（1723）起，清政府将康熙时期颁发给某些传教士合法居留的印票也取消了。由此可见，清廷严禁天主教的政策与此前相比大大迈进了一步。乾隆帝继位后，基本上承袭了雍正朝的禁教政策。与雍正朝相比，乾隆朝禁教有许多值得注意的特点。其一，查禁天主教案件频繁发生，特别是乾隆十一年以后，几乎每隔几年官府就有较大规模查禁天主教行动。其中，乾隆十一年，乾隆四十八、四十九年还发生了在全国范围内大肆搜捕传教士、教徒的大教案。其二，查禁的对象扩大，惩治力度加大。在乾隆十一年所下禁教谕旨中，明确要求各省督抚等"密饬该地方官严加访缉，如有以天主教引诱男妇，聚众诵经者，立即查拿，分别首从，按法惩治。其西洋人俱递解广东，勒限搭船回国，毋得容留滋事"。根据该谕旨，教徒为首者也在严惩之列，至于西洋传教士，虽然大部分被驱逐到澳门，但有时也不惜采取斩杀等更为严厉的方式。如乾隆十一年白多禄案中处斩及瘐毙五位多明我会传教士，这是此前少见的。其三，严惩查禁不力的各级地方官员。如乾隆帝的上谕中就明确规定："倘地方官有不实心查拿，容留不报者，该督抚即行参处。"终乾隆一朝，屡有地方官员因为查禁天主教不力而遭处罚。

嘉庆、道光统治时期基本沿袭了禁教做法，对于传教士私行传教及民间习教的行为，一概要求各级官府严加查禁。特别是嘉庆十年（1805）查获教徒陈若望传递书信案后，嘉庆帝屡发上谕，严行饬禁民间传习天主教，并且专门制定条例，严格控制旗民人等传习天主教的活动。嘉庆十六年五月，因御史甘家斌奏报至今仍有西洋人传教，所发上谕更是严厉逾前，将传习天主教比为悖逆大罪，为首者处以绞决，从者处以流放等刑罚。嘉庆十九年又发上谕，指斥"天主教绝灭伦理，乃异端为害之尤者"，甚至将天主教视为比困扰朝廷多年的白莲教更具危害性："为国家之隐忧，贻害最大，比白莲教为尤甚。"① 在此背景下，清政府的严厉禁教措施一直延续到道光末年弛禁天主教之前。

伴随着清廷禁教政策的逐步发展，清代儒学知识界在天主教问题上也发生了相应的转向。如果说晚明儒学界与天主教有过一定程度上的比较密切的接触，那么，从清初开始双方之间的这种接触已经日渐减少，到清中叶时期主流儒学界基本上对天主教采取了否定的态度。

晚明天主教再次入华，适逢一个思想文化相当活跃的年代。明初程朱理学一统天下的格局此时已被冲破，人们在对待各家学说上更为包容，乃至出现了百家九流无不有补世道的说法。在这种社会背景下，利玛窦等入华传教士很容易获得一个比较有利的传播天主教教义与学说的社会大环境。因此，天主教在当时确实吸引了一批儒家士人的注意力。不少士人甚而接受洗礼，皈依了天主教。然而，随着明亡清兴，清初儒学知识界发生了一个重大转向。清政权在鼎定中原后，重新扶植程朱理学，罢黜其他学说。康熙时期颁行天下的圣谕十六讲中，有一讲就是"黜异端以崇正学"。此处的正学，指的就是程朱学说。此时的儒学知识界，与晚明相比在整体心态上似乎出现了一个急剧收缩的态势，从明末的好异慕新、宽容包纳一转而为循规蹈矩、不逾方圆。儒家知识界的这种内涵转换直接影响了儒学界对天主教的认识。在对待西教和西学二者的态度上，明末尚有士人因为慕西学进而入西教，到了清前期，主流儒学界则采取了截然不同的二元区分法。对于大多数儒家士人，如果说传教士所输入的数学、天文、舆地学，尚能在讨论中西学源时引起他们的兴趣，对于天主教本身则已经抱持着非常鄙视的看法了，对天主教的批评日益成为清代前期儒学界的主

---

① 《清中前期西洋天主教在华活动档案史料》第3册，第1004页。

流声音。典型者如大儒黄宗羲，他在晚年所著《破邪论》一文中，径直指斥天主教为邪说："为天主之教者，抑佛而崇天是已。乃立天主之像记其事，实则以人鬼当之，并上帝而抹杀之矣。此等邪说，虽止于君子，然其所由来者，未尝非儒者开其端也。"与黄宗羲同时代的大儒王夫之则索性直接以夷狄目之："近世洋夷利玛窦之称'天主'，敢于亵鬼倍亲而不恤也，虽以技巧文之，归于狄而已矣。"① 同样，清儒沈大成在一篇考证天主教来源的文章中排斥天主教，一开首就表露了自己的反西教态度："余读杜氏通典职官，而晓然于西教之诞妄矣。"在沈氏看来，"佛氏之说，荒唐妄诞。而利玛窦等，又伪造耶稣其人以实之。其叛经蔑古，慢神诬天，罪可胜诛哉！"② 清初经史大家万斯同至恶天主教，讥之为"怪妄特甚"，他曾撰《欧罗巴》诗，极力批评天主教，甚至呼吁当局要防微杜渐，果断采取禁教措施，驱逐传教士，禁止民间传习，达到"火其书兮毁其室，永绝千秋祸乱根"的目的。值得注意的是万氏诗中云："诗书文物我自优，何烦邪说补其欠。"这显然是对晚明利玛窦及徐光启等人所倡导的天主教"补儒"说的强烈批评，由此形象地反映了清代前期儒学界对天主教的一种主动远离。

迨至清中叶，主流儒学界对天主教的批评更加明显，要求禁止天主教的呼声日高。理学名士张伯行毕生以捍卫程朱理学为己任，康熙朝后期出任闽抚时，他曾拟"请废天主教堂疏"，要求朝廷"废天主教堂，以正人心，以维风俗"。张伯行批评天主教，在他看来，除了天主教"悖天而灭伦""悖天而慢圣"，还在于天主教对社会风俗的潜在危害。因此，他请求朝廷"特降明诏，凡各省西洋人氏，俱令

---

① 王夫之：《船山全书》，岳麓书社，1988，第1015页。
② 沈大成：《读通典职官》，沈大成：《学福斋集》卷二十，续修四库全书本，第18~19页。

回归本籍。其余教徒，尽行逐散。将天主堂改作义学，为诸生肄业之所，以厚风俗，以防意外"。① 乾隆年间由纪昀等撰成的《四库全书总目提要》，其中亦明确称天主教为"邪说"，应该禁止。由于《四库全书总目提要》从乾隆以后是所有士子治学必备之书，因此对帝国知识界在看待天主教问题上产生了很大影响。同样撰于乾隆时期的《皇朝通典》，在谈到天主教时也持相同的态度，认为"至其所崇天主之教，则但使自沿其俗，严禁流传，勿使混淆闻见"。这可以看作清代中叶儒学界站在官方立场上对待天主教的态度。

那么，清代儒林的这种转向与清中叶朝廷禁教政策的实施二者之间是否存在直接的关联？答案是肯定的。可以说，清廷天主教政策的每一步都可以看到儒家知识界新转向的影子。仔细考察清代中叶的历次禁教事件，我们很容易发现这些禁教案几乎都是由各级官员率先掀起的。而这些反教的儒家士大夫官员，大多是理学的坚定维护者。张伯行就是一个典型的例子。前已述及，康熙后期他在福建巡抚任上就拟上疏反教。雍正二年，张氏已经被擢升为礼部尚书，手握处理天主教事务大权。是年两广总督孔毓珣题请处理在广拘押的西方传教士，并且重申不许传教士私自传教。雍正帝将孔毓珣的意见交礼部讨论，张伯行极表支持，认为"应如所请"。张伯行等人的意见在朝廷天主教决策上显然起到了举足轻重的作用。当戴进贤等传教士上疏请求雍正帝宽容天主教，不要驱逐传教士时，雍正帝答复传教士，他之下令反教，乃是"因封疆大臣之请，庭议之奏施行。政者，公事也。朕岂可以私恩惠尔等，以废国家之舆论乎！"所谓"封疆大臣之请、庭议之奏施行"，以及"国家之舆论"，其实也正代表了清代主流儒学界的反西教转向。清代中叶以后逐渐萌生的对待西学及天主教政策的

---

① 张伯行：《正谊堂续集》，丛书集成初编本，卷1。

总体方针——"节取其技能，禁传其学术"的成形，其背后原因即是因为主流儒学知识界担忧西教渗入中国社会结构而引发道统不存的危机，所以极力推动禁教。

底层社会与共生秩序

清中叶政治与儒学大环境的变化，为天主教在华本土化提出了新的挑战。从相对宽容一变而为严厉禁教；从天儒之间比较亲密地接触到双方逐渐隔离，直至天主教为儒学知识界——如果不是说全部——至少在一个相当大整体上的背离，这是清中叶在华天主教会不可避免要面临的世态。那么，处于朝廷实行禁教政策，又缺少儒学知识界广泛参与的天主教本土化，又会出现怎样的一种状况？

清代中叶天主教在中国城乡之间的分布已经十分广泛，这一点从雍正以后禁教案中发现的全国范围内有天主教活动地点的分布就可以得到清晰的反映。根据清代官府禁教文献记录，我们初步统计禁教案中出现的有天主教徒活动县级以上地点总数超过了 370 多个府、县。而这个数目只是清中叶禁教案中所见的有天主教活动地点的概况而已，其实际分布应当远远超过此数，更为具体的数目尚待进一步细致的考察。① 至于教徒人数，据西方教会史料记载，1700 年大约为 20万，到 1793 年则为 15 万左右，1810 年为 21.5 万，1815 年为 21.7万左右。由此可见，尽管处于禁教时期，天主教在华活动仍然保持相当可观的规模。而且从教徒人数增长角度来衡量，其传教高峰期反而是出现在这一时期。这样较大规模的天主教群体在中国城乡社会中的

---

① Nicolas Standaert, *Handbook of Christianity in China*, *Volume one*: *635 - 1800*, pp. 557 - 567.

存在，证明了天主教在华活动并非如以往学者所断言的"未能扎下根来"。相反，它揭示了一个事实，从明末开始的天主教在华本土化，到清代中叶仍在延续，而且已经在中国社会站稳了脚跟，成为中国宗教世界的一个有机组成部分。

清中叶时期，天主教在华本土化呈现出一些值得注意的基本特征，即传教的底层性、习教的自立性以及仪式的民间性。明末清初时期，天主教在华传播曾经呈现出知识传教的态势，以耶稣会为主的来华传教士力图通过与中国社会精英阶层即儒学界的接触对话，实现自上而下基督化中国的目的。其时也确实吸引了不少社会上层分子受洗入教，并涌现过一批讨论天儒关系的著作，由此也使得明末清初天主教的本土化在思想文化层面上表现较为突出。但是从清中叶以后，由于缺乏儒学知识界的参与，天主教的本土化基本上采取的是底层路线，主要依靠皈依处于中国社会底层的各种人群来进行。在这一时期，思想上的对话已经居于末席，具体的习教活动日益凸显为鲜明的主题。在整个清中叶的中国天主教会已经鲜见像早期的徐光启、杨廷筠、李之藻这类儒家上层人物，甚至也少见到像严谟、张星曜这样地位虽低但在调和天儒问题上有着精辟思路的下层儒家分子。与此前相比，此时期在中国教会内部讨论天儒融合的著作已是稀物，大部分的天主教著作限于讨论具体的习教规程及仪式，如各种祈祷文、日课等。这种传教的底层性成为清中叶天主教在华本土化的一个显著特征。

此时期的天主教在华本土化也表现出一种传习的自立性。第一是在华传教人员构成的中国化。雍正元年清政府严厉禁教后，西方传教士大部分被驱逐出去，尽管仍有一些西方传教士私入内地传教，但在华西方传教士的数目与此前相比明显锐减。此时期，中国籍传教人员开始在传教事务中扮演了越来越重要的角色。中国教会内部传教人员的结构也开始从早期以外籍传教士为主，逐渐过渡到以华籍传教士为主，特别是禁教时期，华籍传教士在其中扮演了十分突出的角色。第二是封闭式传习现象较为明显。这主要是指清代中叶由于长期没有传教人员前来传教，不少处于偏僻地方的天主教群体只能以一种类似民间宗教结社的方式来维持信仰。典型的例子如前文提到的清代中叶四川乐至县刘氏宗族习教案及嘉庆年间湖北谷城、房县等地民人刘作斌、邓恒开、王槐等习教案。前者是以血缘关系为主而组成的习教群体，后者则以地缘关系为主组成的地方性宗教社团。类似四川乐至刘氏和湖北房县刘作斌等人的情况在清中叶乡村教会中是比较普遍的现象。由于留在民间秘密传教的外籍神职人员数量锐减，其有限的人力自然无法兼顾各地教会，因此，一些偏僻村落往往是靠当地信徒自己来维持宗教信仰生活，而流传民间的各类天主教经卷，则为这些本土信徒的习教提供了必需的资源。此时期天主教的这种地方社团化传播，其形式与明清时期流传于民间社会的其他民间宗教结社非常相似，可以视为清中叶天主教本土化的一个代表。

清代中叶天主教在华本土化还具有一个特点，就是随着天主教与地方社会文化日益结合而在习教仪式上表现出的某种民间性。天主教经过千余年的发展，已经是体系相当完整的一种制度化宗教，有一套成熟的日常宗教礼仪。明末传教士在入华传教的过程中，已将天主教的这些礼仪逐步引入民间社会，成为民间习教的一个重要内容。然而必须指出的是，宗教仪式既具稳定性，也有变动性的一面，它会随着社会文化环境的变迁而发生一定程度的变化。清代中叶随着天主教深入底层社会，并与民间小传统文化不断融合，其固有的上述宗教礼仪也相应地产生了某些改变。从现有档案文献可以看出，清代中叶基层天主教会在信仰的理解与礼仪的操办方面一度呈现出民间化现象。对于绝大多数生活于社会底层的信徒来说，"念经吃斋""消灾降福"是他们信奉天主教的最主要目的。这一点与当时同样流行的各类民间宗教信仰并无什么差别，由此也使得教徒在操办基层教会礼仪时沾染了较浓厚的民间色彩，典型者如嘉庆年间刘方济各在湖北穀城县茶园沟传教，当地村民孙瑞锦等93人，因"刘方济各能解西洋经典，随各信奉，希图求福。即称刘方济各为神父，或称刘爷，每月斋期四日，届期齐集天主堂内听刘方济各讲经一次，名为坐瞻。初次入会之人，出钱一二百文，在刘方济各处报名，以后每次给钱二三十文，备办神前香烛使用"。① 从引文可见，茶园沟民间信奉天主教，目的就在邀福，而对天主教一些礼仪的理解也很民间化，如弥撒献仪是"备办神前香烛使用"，乃至直称"香火之资"。其后道光年间传教士董文学继续到茶园沟传教，因"该处旧有天主堂于嘉庆十七年经官拆毁"，董文学即在村民孙尚林间壁茅屋居住，"取名观音堂，供奉天主图像，十字架，每隔五日吃斋二日，开讲洋字经，缪称诚心信奉，来世可以转生好处，向众诱惑。每遇斋期，令众人至其茅屋内礼拜听讲，名为坐瞻"。② 值得注意的是，刘方济各、董文学都是西方传教士，但在传教过程中不得不在具体的习教仪式上迁就当地习俗，特别是董文学甚至将住居的简易教堂直接取名为观音堂。他这样做的主观目的可能是在禁教时期掩人耳目，但由此揭示出此时期天主教信仰民间化的一面。实际上，对于大多数散处各地的地方社团来说，由于长时期没有传教士前来传教，其习教仪式呈现出一种随意性。一个突出表现是简化各项宗教礼仪，有时只保留口诵一些祈祷词。如乾隆十二年江苏山阳、金匮县宋从一等人习教案，宋从一等信徒只是"每月逢五日持斋，口念那（耶）稣二字，并持奉十诫"。道光十八年（1838）拿获山西岳阳县赵金义等人习教案，亦"供系口传经语，

① 《清中前期西洋天主教在华活动档案史料》第3册，第1162页。
② 《清中前期西洋天主教在华活动档案史料》第3册，第1286页。

不时念诵，希冀求福消灾，并无一定念经日期"。同年山西洪洞县李成信习教案，也是"因均不识字，皆系口传经语，不时念诵，希冀求福消灾，并无一定念经日期"。有时甚至连念经都被简化，只保留简单的吃斋，如乾隆三十二年江西庐陵县吴均尚等人习教，就是"没有念经，只每月照常吃八日素"。

清中叶天主教地方社团的民间化，反映了天主教与底层社会秩序之间的共存性。将清中叶天主教的这种本土化与晚明时期的本土化做一个简单的比较，我们大致可以看到两条清晰的脉络。晚明天主教基本上走的是一条儒化天主教的本土化道路，也就是以耶补儒的道路。此时期是倡导与儒家文化调和的耶稣会适应派在华的辉煌时代，在传教士与部分中国儒士的共同努力下，天主教与儒学之间进行了比较频繁的交流，涌现出了一大批讨论耶儒融合的作品。一批儒家知识分子进入天主教，尝试将天主教与儒家思想融合为一体。然而清中叶以后，伴随着朝廷严厉禁教，儒学界基本中断了与天主教的对话。在这样的社会环境影响下，天主教只好采取底层化策略，走向一条与民间小传统相结合的本土化道路，从而与民间社会建立起一种共生关系，由此形成了一些值得注意的发展特点。

第一，从清代中叶起，天主教已经依靠成百上千分散于城乡各地的地方信仰社团逃过了官方的禁教打击，在中国社会生存下来，并且有了一定的发展。天主教地方群体在清代中叶禁教时期一直保存、延续了天主教信仰，并成为帝国城乡社会共生秩序的一个部分。以致晚清弛禁西方宗教后，很快又成为天主教重返各地传教的一个信仰基础。换言之，依靠天主教的底层化传播，清中叶天主教已经部分成功地实现了本土化，并在事实上成了中国宗教的一个重要组成部分。

第二，我们在强调清中叶天主教在一定程度上完成了本土化任务的同时，也必须指出这种本土化所带来的一系列问题。一方面，清代中叶天主教的这种本土化，反映了天主教与小传统文化之间的相互影响与调和改造，它在推动民间社会对天主教接纳的同时，也直接影响了天主教本身在中国社会的发展走向，特别是天主教的教义、礼仪，可能面临一种失去自身独立性的民间化。而这对保持天主教正统性来说是一种损害，以致引起了一些老教徒的担忧。如道光二十六年，山西祁县教徒常安等人因为长期没有传教士指授习教，"恐失教内规矩"，于是起意延请西方传教士前来传教，其出发点显然就是希望能够对这种民间化趋势有所纠偏。在清代中叶民间社会，天主教在一些民众眼中，与当地的其他民间宗教实际上很难说有什么区别，天主、圣母与民间宗教中的各类神灵大致一样，天主教守斋与民间宗教的持斋也大体相同，只是名称不同而已。这在一定程度上模糊了天主教与其他民间秘密教门的界限，以致清政府常常将天主教与其他民间秘密教门视为同类"邪教"而加以查禁。清代中叶官府将天主教与无为、老官斋教等民间秘密教门混淆相论的现象并不鲜见，其原因恐怕就与天主教的这种深刻民间化的本土化有一定关联。

另外，由于其下层走向并且停止了与主流儒学知识界的对话，在华天主教也日益表现出一种自我封闭状态，导致清中叶知识阶层对天主教的认识也越来越模糊。典型的例子如道咸年间梁章钜所著《浪迹丛谈》，记载了雍正时期湖北黄冈县士人吴德芝所撰关于天主教的文章。在文中，吴德芝追溯了利玛窦等人入华传教，指出："其术长于推步象纬，使之治历，颇有奇验。"随后笔锋一转，开始批评天主教传教士的各种"奇技淫巧"及其他种种"巧而丧心"的行为。[1]从吴德芝此文可见，雍正年间围绕天主教社会上已经产生了许多怪诞说法，如善于烧炼金银、死后剜睛配药、制物为妇人等。到了道光年

---

① 梁章钜：《浪迹丛谈》，福建人民出版社，1992，第65～66页。

间，这样的怪诞说法不仅丝毫未减，反而越来越多。典型者如道光年间著名士人魏源在其所著《海国图志》中有一节专记天主教，其文一开首就说："查西洋之天主教不可知，若中国之天主教则方其入教也，有吞受药丸领银三次之事，有扫除祖先神主之事，其同教有男女共宿一堂之事。其病终有本师来取目睛之事。"魏源还活灵活现地举了京城中一位医生因"岁终贫困"而寄希望于"入天主教可救贫"的荒诞例子。[①] 由此文可见，魏源号称近代中国开眼看世界的先驱，按理应当比其他同时代的儒学士人拥有更好的眼界，但是，他的天主教观与前述雍正年间生活在湖北内地小县的吴德芝又有什么两样呢？魏源尚且如此，清代中叶整个中国社会对天主教的认识就更是可想而知了。

总之，清代前期天主教在华的本土化是一个文化联系的过程。清代中叶禁教政策的确立与主流儒学界对天主教的背离，直接影响到了清代前期天主教在华的本土化道路选择。这种偏离儒学大传统、与民间小传统相结合的本土化，既在一定程度上借助与底层社会共生的方式，达到帮助天主教在华落地生根的目的，但与此同时也产生了一系列问题。清代中期以降底层社会中此伏彼起的民间宗教信仰，曾经在时人和后人头脑中留下一连串奇异的幻象，撒豆成兵、剪纸为马，这些都是村野乡间一谈起白莲教之类秘密宗教马上就会联想到的神话，由此也给民间说唱艺人留下了十分广袤的想象空间。与此有着惊人相似的一幕是，清中叶以后的天主教，在日益草根化的过程中，也在社会上滋生了众多的剜睛炼药、采生拆割之类的离奇传闻。这些传闻甚而延续下来，到晚清时不仅仍是能够吸引大批听众的豆棚闲话，而且还演化成为民间社会攻击天主教的一个主要文化因素，这是清代前期天主教在华本土化展演出的复杂性。

---

① 魏源：《海国图志》卷二十七，邵阳魏氏拥遗经阁重刻本，第 31~32 页。

参考文献

已出版资料

白晋：《清康乾两帝与天主教传教史》，冯作民译，光启出版社，1966。

北京图书馆金石组编《北京图书馆藏中国历代石刻拓本汇编》，中州古籍出版社，1989。

柏应理：《一位中国奉教太太——许母徐太夫人甘第大传略》，徐允希译，光启出版社，1965。

蔡献臣：《清白堂稿》，明崇祯刻本。

程岱葊：《野语》，道光十二年刻二十五年增修本。

陈文述：《颐道堂集》，嘉庆十二年刻，道光增修本。

董应举：《崇相集》，明崇祯刻本。

杜赫德编《耶稣会士中国书简集：中国回忆录》（1），郑德弟等译，大象出版社，2001。

杜赫德编《耶稣会士中国书简集：中国回忆录》（2），郑德弟译，大象出版社，2001。

杜赫德编《耶稣会士中国书简集：中国回忆录》（3），朱静译，大象出版社，2001。

杜赫德编《耶稣会士中国书简集：中国回忆录》（4），耿昇译，大象出版社，2005。

杜赫德编《耶稣会士中国书简集：中国回忆录》（5），吕一民等译，大象出版社，2005。

杜赫德编《耶稣会士中国书简集：中国回忆录》（6），郑德弟译，大象出版社，2005。

樊国樑：《燕京开教略》，北京救世堂刊本，1905。

费赖之：《明清间在华耶稣会士列传（1552～1773）》，梅乘骐、梅乘骏译，上海光启出版社，1997。

费赖之：《在华耶稣会士列传及书目》，冯承钧译，中华书局，1995。

贺长龄辑《清经世文编》，清光绪十二年思补楼重校本。

洪亮吉：《卷施阁集》，清光绪三年洪氏授经堂刻洪北江全集增修本。

蒋良骐：《东华录》，中华书局，1980。

莱布尼兹编《中国近事——为了照亮我们这个时代的历史》，梅谦立等译，大象出版社，2005。

蓝鼎元：《鹿洲初集》，清文渊阁四库全书本。

李刚己：《教务纪略》，上海书店1986年影印本。

李明：《中国近事报道（1687～1692）》，郭强等译，大象出版社，2004。

利玛窦、金尼阁：《利玛窦中国札记》，何高济等译，广西师范大学出版社，2001。

刘芳辑、章文钦校《清代澳门中文档案汇编》，澳门基金会，1999。

陆长春：《香饮楼宾谈》，江苏广陵古籍刻印社，1983。

陆以湉：《冷庐杂识》，咸丰六年刻本。

马国贤：《清廷十三年——马国贤在华回忆录》，李天纲译，上海古籍出版社，2004。

四川大学历史系、四川省档案馆主编《清代乾嘉道巴县档案选编》，四川大学出版社，1996。

苏尔、诺尔编《中国礼仪之争西文文献一百篇（1645～1941）》，沈保义等译，上海古籍出版社，2001。

王夫之：《船山全书》，岳麓书社，1988。

汪景祺：《读书堂西征随笔》，上海书店，1984。

吴旻、韩琦编校《欧洲所藏雍正乾隆朝天主教文献汇编》，上海人民出版社，2008。

吴相湘辑《天主教东传文献续编》，台湾学生书局，1966。

徐自强主编《北京图书馆藏北京石刻拓片目录》，书目文献出版社，1994。

约瑟夫·塞比斯：《耶稣会士徐日升关于中俄尼布楚谈判的日记》，王立人译，商务印书馆，1973。

张伯行：《正谊堂续集》，清乾隆刻本。

张诚：《张诚日记》，陈霞飞译，商务印书馆，1973。

张鹏翮：《奉使俄罗斯行程录》，丛书集成初编第3230本，中华书局，1991。

赵尔巽等：《清史稿》，中华书局，1977。

中国第一历史档案馆编《康熙起居注》，中华书局，1984。

中国第一历史档案馆编《康熙朝满文朱批奏折全译》，中国社会科学出版社，1996。

中国第一历史档案馆、福建师范大学历史系合编《清末教案》，中华书局，1996。

中国第一历史档案馆编《清代妈祖档案史料汇编》，中国档案出版社，2003。

中国第一历史档案馆编《清中前期西洋天主教在华活动档案史料》，中华书局，2003。

中国第一历史档案馆、中国海外汉学研究中心合编《清初西洋传教士满文档案译本》，大象出版社，2015。

钟鸣旦、杜鼎克主编《耶稣会罗马档案馆明清天主教文献》，利氏学社，2002。

钟鸣旦等编《徐家汇藏书楼明清天主教文献》，利氏学社，1996。

朱国桢：《涌幢小品》，明天启二年刻本。

方　志

宋奎光：《宁海县志》，明崇祯五年刻本。

雍正《浙江通志》，文渊阁四库全书本。

乾隆《汉阳县志》，乾隆十三年刻本。

乾隆《宁德县志》，乾隆四十六年刻本。

乾隆《长沙府志》，乾隆十二年刊本。

乾隆《衡阳县志》，乾隆二十六刻本。

乾隆《新兴县志》，民国二十三年铅印本。

乾隆《江南通志》，文渊阁四库全书本。

乾隆《华亭县志》，乾隆五十六年刊本。

乾隆《江南通志》，文渊阁四库全书本。

乾隆《江南通志》，文渊阁四库全书本。

乾隆《续河南通志》，乾隆三十二年刻本。

乾隆《武城县志》，乾隆十五年刻本。

乾隆《岳州府志》，乾隆十一年增修刻本。

乾隆《湘潭县志》，乾隆二十一年刻本。

乾隆《湘潭县志》，乾隆二十一年刻本。

乾隆《江都县志》，乾隆八年刊，光绪七年重刊本。

乾隆《福州府志》，乾隆十九年刻本。

乾隆《将乐县志》，乾隆三十年刻本。

乾隆《福清县志》，光绪二十四年重刻本。

乾隆《保昌县志》，乾隆十八年刻本。

乾隆《建宁县志》，清内府本。

乾隆《长洲县志》，乾隆十八年刻本。

乾隆《杭州府志》，乾隆刻本。

乾隆《绍兴府志》，乾隆五十七年刊本。

嘉庆《郴州总志》，嘉庆二十五年刻本。

嘉庆《临桂县志》，嘉庆七年修，光绪六年补刊本。

嘉庆《直隶太仓州志》，嘉庆七年刻本。

嘉庆《直隶太仓州志》，嘉庆七年刻本。

嘉庆《增城县志》，嘉庆二十五年刊本。

道光《上元县志》，道光四年刻本。

道光《新会县志》，道光二十一年刻本。

咸丰《琼山县志》，咸丰七年刊本。

同治《南城县志》，同治十二年刻本。

同治《上海县志》，同治十一年刊本。

同治《新建县志》，同治十年刻本。

同治《延平府志》，同治十二年徐震耀补刻本。

光绪《重纂邵武府志》，光绪二十六年刊本。

光绪《直隶绛州志》，光绪五年刻本。

光绪《山西通志》，光绪十八年刻本。

光绪《平湖县志》，光绪十二年刊本。

光绪《抚州府志》，光绪二年丙子重修本。

光绪《杭州府志》，光绪二十一年刻本。

光绪《江西通志》，光绪七年刻本。

光绪《平湖县志》，光绪十二年刊本。

民国《新绛县志》，民国十八年铅印本。

民国《宁化县志》，民国十五年铅印本。

民国《杭州府志》，民国十一年刻本。

著 作

爱弥儿·涂尔干：《宗教生活的基本形式》，渠东、汲喆译，上海人民出版社，1999。

安田朴：《中国文化西传欧洲史》，耿昇译，商务印书馆，2000。

彼得·哈特曼：《耶稣会简史》，谷裕译，宗教文化出版社，2003。

陈垣：《陈垣学术论文集》，中华书局，1980。

车锡伦：《中国宝卷总目》，北京燕山出版社，2000。

崔维孝： 《明清之际西班牙方济会在华传教研究（1579～1732）》，中华书局，2006。

董少新《形神之间：早期西洋医学入华史稿》，上海古籍出版社，2008。

方豪：《中国天主教史人物传》，中华书局，1984。

范行准：《明季西洋传入之医学》，中华医史学会，1943。

高华士：《清初耶稣会士鲁日满常熟账本及灵修笔记研究》，赵殿红译，大象出版社，2007。

高智瑜、马爱德主编《虽逝犹存：栅栏，北京最古老的天主教墓地》，澳门特别行政区政府文化局、美国旧金山大学利玛窦研究所，2001。

顾卫民：《中国天主教编年史》，上海书店出版社，2003。

韩书瑞：《山东叛乱：1774年王伦起义》，刘平、唐雁超译，江苏人民出版社，2008。

恒慕义编《清代名人传略》，青海人民出版社，1995。

黄一农：《两头蛇：明末清初的第一代天主教徒》，新竹清华大学出版社，2005。

康志杰：《上主的葡萄园——鄂西北磨盘山天主教社区研究（1634~2005）》，辅仁大学出版社，2006。

李天纲：《中国礼仪之争：历史、文献与意义》，上海古籍出版社，1998。

李文潮、H. 波塞尔编《莱布尼茨与中国》，科学出版社，2002。

李玉珍、林美玫编《妇女与宗教：跨领域的视野》，里仁书局，2003。

茅海建：《天朝的崩溃：鸦片战争再研究》，三联书店，1995。

马西沙、韩秉方：《中国民间宗教史》，上海人民出版社，1992。

马西沙：《民间宗教志》，上海人民出版社，1998。

马伯英：《中国医学文化史》，上海人民出版社，1997。

梅谦立编《耶稣会的北京导览：天主教与中国文化的相遇》，光启出版社，2005。

明晓艳、魏扬波主编《历史遗踪——正福寺天主教墓地》，文物出版社，2007。

钱实甫编《清代职官年表》，中华书局，1980。

秦和平、申晓虎编《四川基督教资料辑要》，巴蜀书社，2008。

任继愈主编《中国道教史》，上海人民出版社，1997。

荣振华：《在华耶稣会士列传及书目补编》，耿昇译，中华书局，1995。

沙百里：《中国基督徒史》，耿昇、郑德弟译，中国社会科学出版社，1998。

施白蒂：《澳门编年史》，小雨译，澳门基金会，1995。

史景迁：《中国纵横：一个汉学家的学术探索之旅》，夏俊霞等译，上海远东出版社，2005。

史式徽：《江南传教史》，上海译文出版社，1983。

宋军：《清代弘阳教研究》，社会科学文献出版社，2002。

苏珊·桑塔格：《疾病的隐喻》，程巍译，上海译文出版社，2007。

汤开建：《天朝异化之角：16～19世纪西方文明在澳门》，暨南大学出版社，2016。

汤用彤：《汉魏两晋南北朝佛教史》，中华书局，1983。

万明：《中国融入世界的步履：明与清前期海外政策比较研究》，社会科学文献出版社，2000。

魏若望编《南怀仁（1623～1688）鲁汶国际学术研讨会论文集》，社会科学文献出版社，2001。

韦思谛编《中国大众宗教》，沈保义等译，江苏人民出版社，2006。

卫青心：《法国对华传教政策》，黄庆华译，中国社会科学出版社，1991。

吴伯娅：《康雍乾三帝与西学东渐》，宗教文化出版社，2002。

徐宗泽：《明清间耶稣会士译著提要》，中华书局，1989。

许理和：《佛教征服中国》，李四龙等译，江苏人民出版社，2003。

阎宗临：《传教士与法国汉学》，大象出版社，2003。

杨庆堃：《中国社会中的宗教——宗教的现代社会功能与其历史因素之研究》，范丽珠译，上海人民出版社，2007。

喻松青：《民间秘密宗教经卷研究》，联经出版公司，1994。

喻松青：《明清白莲教研究》，四川人民出版社，1987。

张国刚：《从中西初识到礼仪之争》，人民出版社，2003。

章开沅、马敏主编《基督教与中国文化》，湖北教育出版社，2004。

张维华：《明清之际中西关系简史》，齐鲁书社，1987。

张先清：《官府、宗族与天主教：17～19 世纪福安乡村教会的历史叙事》，中华书局，2009。

张泽：《清代禁教期的天主教》，光启出版社，1992。

赵世瑜：《狂欢与日常：明清以来的庙会与民间社会》，三联书店，2002。

查时杰：《马礼逊与广州十三夷馆：华人教会史的史迹探索论文集》，宇宙光全人关怀，2006。

中国第一历史档案馆编《明清档案与历史研究论文集》，新华出版社，2008。

中国中外关系史学会编《中西初识》，大象出版社，1999。

钟鸣旦：《本地化：谈福音与文化》，陈宽薇译，光启出版社，1993。

庄吉发：《清史论集》，文史哲出版社，2003。

Achilles Meersman, *Franciscans in the Indonesian Archipelago*, Louvain-Belgium, 1967.

Arnold H. Rowbotham, *Missionary and Mandarin*: *The Jesuits at the Court of China*, Berkeley and Los Angeles: University of California Press, 1942.

Athanasius Kircher, *China Illustrata*, trans. by Charles D. Van Tuyl from the 1677 original Latin edition, Oklahome, 1986.

Charles Le Gobien, S. J. , *Histoire de l'édit de l'empereur de la Chine en faveur de la religion chrétienne avec un éclaircissement sur les honneurs que les chinois rendent à Confucius et aux morts*, P. Jean Anisson, 1698.

D. E. Mungello, ed. , *The Chinese Rites Controversy*: *Its History and Meaning*, Monumenta Serica Monograph Series, XXXIII, Nettetal: Steyler Verlag, 1994.

D. E. Mungello, *The Forgotten Christians of Hangzhou*, Honolulu: University of Hawaii Press, 1994.

Diego Aduarte, *Historia de la Provincia del Santo Rosario de la Orden de Predicadores en Filipinas, Japon y China*, Madrid, 1962.

Donna Spivey Ellington, *From Sacred Body to Angelic Soul: Understanding Mary in Late Medieval and Earl Modern Europe*, Washington, D. C. : The Catholic University of America Press, 2001.

Dorothy Smith, *Writing the Social: Critique, Theory, and Investigations*, Toronto : University of Toronto Press, 1999.

E. B. Vermeer, ed. , *Development and Decline of Fukien Province in the 17th and 18th Centuries*, Leiden: Brill, 1990.

Fo-Shu Fu, *A Documentary Chronicle of Sino-Western Relations (1644 – 1820)*, Tucson: The University of Arizona Press, 1966.

J. De Moidrey, S. J. , *Confesseurs de la Foi en Chine, 1784 – 1862*, Shanghai: Imprimerie de T'ou-Se-We, Pres Zi-Ka-Wei, 1935.

J. S. Cummins, ed. , *The Travels and Controversies of Friar Domingo Navarrete, 1616 – 1686*, Cambridge: Cambridge University Press, 1962.

J. Van Den Brandt, *Les Lazaristes en Chine, 1697 – 1935: notices biographique*, Pei-P'ing: Imprimerie des Lazaristes, 1936.

Jonathan Spence, *To Change China: Western Advisers in China, 1620 – 1960*, New York: Little, Brown and Company, 1969.

José María González, *Historia de Las Misiones Dominicanas de China*, Madrid, 1962.

Jose Maria Gonzalez, *Misiones Dominicanas en China (1700 – 1750)*, Madrid: Consejo Superior de Investigaciones Cientificas, 1952 – 58.

Joseph Sebes, *The Jesuits and The Sino-Russian Treaty of Nerchinsk*

(*1689*): *the diary of Thomas Pereia*, *S. J.*, Institutum Historicum S. I., Rome, 1961.

Lewis R. Rambo, *Understanding Religious Conversion*, New Haven: Yale University Press, 1993.

Malcolm Hay, *Failure in the Far East*: *Why and How the Breach between the Western World and China First Began*, London: Nevillle Spearman Limited, 1956.

Nicolas Standaert, ed., *Handbook of Christianity in China*, *Volume one*: *635 – 1800*, Leiden: Brill, 2001.

Peter Biller and Joseph Ziegler, eds., *Religion and Medicine in the Middle Ages*, Woodbridge Suffolk: York Medieval Press, 2001.

Ursula King and Tina Beattie, eds., *Gender*, *Religion and Diversity*: *Cross-Cultural Perspectives*, Landon & New York: Continuum, 2004.

William Gallois, *Time*, *Religion and History*, London and New York: Routledge, 2014.

论　文

方豪:《故宫博物院现存乾隆间天主教档案》,《天主教学术研究所学报》(4), 1972 年。

黄一农:《明清天主教在山西绛州的发展及其反弹》,《中央研究院近代史研究所集刊》(26), 1996 年。

黄一农:《择日之争与康熙历狱》,《清华学报》新 21 卷第 2 期, 1991 年。

马钊:《中国第一历史档案馆藏有关乾隆朝查禁天主教档案论述》,《历史档案》1999 年第 2 期。

吴伯娅:《从新出版的清代档案看天主教传华史》,《清史论丛》2005 年号,中国广播电视出版社,2005。

吴伯娅:《有关乾隆朝大教案的几个问题》,《中华文史论丛》第 69 辑,上海古籍出版社,2002。

吴旻、韩琦:《礼仪之争与中国天主教徒:以福建教徒和颜珰的冲突为例》,《历史研究》2004 年第 6 期。

夏伯嘉:《天主教与明末社会:崇祯朝龙华民山东传教的几个问题》,《历史研究》2009 年第 2 期。

张建华:《中法〈黄埔条约〉交涉——以拉萼尼与耆英之间的来往照会函件为中心》,《历史研究》2001 年第 2 期。

张先清:《康熙三十一年容教诏令初探》,《历史研究》2006 年第 5 期。

张先清:《清中叶天主教在华的本土化问题》,《厦门大学学报》2006 年第 1 期。

张先清:《区域信仰的变迁:廉溪中游的汉人宗族与天主教的传播》,《古今论衡》第 9 辑,2003 年。

庄吉发:《清代教案史料的搜集与编纂》,《清代史料论述》第 1 册,文史哲出版社,1979。

祝平一:《金石盟——〈御制天主堂碑记〉与清初的天主教》,《中央研究院历史语言研究所集刊》第 75 本第 2 分,2004 年。

祝平一:《身体、灵魂与天主:明末清初西学中的人体生理知识》,《新史学》第 7 卷第 2 期,1996 年。

祝平一:《通贯天学、医学与儒学:王宏翰与明清之际中西医学的交会》,《中央研究院历史语言研究所集刊》第 70 本第 1 分,1999 年。

Achilles Meersman, "Candida Xu and the Growth of Christianity in China in the Seventeenth Century," *Monumenta Serica* 46 (1998), pp. 49 – 66.

Eugenio Menegon, Asian Native Voices in Southern European Archives: The Case of Pietro Zai (Cai Ruoxiang, 1739 – 1806), Pupil of the Chinese College of Naples, paper represented at the meeting "Documentation on Asia in Southern European Archives", Barcelona, September 14 – 15, 2006.

Gail King, "Couplet's Biography of Madame Candida Xu (1607 – 1680)," *Sino-Western Cultural Relations Journal* 18 (1996), pp. 41 – 56.

Henri Cordier, " La suppresion de la Compagnie de jesus et la mission de Pekin," *T'oung Pao* 17 (1916), pp. 271 – 623.

P. Steven Sangren, "Female Gender in Chinese Religious Symbols: Kuan Yin, Ma Tsu, and the Eternal Mother," *Signs* 9, 1983, pp. 4 – 25.

Robert E. Entenmann, " Catholics and Society in Eighteenth-Century Sichuan," in Daniel H. Bays, ed. , *Christianity in China: From the Eighteenth Century to the Present*, Stanford: Stanford University Press, 1996.

——, "Christian Virgins in Eighteenth-Century Sichuan," in Daniel H. Bays, ed. , *Christianity in China, From the Eighteenth Century to the Present*, Stanford: Stanford University Press, 1996.

Willem A. Grootaers, " Les anciennes églises de Pékin: Nan-t'ang. Texte et traduction des stèles du Nan-t'ang (1657, 1692), " *Bulletin Catholique de Pékin* 31 (1944), pp. 586 – 599.

——, "Les deux steles de l'église du Nan-t'ang á Pekin," *Neue Zeitschrift für Missionswissenschaft* 6 (1950), pp. 26 – 255.

中西人名对照表

阿塔纳修斯·基歇尔	Athanasius Kircher
艾若望	Jean Simonelli
安德义	Joannes Damascenus Salusti
安多	Antoine Thomas
安国宁	André Rodrigues
安泰	Etienne Rousset
安文思	Gabriel de Magalhães
巴多明	Dominique Parrenin
巴茂真	Charles Paris
巴新	Louis Bazin
白晋	Joachim Bouvet
鲍仲义	Giuseppe Baudino
贝尔坦	Henri Léonard Jean Baptiste Bertin
毕嘉	Jean-Dominique Gabiani
毕纳爵	Inácio Pires
庇护六世	Pius VI
博尔甲	Stefano Borgia
卜尼法斯八世	Boniface VIII
邓类斯	Louis Jos. Le Febure

多罗	Charles Thomas Maillard de Tournon
樊继训	Pierre Frapperie
樊西元	Jean-Joseph-Simon Bayard
方守义	Jacques-François-Dieudonné d'Ollières
费赖之	Louis Pfister
冯秉正	Joseph-Anne-Marie de Moyriac de Mailla
冯若望	Jean-Didier de Saint-Martin
傅作霖	Félix da Rocha
高慎思	José de Espinha
郭弼恩	Charles Le Gobien
郭中传	Jean-Alexis de Gollet
韩国英	Pierre-Martial Cibot
郝苍璧	Julien-Placide Hervieu
何大化	António de Gouvea
何多敏	Giandomenico Paramino
河弥德	Mathurin de Lamathe
贺清泰	Louis Antoine de Poirot
洪若翰	Jean de Fontaney
黄方济	Francisco Pallas
吉德明	Jean-Joseph Ghislain
吉马良斯	Dom Alexandre da Sylva Pedrosa Guimarãse
加略利	Joseph-Marie Callery
嘉乐	Carlo Mezzabarba
嘉类思	Louis-Marie Dugad
蒋友仁	Michel Benoist
金济时	Jean-Paul-Louis Collas

金弥格	Miguel do Amaral
卡洛·金兹伯格	Carlo Ginzburg
科亨海姆	Ernst Von Cochenheim
克莱芒十四世	Clement XIV
克勒夫	Johannes Cleff
腊伯都	Pierre Lamiral
喇尊呢	Théodose-Marie de Lagrené
莱布尼兹	Gottfried Wilhelm Leibniz
雷吉思	François Régis
李明	Louis Le Comte
利类思	Lodovico Buglio
利玛窦	Matteo Ricci
利圣学	Jean-Charles-Etienne de Broissia
刘保禄	Léon Baron
刘易斯·兰博	Lewis R. Rambo
刘应	Claude de Visdelou
隆盛	Guillaume Melon
庐依道	Isidoro Lucci
罗博登	Arnold H. Rowbotham
罗斐理	Filippo Felice Carrocci
罗广祥	Nicolas-Joseph Raux
罗怀中	Giovanni Giuseppe Costa
罗神父	Claude Guillet
马国贤	Matteo Ripa
玛方济	Francesco Magni
马若瑟	Joseph Henri-Marie de Prémare

孟慕理（孟振声）	Joseph-Martial Mouly
孟正气	Jean Domenge
闵达奈	Natanael Burger
闵明我	Claudio Filippo Grimaldi
穆玛诺	Manuel da Motta
穆天尺	Jean Müllener
那永福	Joseph de Sainte-Therese
南怀仁	Ferdinand Verbiest
南怀仁	Gottfried Xaver Von Laimbeckhoven
聂若翰	Jean Noëlas
潘若瑟	José Lavilla
庞巴尔	Marquês de Pombal
齐类思	Luigi Cipolla
钱德明	Jean Joseph Marie Amiot
让松	Toussaint de Forbin-Janson
若泽一世	Don José I
桑高仁	P. Steven Sangren
桑塔利亚	Tyrso Gonzalez de Santalla
沙守信	Emeric Langlois de Chavagnac
盛若翰	Jean-Ferdinand Faivre
石若翰	Jean Baptiste Fichon de La Roche
苏霖	José Suarez
苏珊·桑塔格	Susan Sontag
索德超	José Bernardo de Almeida
索智能	Policarpo de Sousa
汤若望	Johann Adam Schall Von Bell

汤士选（汤亚立山）	Alexandre de Gouvea
涂尔干	Émile Durkheim
万济国	Francisco Varo
汪达洪	Jean-Matthieu Ventavon
汪儒望	Jean Valat
韦斯玎	Augustin de Avellar
席道明	Nicola Simonetti
许伯多禄	Pedro de Alcalà
徐德新	Louis Gabriel Taurin Dufresse
徐日昇	Tomás Pereira
颜珰	Charles Maigrot
伊大任	Bernardino della Chiesa
殷铎泽	Prospero Intorcetta
殷弘绪	François Xavier d'Entrecolles
张诚	Jean-François Gerbillon
赵进修（晁俊秀）	François Bourgeois
赵叶圣多	Jacinto Castañeda

后　记

本书的写作持续了很长时间，长到自己都不好意思说出来。

2000 年秋，我当时还在厦门大学攻读博士学位，有机会受邀参加在北京召开的一个国际学术研讨会并做专题发言。会议结束不久，美国旧金山大学利玛窦中西文化历史研究所和北京语言文化中心（TBC）决定与中国第一历史档案馆合作，系统整理、出版该馆收藏的一批珍贵清代天主教档案。受时任利玛窦中西文化历史研究所所长吴小新老师和 TBC 中心主任安东博士的委托，由我和中国第一历史档案馆明清研究室主任胡忠良老师具体负责档案的初步整理工作。记得冬天的北京十分寒冷，我每天早上从府右街附近住处，穿西华门到一档馆调阅清代档案，中午就在馆里订午餐，工作到下午 5 点左右才出来。这项工作持续了几个月，除了领略到北京冬季的酷寒以及早春的美丽，在学术训练上也大有收获。我平生第一次这么近距离地接触到清宫档案，无论是朱批奏折、军机录副，还是各类题本，不同形式的档案都能有机会经手观摩，这是多么幸福的事，所以也浑然不觉得辛苦。

我在一档馆查档、抄档的这段经历，除了使我得以熟悉清宫档案并作为合作者出版了一套四册的清代前期天主教中文档案之外，也让我对这部分清代天主教中文档案蕴含的丰富人生史资料有了深刻的认识，由此萌发了利用这批档案写一部清代底层天主教生活著作的计划。刚好博士毕业后，我得以留在厦大人类学系任教。在讲授"历史人类学"这门课程时，我越来越对清代天主教档案文本解读产生了浓厚的兴趣，很想尽快将这些档案中的故事写出来，但不曾想后来因为自己陆续承担了好几个研究计划，主要研究精力也转到其他领域，很难找到集中的写作时间，所以只能断断续续地进行，以至于拖延到去年才下定决心将这部书完稿。

本书的不少章节，之前曾以专题论文的形式发表过。《康熙三十一年容教诏令初探》发表于《历史研究》2005 年第 6 期；《传教士、民族主义、经济利益——1774～1784 年北京天主教团体的权力交替》发表于吴义雄编《地方社会文化与近代中西文化交流》（上海人民出版社，2010）；《清代乾嘉道时期天主教徒的社会网络》发表于林富士主编《中国史新论：宗教史分册》，（联经出版公司，2010）；《刊书传教：清代禁教期天主教经卷在民间社会的流传》发表于张先清编《史料与视界：中文文献与中国基督教史研究》（上海人民出版社，2007）；《"白莲"、"无为"与"天主"：清前期的天主教与民间宗教关系》发表于《澳门理工学报（人文社会科学版）》2017 年第 1 期；《疾病的隐喻：清前期天主教传播中的医疗文化》发表于《中山大学学报》2008 年第 4 期；《空间的隐喻：清代禁教时期天主教堂的改易及其象征意义》发表于《澳门理工学报（人文社会科学版）》2015 年第 4 期。由于上述不少文稿撰写于多年以前，利用此次编撰成书时机，我也对一部分文稿略加增补、修改。

本书有幸能列入社会科学文献出版社的"鸣沙"系列出版，要特别感谢徐思彦老师的耐心与宽容。宋荣欣老师和李期耀老师细心审读书稿，并就书稿修改及装帧设计提出了许多宝贵意见，我十分感激。当然，由于个人学识不足，书稿中的疏漏与错误之处在所难免，也请读者诸君批评指正。

张先清

2021 年 5 月于厦门大学联兴楼

图书在版编目（CIP）数据

帝国潜流：清代前期的天主教、底层秩序与生活世界 / 张先清著 . -- 北京：社会科学文献出版社，2021.7（2023.2 重印）

ISBN 978 - 7 - 5201 - 8253 - 9

Ⅰ . ①帝… Ⅱ . ①张… Ⅲ . ①罗马公教 - 宗教文化 - 文化交流 - 基督教史 - 研究 - 中国、西方国家 - 清前期 Ⅳ . ①B979. 2

中国版本图书馆 CIP 数据核字（2021）第 070756 号

帝国潜流：清代前期的天主教、底层秩序与生活世界

著　　者 / 张先清

出 版 人 / 王利民
组稿编辑 / 宋荣欣
责任编辑 / 李期耀
责任印制 / 王京美

出　　版 / 社会科学文献出版社 · 历史学分社（010）59367256
　　　　　地址：北京市北三环中路甲 29 号院华龙大厦　邮编：100029
　　　　　网址：www. ssap. com. cn
发　　行 / 社会科学文献出版社（010）59367028
印　　装 / 北京盛通印刷股份有限公司

规　　格 / 开　本：787mm × 1092mm　1/16
　　　　　印　张：21.75　字　数：282 千字
版　　次 / 2021 年 7 月第 1 版　2023 年 2 月第 3 次印刷
书　　号 / ISBN 978 - 7 - 5201 - 8253 - 9
定　　价 / 89.00 元

读者服务电话：4008918866